# 电子商务
# 网店运营

文继权 孟祥瑞 主编

陈　艳 董翠艳 王亮亮 副主编

清华大学出版社
北京

## 内 容 简 介

本书以培养"实践应用型电子商务运营人才"为指导思想,以基本电商运营理论知识为基础,以电子商务网店运营的实践操作技能和实际网店运营的技术技巧为重点与核心内容,以实际网店运营的具体工作任务为驱动组织内容,本书还同步进行了网络课程建设,可有效实施线上线下融合教学。

本书对电子商务网店运营全过程进行了系统的讲解,重点突出了实践操作过程与技术技巧,具体内容主要包括网上开店的前期准备工作、网店开设与装修、网店商品信息管理与发布、网店推广与引流、网店产品营销、网店数据化运营、网店品牌化运营、订单处理与售后服务。

本书适合作为高等院校、职业院校电子商务相关专业网店运营相关课程的教材,也可以作为企事业单位电商运营相关岗位及电商创业者的参考用书。

**图书在版编目(CIP)数据**

电子商务网店运营 / 文继权 , 孟祥瑞主编 .—北京:清华大学出版社 , 2023.9
ISBN 978-7-302-63918-3

Ⅰ. ①电… Ⅱ. ①文… ②孟… Ⅲ. ①电子商务–商业经营 Ⅳ. ① F713.365.2

中国国家版本馆 CIP 数据核字 (2023) 第 115967 号

责任编辑:吴梦佳
封面设计:常雪影
责任校对:刘 静
责任印制:沈 露

出版发行:清华大学出版社
    网  址:http://www.tup.com.cn,http://www.wqbook.com
    地  址:北京清华大学学研大厦A座    邮  编:100084
    社 总 机:010-83470000    邮  购:010-62786544
    投稿与读者服务:010-62776969,c-service@tup.tsinghua.edu.cn
    质量反馈:010-62772015,zhiliang@tup.tsinghua.edu.cn
    课件下载:http://www.tup.com.cn,010-83470410
印 装 者:三河市龙大印装有限公司
经  销:全国新华书店
开  本:185mm×260mm   印 张:14   字  数:323千字
版  次:2023年9月第1版       印  次:2023年9月第1次印刷
定  价:48.00元

产品编号:091552-01

# 前　言

随着网络购物的兴起，电子商务蓬勃发展，大部分传统企业或个体经营者越来越热衷于通过网络渠道进行产品的销售，尤其是通过入驻各大电商平台实现产品销量的快速提升，所以越来越多的企业或个体经营者开始开设网店（淘宝店、京东店、拼多多店等），但苦于自身对网络营销知识和网店运营实践技术技巧的缺乏，很难较好地运营网店；而具有电子商务营销高等教育背景的毕业生同样存在电商运营实践应用技能不够深入、不能快速帮助企业有效地实施电商销售的情况。目前，市场迫切需求"实用性强""实践性好""能突出应用能力培养"的教材。

党的二十大报告中明确指出：产教融合、校企合作是提高应用型人才培养质量的有效途径，是服务产业企业发展的有力举措。深化产教融合，课程和教材要先行。校企双方要围绕企业主要岗位、任务、项目等实际工作，根据企业人力资源的标准、规格、层次等不同需求，科学设置企业课程，合理设定课程教学内容、教学组织形式、实践教学模式、考核评价方式等。

本书在编写中全方位实施应用型人才培养的教育教学理念，强化实践教学与应用能力的培养，对电子商务网店运营全过程进行系统讲解，重点突出实践操作过程与技术技巧的讲解。本书以各电商平台运营电子商务实际工作岗位的典型工作内容为主线，并以各岗位涉及的知识与操作技能形成本书的组织框架体系，全书共分为 8 个教学项目，各项目又分为若干个相对独立的任务，全面系统、深入浅出地把整个网店的运营过程呈现给广大读者，具体内容主要包括网上开店的前期准备工作、网店开设与装修、网店商品信息管理与发布、网店推广与引流、网店产品营销、网店数据化运营、网店品牌化运营、订单处理与售后服务。本书在内容组织中，力求做到基础知识够用、实践操作技能技巧突出、网店运营核心知识与技能与实际社会需求无缝衔接。

本书具有以下特色。

（1）本书以电商运营基本理论知识为基础，以电子商务网店运营的实践操作技能和实际网店运营的技术技巧为重点与核心。

（2）教材内容的组织形式以实际网店运营的具体工作任务为驱动进行，可利用其有效实施项目化教学。

（3）本书同步进行了线上网络课程建设，并进行了多轮的教学实施，提供了丰富的教育教学资源，可利用其有效实现线上线下融合教学。

（4）本书教学内容与实训任务实现了课上任务案例与课下实训任务同步进行，可有效调动学生的学习积极性，有效强化学生实践操作技能的提升。

（5）本书线上课程设计了丰富的课程考核任务作业，可有效实施过程化考核评价，保证教学目标的达成，有效提高教学质量。

本书的编者主要由具有多年电子商务教育教学与实践经验的教师和具有多年电商平台各类网店项目运营经验的企业专家组成，由文继权、孟祥瑞担任主编，由陈艳、董翠艳和王亮亮担任副主编，具体编写分工：孟祥瑞编写项目一～项目三；陈艳编写项目四；文继权编写项目五～项目六；王亮亮编写项目七；董翠艳编写项目八；最后由文继权老师统稿。本书是校企合作、产教融合的教育教学改革的成果。

在编写过程中，我们参考了大量相关书籍、文献、网站的资料，引用了相关典型电商平台的推广与营销的实操技术技巧，在此对有关作者一并表示衷心的感谢。

由于编者水平有限，加上编写时间仓促，书中不当之处在所难免，衷心希望广大读者批评、指正。

编者

2023 年 3 月

# 目 录

**项目一 网上开店的前期准备工作** / 1

任务一 目标市场分析 / 2

任务二 产品规划、渠道规划与管理 / 12

任务三 组建运营团队 / 18

任务四 网店费用预算 / 20

习题 / 23

**项目二 网店开设与装修** / 25

任务一 网店的申请 / 26

任务二 网店的基础设置 / 30

任务三 网店设置及装修 / 34

习题 / 47

**项目三 网店商品信息管理与发布** / 49

任务一 商品信息采集与整理 / 50

任务二 商品定价管理 / 55

任务三 商品发布管理 / 62

习题 / 69

**项目四 网店推广与引流** / 71

任务一 自然搜索流量优化 / 72

任务二 付费推广精准引流 / 102

任务三　第三方平台的推广与引流　/ 117

习题　/ 123

## 项目五　网店产品营销　/ 124

任务一　店铺的活动营销　/ 125

任务二　关联营销　/ 130

任务三　会员营销　/ 139

任务四　社群营销　/ 144

习题　/ 152

## 项目六　网店数据化运营　/ 153

任务一　数据化自然流量优化　/ 154

任务二　数据化精准付费引流　/ 159

任务三　数据化选品和测款　/ 166

习题　/ 172

## 项目七　网店品牌化运营　/ 173

任务一　品牌策划与商标注册　/ 174

任务二　品牌市场定位　/ 188

任务三　品牌推广与运维　/ 196

习题　/ 206

## 项目八　订单处理与售后服务　/ 208

任务一　订单处理、物流与发货　/ 209

任务二　售后服务与客户维护　/ 212

习题　/ 217

## 参考文献　/ 218

# 网上开店的前期准备工作

 **知识目标**

- ☑ 熟知目标市场调查的方法。
- ☑ 了解各大指数的用法。
- ☑ 了解电商运营团队的配置。
- ☑ 了解网店费用的分类。
- ☑ 掌握网店费用的计算方法。

 **技能目标**

- ☑ 能够根据实际项目选择适当的调研方法，对目标市场进行全面分析。
- ☑ 能够根据实际情况选择适当的电商平台，开设店铺并进行运营。

 **课程思政**

- ☑ 培养具有追求真理、实事求是、勇于探索与实践的精神。
- ☑ 培养良好的自我学习和信息获取的能力。

# 任务一　目标市场分析

## 一、　任务导入

小刘是电子商务专业的一名大学生，通过前期的学习掌握了电子商务基础知识。随着学习的深入，老师要求开始实践真实项目的网店运营，于是小刘与老师进行沟通，打算自己创业，开设一家网上店铺并进行运营。小刘的动手能力比较强，喜欢一些手工制作，对手工饰品制作非常感兴趣，所以她打算开设一家销售手工饰品的店铺。但是销售手工饰品的店铺需要自己上货，还要自己加工，店铺运营也需要自己全面负责，因此工作量比较大。另外，小刘的小姑有一家服装厂，规模庞大，但一直是为别人代工。近年来，随着竞争的加剧和网络销售的火爆，小姑的服装厂非常想尝试网上销售。听说小刘学习电子商务专业，小姑多次表示要她好好学习，以后帮自己开展网上销售。如果开展服装网上销售，有小姑工厂和相关资源的支持，相比开设销售手工饰品的店铺会有更多保障。

## 二、　知识基础

### （一）百度指数

百度指数（Baidu index）是以百度海量网民行为数据为基础的数据分析平台，是当前互联网乃至整个数据时代最重要的统计分析平台之一，自发布之日便成为众多企业营销决策的重要依据。

"世界很复杂，百度更懂你"，百度指数能够告诉用户：某个关键词在百度的搜索规模有多大，一段时间内的涨跌态势，以及相关的新闻舆论变化，关注这些词的网民是谁，分布在哪里，他们同时搜索了哪些相关的词，帮助用户优化数字营销活动方案。

百度指数的主要功能模块：基于单个词的趋势研究〔包含整体趋势、PC（个人计算机，personal computer）趋势、移动趋势〕、需求图谱、舆情管家、人群画像；基于行业的整体趋势、地域分布、人群属性、搜索时间特征。

百度指数的理想是"让每个人都成为数据科学家"。对个人而言，大到置业时机、报考学校、入职企业发展趋势，小到约会、旅游目的地选择，百度指数可以助其实现"智赢人生"；对于企业而言，竞品追踪、受众分析、传播效果，均以科学图标全景呈现，"智胜市场"变得轻松简单。大数据驱动每个人的发展，而百度倡导数据决策的生活方式，正是为了让更多的人意识到数据的价值。

### （二）看店宝

看店宝 App 是一款融合云视频和云分析的客户端软件，也是联想看店宝产品的重要组成部分，用户可以随时随地通过手机使用联想看店宝系统。联想看店宝产品面向中小企业连锁商业，为连锁商业经营者提供基于云分析和存储的经营数据报表，以有效降低中小企业经营成本及提高经营管理效率，为经营者提供决策依据。 使用联想看店宝 App，基于联想云服务大数据分析，经营管理者可以随时随地通过手机进行远程视频巡店，查看店铺客流量统计，以及查看结合收银数据形成的坪效、提单率等分析指标，各类分析数据通过不同的报表形式在 App 中进行展现。

### （三）电商品牌定位方法

#### 1. 首席定位

首席定位是追求成为行业或某一方面"第一"的市场定位。"第一"的位置是令人羡慕的，因为它说明这个品牌领导整个市场。品牌一旦占据领导地位，冠上"第一"的头衔，便会产生聚焦作用、光环作用、磁场作用和"核裂变"作用，具备追随型品牌所没有的优势。例如，IBM 的总体实力比施乐公司要雄厚得多，但 IBM 公司生产的复印机总是无法与施乐公司竞争。柯达进军"立即显像"市场，与"拍立得"竞争，结果也只是占据了很小的市场份额。首席定位的依据：人们往往只注意"第一"，对"第一"的印象最深刻。在信息爆炸、商品经济发达的今天，品牌多如过江之鲫，消费者更容易记住那些排名靠前的品牌，特别是第一品牌，而对大多数品牌不甚了解。

当然并不是所有企业都有实力运用首席定位策略，只有那些规模巨大、实力雄厚的企业才有能力运用。对大多数企业而言，可以开发品牌某些方面的竞争优势，在细分品类中争取第一并取得竞争的优势。电子商务企业，尤其是淘宝网店可以在不同的细分市场采用该定位策略。

#### 2. 加强定位

加强定位是指在消费者心目中强化自身形象的定位。当企业无法从正面打败对手，或在竞争中处于劣势时，可以有意识地突出品牌某一方面的优势，给消费者留下深刻的印象，从而获得竞争的优势。例如，七喜汽水告诉消费者"我不是可乐"；亚都恒温换气机告诉消费者"我不是空调"；理查逊·麦瑞尔公司知道自己的产品不是康得和 Dristan 的对手，于是就将自己的感冒药 NyQuil 定位为"夜感冒药"，告诉消费者这是一种在晚上服用的新药，从而获得了成功。

#### 3. 年龄空档

年龄是人口细分的一个重要变量。企业可以根据产品的竞争优势，寻找被同类产品所忽视的年龄段，为自己的品牌定位。例如，可口可乐推出酷儿牌果汁，在营销界堪称成功的典范，其中一个重要原因就是瞄准了儿童果汁饮料市场无领导品牌这一市场空白。

#### 4. 产品类别定位

把产品与某种特定的产品种类联系起来，以建立品牌联想，这种方法称为产品类别定位。产品类别定位的一种方法是告诉消费者自己属于某类产品，如太平洋海洋世界定位为教育机构；另一种方法是将自己界定为与竞争者对立或明显不同于竞争者的产品类别。

确定品牌定位与风格，就是对品牌识别、诉求口号、产品形态的定位与规划。例如，女装品牌"茵曼"的品牌理念为原生态主题下的亲近自然，回归自然，追求天人合一的衣着境界；其品牌表现为江南水乡小镇文化与西南民族风的田园山水文化的交互融合。而另一女装品牌"阿卡"的品牌理念为一个好的设计是有灵魂的，它可以打动人的内心，它不仅仅是件衣裳，它还能改变很多东西，它经得起时间的考验，它与潮流无关；其品牌表现为开放而包容，崇尚手工，逆潮流而特立独行，可以粗犷不羁，可以优雅浪漫，可以俏皮可爱，对经典复古非常推崇。

这两个网络品牌导入了文化的理念，并将这种定位以商品的形式开发、表现出来，这对于年轻的主流网购人群是一次品牌的洗礼，更是一次全新的大类目小风格的认知与热爱（网络消费者的市场细分）最终通过图片的形式展现出来的价值，它不仅增加了顾客体验，而且使顾客情不自禁地喜欢与购买，并且成为该品牌的忠实粉丝。当面对电商同质化产品时，单一的模仿不是解决问题的办法，在营销策略上一定要把产品和服务捆绑在一起，给顾客提供附加值较高的服务。当产品同质化难以得到实质性改变时，可以在服务上实行差异化策略，有自己的服务特色，进而提高顾客的总体满意度。当你的产品风格定位在与竞争对手"背道而驰"的方向上时，你就可以脱离红海，驶向蓝海了。

## 三、　任务分析

小刘和老师商量，是选择开设网上手工饰品店铺还是帮小姑进行网上服装销售。王老师根据小刘的情况进行了目标市场调研、网店 SWOT 分析、品牌市场定位等的市场分析工作，帮助指导小刘完成网店开设前的准备工作。

## 四、　任务实施

（一）目标市场调研

1. 行业分析

由于目前国内网络消费多以关键词搜索为基础的第三方电商平台购物为主，人群信息获取渠道多以百度为主，因此可以通过商品主流关键词测试，借助主流网络平台和参考数据来分析目标市场的发展情况。

寻找竞争单品

由于服装特别是女装，一直是电商行业销量排行第一的类目，数据比较全面，因此下面就以女装中的"连衣裙"，特别是"雪纺连衣裙"为例进行目标市场的解读。

百度指数分析：输入网址 http://index.baidu.com，在搜索框中输入商品核心关键词，如"连衣裙"，百度指数关键词搜索趋势如图 1-1 所示。

通过这些数据指数可以多维度分析消费者对商品的需求，从而可以对整个商品进行全盘、全维度的行业现状分析。

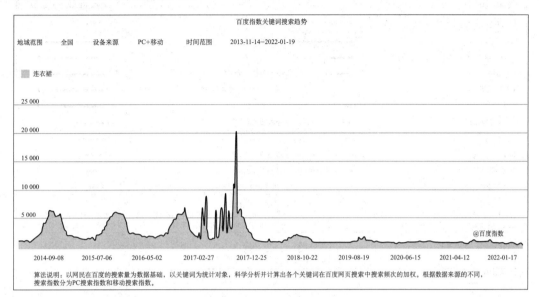

图 1-1 百度指数关键词搜索趋势

从图 1-1 中可以了解"连衣裙"这个商品的搜索趋势及商品的热销阶段等信息，通过这些数据能够更好地了解商品的运营节点，为店铺的整体运营提供有价值的参考。

这些实际的数据分析反映了市场的真实情况，当大家认为电商发展出现"瓶颈"时，2017 年连衣裙的销售量仍然有比较大的增长。

另外，百度指数还提供需求图谱（图 1-2）、资讯关注（图 1-3）和人群画像（图 1-4）等功能。

与传统零售相比，电子商务巨大的优势就是其每一个环节都可以被记录下来。因此，商家必须在进入市场前，利用现有的数据渠道对整个市场及其竞争对手进行全方位的分析，并在此基础上进行市场定位，为进入市场打下一个良好的基础。

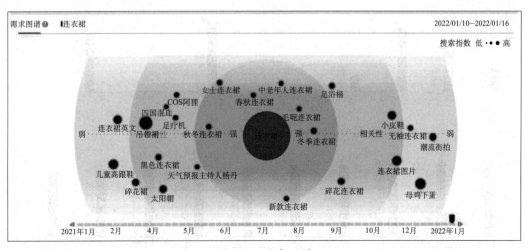

图 1-2 需求图谱

| 相关词热度 ❷ | | | 2022/01/10—2022/01/16 |
|---|---|---|---|
| 相关词 | 搜索热度 | 相关词 | 搜索变化率 |
| 1.百褶裙 | | 1.毛呢连衣裙 | |
| 2. SANDRO是什么牌子 | | 2.潮流街拍 | |
| 3.吊带裙 | | 3.新款连衣裙 | |
| 4.母鸡下蛋 | | 4.天气预报主持人杨丹 | |
| 5.开衫 | | 5.COS阿狸 | |
| 6.儿童高跟鞋 | | 6.女士连衣裙 | |
| 7.连衣裙图片 | | 7.秋冬连衣裙 | |
| 8.连衣裙英文 | | 8.连衣长裙 | |
| 9.迷你裙 | | 9.黑色连衣裙 | |
| 10.小皮鞋 | | 10.冬季连衣裙 | |

❷ 搜索热度
算法说明：反映用户在搜索中心词相关搜索汇总，并综合计算汇总词的搜索指数，并以此降序排名。

❷ 搜索变化率
算法说明：反映用户在搜索中心词相关搜索汇总，并综合计算汇总词的环比变化率，并以变化率的绝对值降序排名，箭头方向表示环比增加/环比下降。

图 1-2（续）

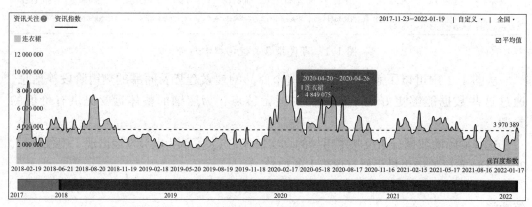

图 1-3 咨讯关注

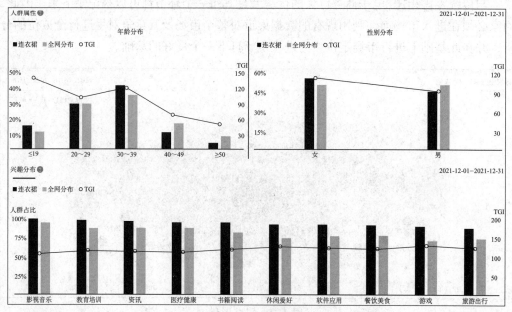

图 1-4 人群画像

### 2. 竞争对手分析

虽然电商平台、第三方服务商及各大搜索引擎提供了非常详细的数据，使运营者可以对行业、目标人群、店铺、商品进行详细的解读，但是分析竞争对手的店铺仍然是必不可少的，只有掌握竞争对手的第一手资料，才能做到知己知彼，为制定店铺合理的运营策略确定方向。

（1）本平台手动搜索，分析竞争对手。以"雪纺连衣裙"为例，通过手动搜索，分析商家注册信息及动态经营等情况。借助平台搜索经营雪纺连衣裙的店铺，查看店铺信息情况和热销商品情况，进行手工统计，分析目前市场的商家情况、店铺经营情况及其他信息。

在淘宝网上搜索关键词为"雪纺连衣裙"的商品，雪纺连衣裙销量排名如图1-5所示；也可在淘宝网上搜索关键词为"雪纺连衣裙"的店铺，销量排名对应的商家如图1-6所示，单击对应店铺的链接，可以查看其营业执照信息、消费者保障服务和网店的经营信息。

图1-5 雪纺连衣裙销量排名

图 1-6　销量排名对应的商家

通过图 1-7 所示的卖家信用信息，可以看到店铺动态评分，同时在左侧还可以看到店铺资质、主营项目、所在地区等，下面还可以看到买家的评论。

图 1-7　卖家信用信息

进入店铺，可以分析商家每款宝贝的销售业绩情况。打开对应店铺，可以查看相应宝贝及其销量（图 1-8），据此可以估算出店铺的销售数量和金额，即可以大约得出店铺的市场规模。

图 1-8　店铺内宝贝及其销量

（2）借助第三方工具搜索、分析竞争对手。可以利用第三方工具（如看店宝）查看竞争对手店铺的情况，如图 1-9 所示，利用看店宝分别对竞争对手店铺进行了价格和销量的分析。

（3）竞争对手调研结果分析。综合上述调研情况，目前，"雪纺连衣裙"的主要网络零售渠道在第三方电商平台；销售店铺在淘宝、天猫平台合计超过 50 万家，排名靠前的商家，单品月销售数量超过万件，销售额超过百万元。

典型店铺包括传统商家，如 VERO MODA 等线下知名品牌，也包括"夏奈可可""韩都衣舍"等淘宝品牌。

销售价格主要集中在两个价位：46～134 元和 134～225 元。促销策略多以商品打折、包邮等形式呈现，运营为全手段营销，包括常规营销、活动营销和圈子营销等多种方式。

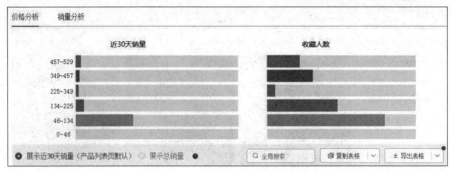

（a）价格分析

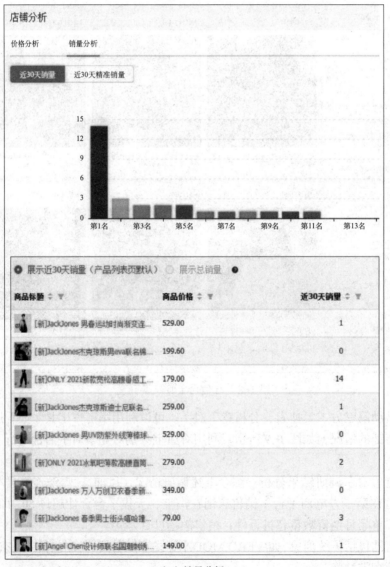

（b）销量分析

图1-9 竞争对手店铺分析

### （二）网店 SWOT 分析

SWOT 分析是通过对企业自身的竞争优势、劣势和外部的机会、威胁等因素进行列举、相互匹配分析，将公司的战略与公司内部资源、外部环境有机地结合起来的一种分析方法。我们仍然以"雪纺连衣裙"为例进行网店 SWOT 分析，其网店项目基本情况如表 1-1 所示。

表 1-1　网店项目基本情况

| 项　　目 | 基 本 情 况 |
| --- | --- |
| 目标顾客 | 35 岁左右的女性（白领、准白领） |
| 产品定位 | 清新、舒适风格的连衣裙 |
| 价格区间 | 120 ～ 188 元 |
| 货源渠道 | 自身 OEM 工厂 |
| 销售渠道 | 前期开通淘宝 C 店注册商标，掌握经验后同时开通天猫、京东等多个平台渠道 |
| 引流和营销方式 | 采用常规引流、内容营销，同时参加相应活动，适当投放一定量的广告等多渠道推广方式 |

根据网店项目基本情况及前期的市场调研与竞争对手分析，进行网店 SWOT 分析。SW 分析如表 1-2 所示，OT 分析如表 1-3 所示。

表 1-2　SW 分析

| S（优势）分析 | W（劣势）分析 |
| --- | --- |
| （1）店铺供货厂家为长期从事外贸出口的 OEM 原单厂家，有多样的产品款式和品种积累，有丰富的加工经验，产品品质好，有货源保障；<br>（2）网店运营团队既有员工、老板，又有专业老师和电子商务专业的学生；<br>（3）地方政府对于大学生电子商务创业有税收优惠；<br>（4）学校提供创业指导和技术支持 | （1）没有实体店，没有自有品牌，品牌影响力低；<br>（2）网店起步晚，信誉低，较难让消费者信赖；<br>（3）店铺实际运营经验不足；<br>（4）工厂主要以外贸加工为主，前期不能按照店铺需求设计开发国内市场所需的产品 |

表 1-3　OT 分析

| O（机会）分析 | T（威胁）分析 |
| --- | --- |
| （1）随着电子商务及移动电商的普及，越来越多的顾客选择网络购物，相应的机会增加；<br>（2）女装特别是连衣裙一直是类目销售的第一名，顾客购买量巨大；<br>（3）年轻女性购买力强，购买欲望强烈，自主选择权大，注重个性，追求与众不同，随着收入的增加会更加注重产品的品质 | （1）网店门槛低，竞争激烈；<br>（2）优质女装的卖家数量众多，信誉等级高，品牌积累时间长；<br>（3）款式流行周期短，顾客对款式新颖度的要求高，顾客忠诚度差 |

### （三）品牌市场定位

不管什么行业，产品是根本，只有清楚自己产品的优势，才能在电商行业立足。电商品牌市场定位是一定要明确的，没有进行品牌市场定位就等于航行没有方向。相比于传统零售，线上品牌的定位尤为关键，其竞争无地域性，选择成本低，要在众多的竞争者中脱颖而出，定位是决定性因素。所以，在进行市场调研的基础上，要明确企业品牌的市场定位。根据前期的分析，小刘的网店品牌定位于中端连衣裙产品，并将客户群定位于中高端消费者。

## 五、　任务小结

在本任务的学习中，小刘从目标市场分析入手，通过百度指数分析初步了解了市场趋势，同时借助电商平台（主要是淘宝平台）及其相关的数据分析工具，分析竞争对手及其产品情况，并通过网店 SWOT 分析总结店铺的优缺点，完成了市场分析工作。

# 任务二　产品规划、渠道规划与管理

## 一、　任务导入

通过前期目标市场及竞争对手分析，小刘了解了女装行业，特别是连衣裙热门品类的市场现状及消费者年龄、爱好等基本信息，于是便着手进行产品规划工作，决定具体选择哪些产品进行销售，进行渠道规划以及后期的管理。

## 二、　知识基础

### （一）产品规划概述

产品规划是指产品规划人员通过调查研究，在研究市场、探寻客户/消费者需求、分析竞争对手、衡量外在机会与风险，以及对市场和技术发展态势进行综合研究的基础上，根据公司自身的情况和发展方向，制定出可以把握市场机会、满足消费者需要的产品发展的愿景（vision）目标，以及实施该愿景目标的战略、战术的过程。

产品规划的内容包括产品各类别结构规划、产品系列化规划、各品类定位规划、产品长度和宽度规划、产品生命周期规划等。

### （二）产品规划的步骤

#### 1. 市场与行业研究
产品规划人员研究与产品发展和市场开拓相关的各种信息，包括来自市场、销售渠道和内部的信息；研究用户提出或反馈的需求信息；研究竞争对手；研究产品市场定位；研究产品发展战略等。

#### 2. 沟通
产品规划人员应及时与消费者及公司内部的开发人员、管理人员、产品经理等保持良好的沟通，这种沟通要覆盖整个产品生命周期。

3. 数据收集与分析

产品规划工作中最基本也最重要的一项内容就是收集与产品规划相关的各类数据，并对这些数据进行科学的分析。

4. 提出产品发展的愿景目标

产品规划工作的基本任务是提出产品发展的愿景目标，并通过各种沟通渠道让公司内的相关人员熟悉和理解这个愿景目标。

5. 建立长期的产品计划

除了提出当前产品发展的愿景目标外，产品规划人员还负责对产品的长期发展规划（如3～5年的发展计划）进行设计和描述。

此外，产品规划工作还具有不受产品生命周期约束的特点。也就是说，产品规划工作通常会跨越整个产品生命周期，在产品生命周期的每个阶段中，产品规划人员的工作方式并没有明显的不同，他们会随时了解客户、市场、技术创新等情况，并根据内外部的各种变化调整或完善产品规划。

## （三）渠道规划

渠道规划是指企业结合自己的企业目标或愿景，以及行业和产品的具体情况（行业所处的发展阶段、市场规模、发展趋势、竞争对手情况、产品特征等）制定自己的渠道战略，也就是确定自己在渠道建设上总的思路和原则，它是企业渠道建设的方向和灵魂，具有指导性，在一定时期具有稳定性。企业渠道规划在线下涉及遍布城乡的便利店或专卖店，这些店铺的选址是渠道规划的关键。店铺的选址不仅要考虑地区人口分布特征，还要考虑目标消费者交通行为特征。线上主要涉及企业所选的电商销售平台及网络推广营销的网站等。

## （四）渠道规划的影响因素

对于一般中小企业渠道模式的规划，由于受企业的经济实力和品牌知名度等多方面的制约，仍是以省级总代理或者地市区域代理为宜。因为企业实力和各方资源有限，没有办法做到精耕细作，这时自己产品的知名度也低，必须借助代理商的实力和帮助才能比较快地把产品推向市场。对于代理商销售区域的约定，可以根据代理商的实力和已有网络情况具体对待：实力强、网络好的客户可以给予比较大的区域，做省代或者几省总代理；实力相对较弱的客户则可以做区域代理。另外，代理合同签订以后，企业也可以有针对性地确定一些重点市场给予扶持，甚至派业务员进行区域市场协同开发管理，以样板市场进行辐射。企业在建立渠道初期的重点是让产品大量地铺市，提高产品和品牌的见面率，不必拘泥于条条框框。

首先解决好企业的生存问题，然后才能谈到企业和品牌的发展。待时机成熟时，再对整个市场进行规范。另外，要根据产品和企业的定位，确定是以终端为主还是以网络批发为主的渠道策略：确定以终端为主，意味着必须预留出足够多的利润空间才能支撑庞大的各项费用支出，企业还必须做好充分的资源准备；而确定以网络批发为主，则必须考虑面向的目标客户是各级批发商，在保证产品质量、提供差异化产品的前提下，产品的价格必须具备一定的优势，配套对经销商的激励政策、相关支持到位。

当产品在某区域市场上市一段时间后，可根据时机进一步调整渠道结构，如多个客户分别代理不同的渠道，或者采取多渠道结构，代理和直营专卖等多渠道结构并存。不过这种模式要求企业有足够强大的渠道管理能力，一般的中小企业由于自身局限性、管理能力和对渠道的控制能力比较弱，多不适合采用多渠道结构。企业在渠道规划初期可以粗放管理，等企业实力慢慢壮大和管理能力增强后，再进行精耕细作，缩短渠道层级，将渠道管理重心逐步下移，最终实现渠道的最大扁平化。

在对渠道进行规划的同时，还必须规划配套好相关的激励政策。在做好当地市场调研的前提下，充分预估经销商的销售潜力，一方面不能给代理商造成太大压力；另一方面还必须能充分调动他们的积极性。

虽然渠道流量的最终选择权在于客户，但是企业可以通过渠道规划来达到影响客户选择的目的。

（1）根据企业的服务增加值确定企业未来的服务渠道流量分布规划，确定主服务渠道和辅助服务渠道是什么（实体渠道、智能 IVR、呼叫中心、电子渠道等）。

（2）根据渠道服务流量分布规划，确定各服务渠道的分布密度和便利程度。

（3）建立主服务渠道与辅助渠道之间的差异。如肯德基、七天等网站渠道等就提供比电话预订更多的优惠（价格、赠品、积分等），将消费者的服务需求引导到网站等电子渠道。

（4）渠道宣传，对重点建设的主服务渠道进行大量宣传，引导客户的服务需求。

## （五）第三方交易平台

### 1. 淘宝网

2003 年 5 月 10 日，由阿里巴巴集团投资创办的淘宝网成立。淘宝网是我国深受欢迎的网购零售平台，拥有近 5 亿的注册用户，每天有超过 6 000 万的固定访客，每天的在线商品数已经超过了 8 亿件，平均每分钟售出 4.8 万件商品。淘宝网在 C2C 市场中占有 95.1% 的市场份额。天猫是淘宝网打造的网站。自 2008 年 4 月 10 日建立淘宝商城以来，众多品牌纷纷在天猫开设官方旗舰店，受到了消费者的热烈欢迎。

### 2. 京东

京东是我国最大的自营式电商企业，2021 年全年净收入达到 9 516 亿元，旗下设有京东商城、京东金融、拍拍网、京东智能、O2O 及海外事业部等。

### 3. 其他电商平台

其他电商平台包括苏宁易购、当当网、亚马逊、唯品会、1 号店及工行、建行等网购平台。

## （六）第三方交易平台的特点

### 1. 淘宝网

淘宝网以产品丰富、商品品类齐全为最大特点，所以被称为"万能的淘宝"。其开店门槛低，任何企业或个人都可以开店经营，因此产品品质参差不齐，竞争十分激烈。服装类目特别是女装，一直是淘宝网的第一大类目，是非标产品的第一选择。

### 2. 天猫

天猫中的店铺全部为企业店铺，随着竞争的日益激烈，天猫由入住制改为邀请制，门槛相对提高。天猫商城可以说是品质商家的第一选择。

**3. 京东**

京东以 3C 品类产品起家后逐步扩充到全品类，以自营和自主快递为最大特点。京东中的男性产品比例较高。京东目前也开通了第三方入驻，是高单价、高品质、标品的第一平台选择。

**4. 其他平台**

苏宁易购以电器产品销售为最大特点，当当网以图书产品销售为最大特点，亚马逊的顾客多为外企人员，1 号店以食品类为特色类目，工行和建行等平台更多地为其银行会员服务。

了解各平台的特点，按照自己企业的电商定位和产品的品类与特点，可选择相应的产品销售与推广平台。

## 三、 任务分析

根据对各大电商平台的分析，小刘最终决定开设女装淘宝店铺，通过与老师的沟通，明确了店铺的定位，接下来就是为店铺选择符合定位的商品，规划商品的上新数量、挑选商品款式，做好渠道规划与管理。

## 四、 任务实施

### （一）规划商品的上新数量

选择合适的商品是店铺运营的重中之重，没有好的商品，无论如何努力，都不可能达到理想的效果。那么对于新的网店，如何进行商品的选择和管理呢？

首先应规划好商品的上新数量，其次是根据店铺定位选择商品，商品上架后还需要做好数据跟踪和库存管理。

以淘宝网为代表的电商平台的竞争不断加剧，店铺数量和商品数量极多，商品已经涵盖各个领域。在顾客增长放缓的前提下，各个店铺的平均流量不断降低，单个商品的流量也不断下降。而且，目前淘宝网也把动销率［动销率 =（30 天内动销品种数 ÷ 库存的品种数）×100%，其中，动销品种数指的是所有商品种类中有销售的商品种类总数］加入了淘宝网关键词搜索排序的衡量指标中，因此新店铺的商品数量不宜过多，让顾客有一定的选择余地即可。

根据以上分析，小刘的女装店铺前期运营商品数量总共为 50 款：主推的连衣裙为 30 款，其中雪纺连衣裙为 20 款，其他连衣裙为 10 款；T 恤 10 款；蕾丝衫／雪纺衫 10 款。另外，由于上新能够很好地提高老顾客的购买频次，因此有必要保持店铺的上新频率，后期应根据实际运营情况保持每 2 周上新 10 款的更新频率。

### （二）挑选商品款式

明确了店铺及商品的定位、经营的小类目和数量后，接下来就需要最终确认具体商品，俗称选款。很多新卖家都是凭自己的直觉选款的，这种选款的风险很大。选款需考虑的因素有市场趋势、行业竞争程度和利润空间，产品是否为目标顾客所喜爱，产品是否符合店铺价格定位且位于全网热销的价格区间内，货源是否稳定、可控，都是要精心考虑后才能决定的。

通过图 1-10 和图 1-11 可以看出，连衣裙特别是雪纺连衣裙从每年的 7 月中旬左右开始，搜索量和关注度下降，因此从每年 7 月中旬左右开始，进货量就要相对减少。

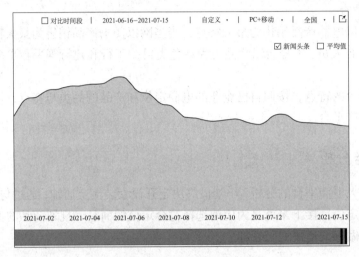

图 1-10　连衣裙搜索指数

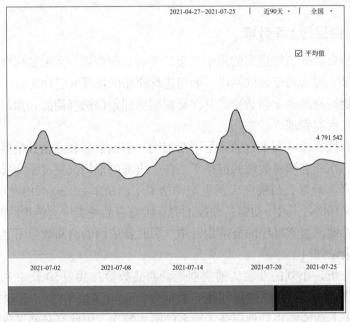

图 1-11　雪纺连衣裙资讯指数

选款时还可以参考淘宝网类似款式的热门产品。例如，对于"雪纺连衣裙"这个相对小的类目，图 1-12 所示的雪纺连衣裙排名中的"人气"排名和"销量"排名即可作为选款的参考。

图 1-12　雪纺连衣裙排名

选好具体款式后，还可以通过淘宝网的"找同款"了解产品的竞争程度和利润空间，如图 1-13 所示。

通过上述方法选择的产品通常符合店铺定位，市场趋势良好，有一定的利润空间，如果产品货源稳定、可控，就可以将其确定为上新经营的产品，适当进货。

图 1-13　找同款

（三）做好渠道规划与管理

企业开展电子商务，既可自建电子商务平台，又可使用第三方平台销售。国内以淘宝网为代表的第三方交易平台发展迅猛，成为顾客购买产品的第一选择。因此，对于中小企业卖家来说，第一选择就是第三方交易平台；对于一些小卖家或是新卖家来说，由于淘宝网的门槛较低的特点，多数都首选在淘宝网开店。

小刘通过市场分析后确定店铺定位：以时尚优雅有品质、35岁白领女性为其主要顾客，前期配合季节以"连衣裙"，特别是"雪纺连衣裙"为主要的销售品类，选择"连衣裙""T恤""蕾丝衫/雪纺衫"三个小品类为前期上新品类，选择50款单品上货销售。

# 任务三　组建运营团队

## 一、 任务导入

在正式开始网店运营之前，还需要了解如何组建运营团队，了解常规电商运营的主要流程与具体工作任务，了解电商运营工作都涉及哪些工作岗位，并对各运营岗位有初步的认知。

## 二、 知识基础

常规电商运营的主要流程与工作任务，一般而言主要包括市场调研、市场定位（商品、顾客、店铺）、规划产品结构、采购进货、定价、商品拍照、文案处理、商品上架、店铺装修、店铺推广、售前客服、验货、发货、售后处理、效果分析及顾客维护，如图1-14所示。

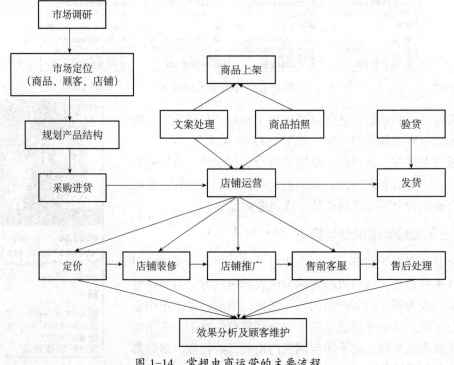

图 1-14　常规电商运营的主要流程

## 三、 任务分析

开店初期，不同规模企业网店的岗位设置应根据企业运营规模的大小来确定。如果网店有一定的运营规模，则其中每个岗位都应该是一个独立的部门，每个部门应有独立的部门主管和部门专员。一般而言，前期运营负责人岗位 1 人，其他部门各 2 ～ 3 人，客服岗位和推广岗位人员 3 ～ 5 人，这样初步配备人员要 10 人左右。

如果企业规模足够大，有几个不同项目（如天猫、京东等第三方平台）在运营，则每个项目下都应该配备相应的部门。规模化的运营还要配置一些单独的部门，如商品采购部门、顾客维护部门等，这样一支团队可能需要几十人甚至上百人。"韩都衣舍"运营团队已经达到上千人的规模。

当然，对于初期尝试运营的企业，一方面由于各专业人才不易短期配置到位，另一方面由于初期运营规模较小，因此可以把一些拍照、美工等工作外包。前期只要设置运营主管 1 名、店铺推广人员若干名、店铺客服人员若干名，以保证项目的基本运营，后期随着发展再不断地添加人手。开店初期的人员配置如图 1-15 所示。

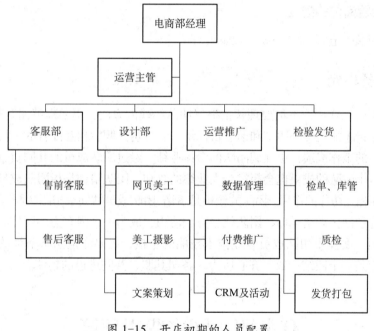

图 1-15 开店初期的人员配置

## 四、 任务实施

一个完整的电商运营团队应该按如下步骤进行各岗位的建立与工作分工。

### （一）运营岗位的建立

运营岗位负责店铺的整体运营工作，包括商品选款、各部门工作安排、部门工作协调、运营计划推进及效果分析。

（二）拍摄岗位的建立

拍摄岗位负责商品主图、细节图、场景图、模特图、对比图的拍摄。

（三）文案策划岗位的建立

文案策划岗位负责商品详情页、店铺首页、活动页的内容策划和描述等。

（四）美工岗位的建立

美工岗位负责图片处理、商品上下架、商品详情页的美工设计和制作，以及整个店铺的装修设计。

（五）客服岗位的建立

客服岗位负责售前顾客商品知识解答、顾客引导、售中订单处理、售后退换货。

（六）推广岗位的建立

推广岗位负责引流、商品搜索引擎优化、付费推广、活动报名及其他形式推广。

（七）仓管岗位的建立

仓管岗位负责仓库货物摆放、发货处理。

## 五、 任务小结

在团队组建工作中，不但要理解把握好团队组建的方法，更要理解团队精神的内涵。所谓团队，是指才能互补、团结和谐、目标统一、各司其职、相互配合的一群人。团队不仅仅强调个人的工作成绩，更强调团队的整体业绩。经过团队成员的共同贡献，得到团队的成果，而这个团队的成果也会超过个人业绩的总和。团队精神是指团队成员为了团队的利益与目标而相互协作的作风。团队的精神是承诺，团队成员共同承担团队职责。没有承诺，团队就是一盘散沙；做出承诺，团队就会齐心协力，成为一个强有力的团体。所以，在组建电商团队时，要注重团队成员专业技术技能的考核，更要注重团队精神的打造。一个好的团队一定是一个团结一致、齐心协力、各司其职、共同进退的集体。

# 任务四　网店费用预算

## 一、 任务导入

网店开设前还需要了解网店开设的成本费用，开店的启动资金包括开店费用、管理软件购置费用、进货费用、人工费用、宣传费用、活动周转资金等。其中，对一些费用是有明确规定的，更多的费用，如进货费用、宣传费用、活动周转资金等，则需要进行估算预测。

## 二、 知识基础

### （一）库存成本

库存成本是在整个库存过程中所发生的全部费用，包括库存获得成本，即用于购买或生产该产品所支出的费用，与购买量或生产量有关；库存持有成本，即为保持存货而发生的成本，通常指货物从入库到出库期间所发生的成本；库存缺货成本。此外还有物流成本，即货物从供应商处运到仓库，以及从仓库运到用户手中所需的成本，也可合并到前述的库存获得成本中。

### （二）库存成本的构成

#### 1. 库存持有成本

库存持有成本是指为保有和管理库存而需承担的费用开支，具体可分为运行成本、机会成本和风险成本三个方面。

运行成本主要包括仓储成本，自营型的仓库体现为建造仓库的固定投资的摊销费用，外包型的仓库则体现为仓库的租金，库存量越大，仓储面积越大，仓储成本也越高。此外，运行成本还包括仓库中的设备投资成本和日常运作费用（水、电、人工等）。

机会成本主要是库存所占用的资金的机会成本，库存作为企业的资产，是通过占用企业的流动资金而获得的，而任何企业都有一定的资金投资回报率，即库存占用的资金如果不用于库存而去经营其他投资所能获得的平均收益，这一比例因行业的不同和企业的不同而有所不同，一般为 10% ～ 16%。企业因为要持有一定的库存而丧失了流动资金所能带来的投资收益，即为库存的机会成本。有时企业通过借款来获得库存，这时的机会成本还应包括借款的利息支出。

风险成本顾名思义是从风险的角度出发来考虑的，首先是保险费用，为了减少库存的损失，大多数的企业会为其库存的安全投保，其费用就是库存成本。同时，企业可能会因为库存的不合理存放而造成损耗或报废，如食品过期、存放过程中破损、产品滞销、失窃等，这些损失同样是库存的风险成本。

#### 2. 库存获得成本

库存获得成本是指企业为得到库存而需承担的费用。抛开库存的本身价值，如果库存是企业直接通过购买而获得的，则获得成本体现为订货成本，包括与供应商之间的通信联系费用、货物的运输费用等，订购或运输次数越多，订货成本就越高；如果库存是企业自己生产的，则获得成本体现为生产准备成本，即企业为生产一批货物而进行的生产线改造的费用。

#### 3. 库存缺货成本

库存缺货成本是指由于库存供应中断而造成的损失，包括原材料供应中断造成的停工损失、产成品库存缺货造成的延迟发货损失和销售机会丧失带来的损失、企业采用紧急采购来解决库存的中断而承担的紧急额外采购成本等。

## 三、 任务分析

经过开店费用和软件服务费用调研，发现对各平台的开店费用都有明确的规定。例如，淘宝店铺开店是免费的，只要按照不同的类目交纳相应的消费者权益保证金就可以了（不同类目的保证金各有不同，大部分类目为1 000元）。天猫、京东除需要交纳消费者保证金外，还需要交纳平台使用费，具体费用根据不同的开店类型与销售的产品品类而不同，商家根据申请平台向平台客服人员咨询即可。另外，由于电商平台软件能够大幅提高工作效率，同时能够很好地提高运营水平，因此一些必要的软件是需要购买的。

## 四、 任务实施

下面我们以一个企业女装店铺入驻天猫电商平台为例，进行网店运营的初期费用的分析预算。

（一）库存成本预算

假设该女装店铺每月销售额为50万元，商品客单价为120元，毛利率为50%，售罄率为80%，则库存成本为31.25万元（50万元×50%÷80%）。

（二）天猫入驻费用预算

企业入驻天猫需交纳保证金5万～15万元，各类目要求不同。保证金的作用是当企业与顾客产生交易纠纷时，天猫可以提取部分资金提前赔付给顾客。如果企业退出天猫，保证金将予以返还。品牌旗舰店、专卖店入驻天猫的费用：带有TM商标的为10万元，全部为R商标的为5万元。专营店入驻天猫的费用：带有TM商标的为15万元，全部为R商标的为10万元。

（三）天猫技术服务费预算

技术服务费相当于传统店铺的租金，按照各企业经营类目的不同，每年为3万～6万元。如果企业经营业绩达到天猫的规定要求，则技术服务费可以部分或全部返还。女装类目需交年服务费6万元。该女装店铺预计月销售额为50万元，可达到技术服务费返还标准。

（四）天猫佣金及顾客天猫积分返还预算

天猫佣金比例为2%～5%，返还顾客积分为佣金的50%。假设企业月营业额为50万元，则企业每个月应该给天猫的佣金为2.5万元（女装类目的佣金比例为5%），返还顾客积分为1.25万元。

（五）快递费用及包装费用预算

以15元/单结算（包含快递费用和包装费用），预测每月的销售量约为4 200单，则每月快递费用约为6.3万元。

### （六）推广成本预算

按平均每月营业额50万元的目标计算,假设企业商品客单价为120元,转化率为3%,可以推算出每月销售量约为4 200单时,则是每天140单左右,预计每日进店顾客数为4 500～5 000人。

假设按照流量的30%为推广流量计算,每日推广引流大概为1 350人,按广告成本每人2元计算,若每款商品上架推广期为14天,则推广费用为3.78万元;若每款商品上架推广期为20天,则推广费用为5.4万元。

### （七）软件费用预算

天猫的基本软件是免费的,但"生意参谋""行业分析"和客服软件等是收费软件,它们的费用大约为每年1万元。

### （八）人工费用预算

以1名运营人员、1名美工、2名客服人员和2名仓储人员为例,每月的投入成本为3万元。

### （九）商品拍摄预算

商品拍摄的费用约为每月1万元。

### （十）其他成本预算

其他成本包括房租、水电费、办公用品费、网络费用等。

初步预算费用合计为50.5万元(部分费用为销售所产生的费用,不在前期投入中),加上保证金等基本投入,初期费用预算为50万～65万元。

以此类推,随着店铺营业规模的扩大和人员的增加,人员成本会上升,快递费用会下降,整体业绩和企业净利润会不断提高。

## 五、 任务小结

小刘通过市场分析后确定店铺市场定位,同时确定以2周为上新周期,选择淘宝为前期主要销售平台,同时建设初步的运营团队,通过简单计算,预计前期投入资金为45万～60万元。据此便可开启网店运营之旅。

## ▶▶▶ 习 题

### 一、单选题

1. SWOT分析法中的W代表( )。

　　A.优势　　　　　B.劣势　　　　　C.机会　　　　　D.威胁

2. ( )不属于自建B2C平台。

　　A.天猫　　　　　B.凡客诚品　　　　C.百丽官网　　　D.骆驼官网

3. 选款时,可以参考淘宝网类似款式的热门产品。例如,对于"雪纺连衣裙"这个相对小的类目,雪纺连衣裙排名中的"(　　)"和"销量排名"即可作为选款的参考。

  A. 人气排名  B. 价格排名  C. 总排名  D. 无限制

 4. 新开张的女装店铺最多可以发布(　　)件商品。

  A. 100    B. 200    C. 300    D. 500

 5. 在淘宝上开一家卖手机的店铺,最低需要交纳(　　)元的保证金。

  A. 100    B. 1 000   C. 10 000   D. 100 000

## 二、多选题

1. 淘宝网上属于个人对个人的业务有(　　)。

  A. 淘宝集市  B. 二手闲置  C. 品牌商城  D. 都不是

2. 网络零售的特点是(　　)。

  A. 参与者众多      B. 覆盖面广

  C. 产品种类和数量丰富   D. 交易方式灵活

3. 阿里指数是阿里平台提供的免费数据研究平台,我们通过该平台可以了解(　　)。

  A. 市场趋势  B. 人群特性  C. 市场细分  D. 成交排行

4. 品牌市场定位的方法有(　　)。

  A. 首席定位  B. 加强定位  C. 年龄定位  D. 其他产品定位

## 三、判断题

1. 阿里指数中的"搜索指数"就是顾客在淘宝主页上搜索某一关键词的次数。(　　)

2. 专业版的旺铺价格是 50 元 / 月,1 钻以下的店铺不允许申请旺铺。 (　　)

3. 淘宝网目前的业务涵盖 C2C(个人对个人)和 B2C(商家对个人)两大部分。

                   (　　)

4. 卖家不交纳保证金,就不能发布新品。       (　　)

5. 开网店时,店铺的产品越多越好、越全越好。     (　　)

## 四、简答题

1. 简述网店进行 SWOT 分析的步骤。

2. 比较自建 B2C 平台和选择第三方交易平台的异同。

## 五、实训与实践

  通过市场调研,选择某个类目进行开店筹备,合理规划开店渠道及运营团队,并进行费用预算。

# 网店开设与装修

 **知识目标**

- ☑ 了解各电商平台（淘宝平台）的入驻要求。
- ☑ 熟悉申请、开设淘宝个人店铺的流程。
- ☑ 了解网店的装修与基本设置。
- ☑ 了解并掌握淘宝网开店规则。

 **技能目标**

- ☑ 掌握计算机端网店首页的装修技巧。
- ☑ 掌握页面配色和网店基本模块的编辑。

 **课程思政**

- ☑ 培养求真务实和勤奋劳动精神。
- ☑ 培养良好的干一行、爱一行、专一行的爱岗敬业与专研精神。

# 任务一 网店的申请

## 一、 任务导入

根据前期与老师对市场和产品的分析，小刘决定与姑姑的服装公司合作，开设个人和企业网络店铺，实践学习网店运营技能。同时，老师组织其他学生与该服装公司进行沟通，协助小刘开展网上服装销售工作。

## 二、 知识基础

淘宝网是亚太地区较大的网络零售商圈。随着淘宝网规模的扩大和用户数量的增加，淘宝网也从单一的 C2C 网络集市变成包括 C2C、团购、分销、拍卖等多种电子商务模式在内的综合性零售商圈。目前，淘宝网已经成为世界范围内最大的电子商务交易平台。申请开设淘宝店铺可以说是走进电子商务的第一步。

淘宝店铺是指所有淘宝卖家在淘宝网所开设的旺铺或者店铺。每个在淘宝网新开设的店铺都由系统默认产生店铺界面，就是常说的普通店铺。淘宝旺铺是相对普通店铺而言的，淘宝旺铺（个性化店铺）服务是由淘宝提供给淘宝卖家的，允许卖家使用淘宝提供的计算机和网络技术，实现区别于淘宝一般店铺的个性化店铺页面展现功能的服务。淘宝旺铺是淘宝提供的一种增值服务，必须订购才能使用，需要收取相关的费用。

店铺按照经营者的类型主要分为天猫商城和淘宝店铺。其中，天猫商城是淘宝网打造的在线 B2C 购物平台，是目前亚洲最大的网上购物网站。截至 2023 年 3 月，天猫商城已经拥有超过 1.8 亿买家，15 000 个商户，20 000 个品牌。早期的淘宝店铺也就是通常说的 C 店，是淘宝网免费向淘宝用户开放的 C2C 购物平台，对店铺不收取技术服务费。2004 年，淘宝以其免费策略击败易趣，成为本土 C2C 的霸主。2015 年，天猫的准入政策开始收紧，《天猫 2015 年度招商资质细则》对于什么品牌可以进驻天猫做了详细的规定，明确天猫的品牌将以国外品牌和国内知名品牌为主，对原创品牌和独立品牌更加挑剔。由于不在公示名单内的品牌将无法报名入驻天猫，因此淘宝企业店铺就应运而生。淘宝企业店铺是一种介于公司直营和个人卖家之间的店铺，普通个人卖家通过身份认证就可以开店，淘宝企业店铺需要认证企业营业执照，但它不像天猫，不要求企业有 100 万元以上的注册资金、2 年以上的经营时间、品牌注册商标和纳税身份等条件。

淘宝店铺的分类如图 2-1 所示。

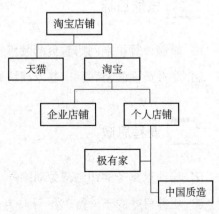

图 2-1 淘宝店铺的分类

说明：

（1）极有家。极有家是阿里巴巴旗下的一站式筑家平台，专注于家装家居百货领域，除了提供建材、家具、家纺、布艺、床品、家饰、百货的实物商品销售外，在这里还可以找到室内设计师和品牌装饰公司。借助这个平台既可以开设个人店铺，也可以开设企业店铺（个人店铺为工厂股东，企业店铺为工厂店铺）。其入驻要求必须为工厂直营店。

（2）中国质造。中国质造是淘宝网为优秀自主品牌上线打造的专属频道。在中国质造的平台上可以开设企业店铺或个人店铺，但是必须达到一定的销售额。淘宝"中国质造"集合产业链优势，旨在打造中国制造的自主品牌，目前已经开设了"莆田运动鞋""慈溪小家电""南通家纺"等产业链店铺。

随着淘宝网的发展，竞争不断加剧，店铺分类逐渐细化，店铺逐渐向企业化和专业化方向发展，使淘宝店铺的经营越来越专业，越来越规范。

## 三、 任务分析

小刘在对店铺进行 SWOT 分析后，确定入驻淘宝平台，接下来需要了解淘宝平台入驻要求，并熟悉淘宝网的开店规则，整理相关材料进行店铺装修等。

## 四、 任务实施

虽然淘宝逐渐向企业化和专业化方向发展，但是个人店铺仍然是淘宝网目前数量最多的店铺类型。个人店铺开设的门槛较低，只要年满 18 周岁就可以申请开设个人店铺。

（一）淘宝个人店铺申请前的准备

申请淘宝个人店铺前需要准备身份证、手机、计算机、银行卡（开通网银功能）和邮箱等。

（二）注册淘宝账户

打开淘宝网首页，单击"注册"按钮（图 2-2），进入"用户注册"界面，在该界面中注册淘宝账户，需要输入手机号，并填写系统发送的短信验证码，如图 2-3 所示。

（三）开店类型选择

开店类型选择个人店铺。

（四）支付宝实名认证

支付宝实名认证如图 2-4 所示。

（五）淘宝开店认证

淘宝开店认证如图 2-5 所示。

淘宝开店
账号注册

淘宝开店
开店认证

图 2-2　单击"注册"按钮

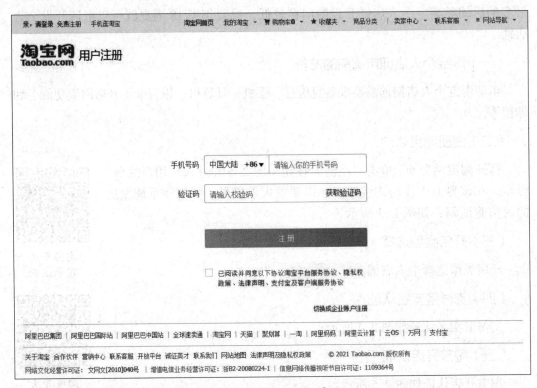

图 2-3　"用户注册"界面

图 2-4　支付宝实名认证

图 2-5　淘宝开店认证

## （六）创建个人店铺

创建个人店铺如图 2-6 所示。

说明：

（1）注册用到的手机号要求没有注册过阿里相关账号。

（2）淘宝账号不能修改，尽量选择利于记忆及与所售商品或店铺经营理念相关的账号。

（3）支付方式要求选择支付宝，用开通网银支付功能的银行卡认证。

（4）企业店铺的申请步骤与个人店铺基本相同，区别在于企业要提供企业营业执照及相关开户银行认证信息。

图 2-6  创建个人店铺

## 五、 任务小结

本任务首先介绍了常见的网上开店平台，然后以淘宝网为例介绍了其开店的步骤及注意事项，后台操作及网店基本设置、网店货源的选择渠道和选择货源的注意事项将在下一个任务中完成。

# 任务二  网店的基础设置

## 一、 任务导入

通过前期的工作，小刘已经成功开通了淘宝网店，并记录下了自己的淘宝账户名、登录密码，支付宝账户名、登录密码及支付密码，接下来需要小刘进一步设置网店名称、网店标志、网店介绍等信息。

## 二、 知识基础

2012 年，淘宝商城升级商家管理系统，向商家收取的年费从每年 6 000 元调整到 3 万元或 6 万元两档，大部分商家作为服务信誉押金的保证金从 1 万元调整到 1 万元至 15 万元不等。同时，实行有条件的技术服务费年终返还制度，淘宝商城将根据商家的经营规模、服务质量等指标的达标情况对商家的技术服务年费进行部分乃至全额返还。在此调整中，淘宝商城特别建立商家违约责任保证金制度，商家进驻淘宝商城将根据所经营或者代理的品牌交纳违约保证金。商家一旦有达到一定程度的违约行为，将扣除至少1万元的保证金，保证金直接进入消费者保障基金，为消费者提供保障。消费者一旦买到假货将获得"假一赔五"赔偿，同时其他商家违规行为对消费者补偿的幅度也将大幅增加。

（一）淘宝店铺保证金

淘宝店铺保证金其实就是押金的一种形式，如果想在淘宝上开店，那么就需要交一定的押金，不同的类目交的押金不一样，大部分类目只需要交纳1 000元就可以了。这和我们开实体店交纳押金是一样的，是用于约束卖家的。淘宝店铺保证金就是在卖家的支付宝账户里冻结一定的金额，卖家可以看到这部分钱在自己的支付宝账户里，但是属于冻结状态，不可以取用。如果卖家和买家发生纠纷或者违规经营，淘宝介入后有权利在卖家的淘宝店铺保证金里面扣除相应的金额来补偿买家。

淘宝店铺保证金是可以随时退的，如果卖家不想开店了，那么可以直接申请解冻提现，很快就能把这部分钱取出来。

淘宝店铺保证金目前主要分为30元保证金险和1 000元保证金，效果是一样的。30元保证金险属于服务费，以保险费的形式交纳，一年一交，如果不开店了是不退的。1 000元保证金，等不开店的时候会全部退回，而且不用每年都交，交一次就可以了。

建议大家都交纳淘宝店铺保证金，交纳保证金后，淘宝会提升店铺宝贝的权重，然后带来一定的自然搜索流量，也就是说可以给卖家带来一些免费的客户。而且，卖家交纳了保证金，客户也会增强对店铺的信任度，提升商品转化率。

（二）淘宝规则

（1）未经淘宝许可，店标、店名、店铺公告及个人介绍页面禁止使用含有"淘宝网特许""淘宝授权"等含义的字词。

（2）店标、店名、店铺公告及个人介绍页面禁止使用淘宝网或其他网站信用评价的文字和图标。

（3）未经许可，严禁使用淘宝网专用文字和图形作为店铺宣传的文字和图形。

（4）如用户或店铺不具有相关资质或未参加淘宝相关活动，不允许使用与特定资质或活动相关的特定含义的词汇，如台湾馆、香港街、淘宝商城、消费者保障计划、先行赔付等。

（5）非天猫（淘宝商城）店铺不能在店铺、商品页面内使用"旗舰店""专卖店""专营店"。

（6）店铺命名原则。

① 名称要简洁明快、好听好记。名称简洁明快，消费者易读易记，容易和消费者进行信息交流。名称设计必须响亮，易于上口，有节奏感，这样也就有了传播力，有利于店铺与消费者之间的相互交流与沟通。

② 名称要体现品牌。如果经营的产品是有一定知名度的品牌产品，那么在店铺名称上要嵌入品牌名，便于消费者认知和记忆。

③ 名称要与产品相关。店名必须与经营商品相吻合，能反映店铺的经营特色，使消费者易于识别店铺的经营范围，并产生购买欲望。店名关系到店铺被消费者搜索到的

概率。用户在淘宝上搜索，大部分都是输入自己想要的东西名称，如男装、女装等关键词，如果店名里包含这样的关键词，就能被搜索到，如"时尚女装流行前线"包括了时尚、女装、流行三个关键词。

（7）店铺命名技巧。

① 借用有名的人或物作为店名。这种方式被称为"借名生辉"，即借助人名和地名来给自己的网店命名。名字＋行业是我国传统店铺的命名方法，如老舍茶馆。

② 店名前冠上有名气的网店字眼。把淘宝有名气的店铺的名字巧妙地运用在店铺的名字中，也是一种好的方法。这也是小店铺的生存之道，如"良品零食精选""三只松鼠购物体验店"。

③ 迎合网购族的消费心理。换位思考，按照网购族的消费心理来想名字。通常可以从以下五个方面加以考虑：迎合怀旧心理需要、迎合时尚心理需要、迎合喜"洋"心理需要、迎合求吉心理需要、迎合猎奇心理需要，如"三年级二班的故事""绫致时装官方店""满堂吉旗舰店""解压博物馆"。

④ 借用诗词歌赋或历史名人打造有品位的名字。在起名时如果能够注入特定的文化成分，使其具有一定的文化内涵，不仅可以提高店铺的档次和品位，而且能够引起更多顾客的注意，如"东坡酒家""嫦娥衣饰"。此类名字要注意是否构成侵权或违反相关规定。

⑤ 用数字做店名容易识别与记忆。名字里面加上一些数字，是现在比较流行的命名方法，如 hao123、114 等都是一些经典的例子。但是，数字一定要便于记忆。如果数字太长反而不便于记忆。

⑥ 加上地域特色。这种起名思路通常适用于那些经营土特产的商店，或是经营具有独特风格或特色的店铺，如"吧嗒嘴新疆特产""韩国 Baby 东大门女装"等。

（8）店标的基本类型。淘宝店铺的店标主要有以下三种类型。

① 文字标志。文字标志主要以文字和拼音字母等单独构成，适用于多种传播方式。

② 图案标志。顾名思义，图案标志仅用图形构成标志。这种标志比较形象生动，色彩明快，且不受语言限制，非常易于识别。但图案标志没有名称，因此表意不如文字标志准确。

③ 组合标志。组合标志是把文字和图案组合而成的标志。这种标志发挥了文字及图案标志的优点，图文并茂，形象生动，易于识别。

（9）店标设计原则。

① 构图要有创意，做到构图新颖，富于个性化，才容易与其他店铺标志区别。

② 含义要深刻，才能体现出店铺的个性特征、独特品质，以及精神风貌等。

③ 保持稳定性，店标一旦确立，就不要随意改动。

④ 设计必须符合法律法规，且注重国际化、统一化。

（10）店标设计注意事项。

① 整体构思，切合主题。主题可以凸显店铺的主营业务，也可以强调店名的内涵。

② 围绕主题选择素材。网店图标主题可以通过花鸟等来表现，也可以通过人物来展现，但是在相对狭小的空间里人物的表现会有很大的局限性，也可以考虑卡通漫画人物，或是比较可爱的小动物等。

③ 色调的问题。不同的网店，其主题不同，所用的色调也有所不同。例如，幸福的主题最好使用暖色调来表现，这样给人的视觉效果和心灵感受都会很舒服。此外，蓝色显得简洁、绿色显得有生机、红色显得热情庄重等。

## 三、 任务分析

店铺开通后，首先要交纳店铺保证金，需要登录"卖家中心"，单击"保证金"选项，进入"消保服务"界面交纳店铺保证金。交完保证金后需要进一步对店铺的基本信息进行设置，主要包括店铺的基本信息设置、店铺名称与店铺标志等的设计与设置。

## 四、 任务实施

### （一）店铺基本设置

在淘宝网首页单击"卖家中心"，进入"卖家中心"页面，选择"基础设置"选项，进行淘宝店铺的基本信息的设置，如图 2-7 所示。

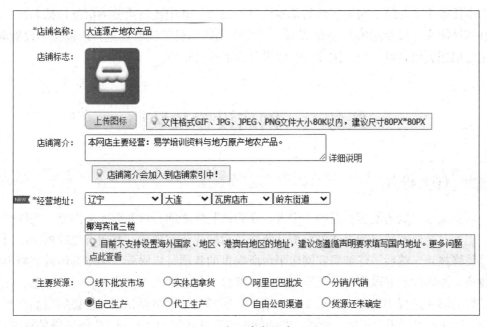

图 2-7　店铺基本信息设置

（1）店铺名称。店铺名称可以后续修改，最好与售卖的商品相关或是有特色的名称，起名的主要原则是好记，建议起中文名称。

（2）店铺标志。设置店铺 logo，店铺 logo 应结合店铺定位，突出清晰好记的特点。

（3）店铺简介。按照实际情况填写店铺简介。店铺简介要求简洁、明了，突出店铺特点（店铺简介有搜索权重）。

（4）经营地址。按照实际情况填写。

（5）主要货源。按照实际情况填写。

（二）设计店铺名称与店标

在店铺通过淘宝系统审核后，进入店铺的首要事件是对店铺进行基础设置，包括店铺名称、店铺标志、店铺简介、经营地址、主要货源和店铺介绍。

（1）设计店铺名称。在注册淘宝账号时，允许会员使用中文、英文和数字来命名，这个名字，也就是掌柜名字，是不能修改的，但是店铺的名称是可以根据自己的想法随时更换的。即便如此，店铺名称也应该保持一定的稳定性。

（2）设计特色店标。店铺标志是一种独特的设计，代表着店铺形象本身。好的店标不但能让买家在第一时间看出店铺卖的是什么，还能够在最短的时间内了解到店铺的最新动态。

淘宝店标的尺寸为 $80 \times 80$ 像素，大小为 80kB 以内，支持的格式为 .gif、.jpg 和 .png，直接上传即可。若是要制作动态图标，则要下载相关的 gif 设计软件，将需要的图片批量导入，按操作进行设置即可。

## 五、 任务小结

本任务主要介绍了淘宝店铺的基本信息的设置，其中比较重要的信息包括名称、店标和店铺简介，以及店铺的 logo 设置、主营产品等信息。读者在进行店铺基本设置时，一定要把相关信息设置全，这样可有效提升店铺的可信度。

# 任务三　网店设置及装修

## 一、 任务导入

新手卖家多数为网店运营的初学者，在店铺装修之前，首先需要多浏览一些同类店铺，观察其装修的风格和手法，分析其装修过后的优势和劣势，并向有经验的店主讨教一些装修技巧；然后，仔细研究网店平台所提供的各项装修服务，学习具体的装修方法和技巧。网店的装修风格是网店形象的重要部分，传达着店主的品位和经营理念，在网店品牌的形成过程中起着十分重要的作用。店铺的装修风格要和店铺销售的商品类型相吻合，这样才更能吸引买家。此外，在装修前需要准备好图文资料，店铺装修依靠图片、文字、动画等信息材料进行美化。需要事先对商品、场所等实体物品进行拍照并做一定的修饰，也可以利用搜索引擎搜索获取各种图文素材。

## 二、 知识基础

（一）横幅广告

横幅广告（banner）是网络广告最早采用的形式，也是最常见的形式。横幅广告又称旗帜广告,它是横跨于网页上的矩形公告牌,当用户单击这些横幅的时候,通常可以链接到广告主的网页。

### (二)广告信息

**1. 形式介绍**

横幅广告是将一张表现商家广告内容的图片放置在广告商的页面上,是互联网广告中最基本的广告形式,尺寸是 $480 \times 60$ 像素,或 $233 \times 30$ 像素,一般是使用 .gif 格式的图像文件,可以使用静态图形,也可用 swf 动画图像。除普通 .gif 格式外,新兴的 Rich Media Banner(丰富媒体 banner)能赋予横幅更强的表现力和交互内容,但一般需要用户使用的浏览器插件支持(plug-in)。

**2. 类型**

横幅广告通常为长 7 英寸宽 1 英寸,或 $468 \times 60$ 像素左右。它的尺寸在一定范围内可以变化。例如,美国互动广告局(Interactive Advertising Bureau)规定,$468 \times 60$ 像素的称为全横幅广告(full banner),$234 \times 60$ 像素的称为半横幅广告(half banner),$120 \times 240$ 像素的称为垂直旗帜广告(vertical banner)。

从表现形式上看,横幅广告可以分成静态横幅、动画横幅、互动式横幅三种类型。

**3. 投放**

(1)利用横幅广告交换网站负责安排横幅广告的共享,让其他网站显示一家公司的广告,而这些公司的网站同时也显示其他公司的广告。

(2)企业在细分市场目标群体会访问的网站上付费投放横幅广告,这种方式比较费时费力。

(3)使用横幅广告网络投放横幅广告,即广告主与刊登广告的网站之间的经纪公司。

**4. 认可**

第一个成功地利用互联网发布广告的是"热线"网站,这个网站创建于 1994 年,是平面杂志《热线》(Wired)的网络版。具有印刷媒介经验的管理者在热线网站建立之初就考虑如何利用这个新的媒介平台进行广告活动。热线网络在网站中引入广告是非常谨慎的,它们创造性地采用了"横幅广告"形式。这是一种 $168 \times 60$ 像素的横幅图档,广告位于网页的上方,只占用显示页面(page)的很小一部分。让热线网站感到欣慰的是,它们的广告没有引起不满,浏览者接受了这种广告形式,就像接受报纸和杂志上的广告一样。

**5. 篇幅**

首先是尺寸,一般的通用规范大到 $468 \times 60$ 像素,小到 $100 \times 30$ 像素;其次是文件大小,对于广告投放者而言,广告是越小越好,一般不能超过 15kB。

**6. 标题设计**

广告在页面中所占的比例较小,一定要设计得醒目、吸引人。

**7. 点击量**

这是网络广告与传统广告最根本的区别,它不仅仅单方面传递信息,还需要唤起网友"点击"的行动,特别是网友还会为此行动付出时间和经济上的代价,广告要给网友一个充足的理由，要抓住整个市场营销战略中最符合网友心理的地方做文章。

### （三）淘宝旺铺装修注意事项

#### 1. 页面布局

不同规格的页面有不同的需求。对于大规格的页面，考虑更多的是页面的版块安排；对于小规格的页面，需要将网页做得干净，一目了然。

#### 2. 店铺配色

每个店铺都有自己的风格，而在反映风格方面，色彩的搭配是关键。首先，颜色的使用要和自己店铺的主色调一致，风格要统一。其次，多用一些明亮的颜色，少用灰色等暗色调的颜色，因为鲜明的色彩更有利于激发消费者的购买欲望。最后，颜色使用不宜过多，过多的颜色加在一起虽然五彩斑斓，但容易给人一种杂乱的感觉，让人产生一种距离感，难以接近。

#### 3. 做好文字和图片的前期准备

店铺公告、店名、店标、签名等文字性的资料和商品图片要事先准备好，这样可以提高装修的效率。

#### 4. 突出主次，切忌花里胡哨

店铺装修漂亮，确实能更多地吸引买家眼球，但要清楚一点，店铺的装饰别抢了商品的风头，毕竟店主是为了卖产品而不是秀店铺，弄得太多太乱反而影响商品效果。

### （四）淘宝网开店规则

淘宝网经过多年的发展，其规则不断完善，从平台入驻、产品发布、推广活动，到支付、评价、投诉都有一套系统的规则。如果想在淘宝网（第三方平台）取得良好的发展，了解规则、遵守规则是基本要求。如果不对规则进行深入的分析和研究，就有可能造成违规，受到淘宝网的处罚。

淘宝网规则是一个大体系，下面主要列表展示与卖家日常行为相关的一些规则，供大家学习，其他详细规则可参见淘宝规则（https://rule.taobao.com/index.htm）。

#### 1. 淘宝网各类违规行为扣分

淘宝网违规行为分为严重违规和一般违规，淘宝网会分别对两类违规行为进行扣分统计并予以相应的处罚。淘宝网各类违规行为扣分情况如表 2-1 所示。

表 2-1　淘宝网各类违规行为扣分情况

| 违规类型 | 违规行为 | 违规行为情节/分类 | 扣分/处罚 |
|---|---|---|---|
| 严重违规 | 发布违禁信息 | 《淘宝禁售商品管理规范》中构成严重违规行为的商品或信息 | 禁发商品及信息名录和对应违规处理 |
| | 假冒材质成分 | 假冒材质成分 | 特定类目卖家假冒材质成分的，12 分/次 |
| | 盗用他人账户 | 盗用他人账户 | 48 分/次 |
| | 泄露他人信息 | 泄露他人信息 | 6 分/次 |

续表

| 违规类型 | 违规行为 | 违规行为情节/分类 | 扣分/处罚 |
|---|---|---|---|
| 严重违规 | 骗取他人财物 | 骗取他人财物 | 48分/次 |
| | 扰乱市场秩序 | 扰乱市场秩序 | 24分/次；情节严重的，48分/次 |
| | 出售假冒商品（单独累计，请参考处理措施） | 卖家出售假冒、盗版商品且情节特别严重的 | 48分/次 |
| | | 卖家出售假冒、盗版商品且情节严重的 | 24分/次 |
| | | 卖家出售假冒、盗版商品，通过信息层面判断的 | 每件扣2分（3天内不超过12分）；实际出售的，每次扣12分。具备特殊情形的，只删除不扣分 |
| | 不正当谋利 | 在商品类页面发布（同件商品在同一滥发情形中违规次数） | 第一次警告，第二次下架商品，第三次下架商品并扣0.2分，第四次删除商品并扣2分 |
| | | 在店铺装修区等其他页面发布 | 每次扣4分，并删除店铺、清除店铺装修、限制店铺装修发布7天或关闭店铺 |
| | | 滥发信息情节严重 | 6分/次，并下架店铺内所有商品 |
| | 虚假交易 | 不正当媒利 | 48分/次 |
| | | 不正当谋利未遂 | 12分/次 |
| | | 视同不正当谋利行为 | 会员为淘宝工作人员，48分/次；关联人士且未申报，24分/次；关联人士利用工作人员职务之便，48分/次 |
| | 拖欠淘宝贷款 | 拖欠淘宝贷款 | 48分/次 |
| 一般违规 | 发布禁售信息 | 《淘宝禁售商品管理规范》中构成一般违规行为的商品或信息 | 禁发商品及信息名录和对应违规处理 |
| | 滥发信息 | 在商品类页面发布（同件商品在同一滥发情形中违规次数） | 第一次警告，第二次下架商品，第三次下架商品并扣0.2分，第四次删除商品并扣2分 |
| | | 在店铺装修区等其他页面发布 | 每次扣4分，并删除店铺、清除店铺装修、限制店铺装修发布7天或关闭店铺 |
| | | 情节严重 | 6分/次，并下架店铺内所有商品 |

| 违规<br>类型 | 违规行为 | 违规行为情节/分类 | 扣分/处罚 |
|---|---|---|---|
| 一般<br>违规 | 虚假交易 | 卖家第一次或第二次发生虚假交易行为 | 违规交易笔数未达96笔,仅对卖家的违规行为进行纠正,不扣分;<br>违规交易笔数达96笔以上,12分/次 |
| | | 卖家第三次发生虚假交易行为 | 违规交易笔数未达96笔,12分/次;违规交易笔数达96笔,48分/次,并下架全店商品 |
| | | 卖家第四次及以上发生虚假交易行为 | 48分/次,并下架全店商品 |
| | | 卖家刻意规避淘宝监管,发生虚假交易行为或其虚假交易行为造成严重后果 | 48分/次,并下架全店商品 |
| | 描述不符 | 符合总则中描述不符第一项所述情形的 | 12分/次 |
| | | 符合总则中描述不符第二项所述情形的 | 6分/次 |
| | 违背承诺 | 符合总则中违背承诺第一项 | 6分/次 |
| | | 符合总则中违背承诺第二项 | 4分/次 |
| | | 符合总则中违背承诺第三项 | 3分/次 |
| | 竞拍不买 | 竞拍不买 | 12分/次,并须按照《淘宝拍卖业务管理规范》相关规定处理拍卖流程中最终冻结的拍卖保证金 |
| | 恶意骚扰 | 恶意骚扰 | 12分/次;情节严重的,48分/次 |
| | 不当注册 | 不当注册 | 12分/次 |
| | 未依法公开或更新营业执照信息的 | 未依法公开或更新营业执照信息的 | 12分/次 |
| | 不当使用他人权利 | 不当使用他人权利 | 2分/次 |
| | 恶意评价 | 恶意评价 | 12分/次 |

**2. 淘宝网违规处罚节点**

如果店铺经营者发生上述违规行为,则淘宝网会根据规则予以扣分,当所扣分值达到扣分节点时,淘宝网将采取相应的处罚措施,具体处罚措施如表2-2所示。

表 2-2　淘宝网违规处罚措施

| 违规类型 | 扣分节点 | 限制发布商品 | 限制创建店铺 | 限制发送站内信息，限制社区功能及公示警告 | 店铺屏蔽 | 关闭店铺（删除店铺、下架所有商品、限制发布商品、限制创建店铺） | 下架所有商品 |
|---|---|---|---|---|---|---|---|
| 一般违规 | 每次 12 分 | 7 天 | | 7 天 | 7 天 | | |
| 严重违规（售假单独累计，请参考处理措施） | 12 分 | 7 天 | 7 天 | 7 天 | 7 天 | | |
| | 24 分 | 14 天 | 14 天 | 14 天 | 14 天 | | 14 天 |
| | 36 分 | 21 天 | 21 天 | 21 天 | | 21 天 | 21 天 |
| | 48 分 | 查封账户 | | | | | |

### 3. 淘宝网出售假冒商品处罚措施

由于假冒商品严重侵犯了消费者权益，对淘宝网的经营环境造成了恶劣影响，因此淘宝网规定对出售假冒商品的处罚单独计分，并规定了相应的处罚措施，如表 2-3 所示。

表 2-3　淘宝网出售假冒商品处罚措施

| 售假处理措施 | 每累计12分（商品信息判断） | 12分（实际售假） | 24分（售假且情节严重） | 48分（售假且情节特别严重） |
|---|---|---|---|---|
| 限制发布商品 | 7 天 | 14 天 | 21 天 | 永久 |
| 搜索屏蔽店铺 | 7 天 | 14 天 | 21 天 | 永久 |
| 搜索屏蔽所有商品 | 7 天 | 14 天 | 21 天 | 永久 |
| 限制创建店铺 | 7 天 | 14 天 | 21 天 | 永久 |
| 限制发送站内信 | 7 天 | 14 天 | 21 天 | 永久 |
| 限制社区功能 | 7 天 | 14 天 | 21 天 | 永久 |
| 删除店铺 | 否 | 否 | 是 | 是 |
| 下架所有商品 | 否 | 否 | 是 | 是 |
| 限制发货 | 否 | 否 | 否 | 是 |
| 冻结账号 | 否 | 否 | 否 | 是 |
| 限制登录网站 | 否 | 否 | 否 | 是 |
| 限制登录旺旺 | 否 | 否 | 否 | 是 |

需要注意的是，随着网络市场的不断变化，淘宝网商家的行为规则也在不断地发生变化，淘宝网对新环境下的规则会进行相应变更并予以公示通知。

## 三、 任务分析

设计友好的店铺界面可以让顾客的购物体验更好，更容易产生购买欲望。目前，淘宝平台默认开通的是淘宝旺铺专业版界面。旺铺后台主要分为 3 个区域：菜单区、左侧工具栏、右侧编辑区，如图 2-8 所示。

（1）菜单区包括页面装修、模板管理、装修分析、装修模板、微海报、营销等。

（2）左侧工具栏包括模板、配色、页头、页面和 </>CSS（需要订购）。

（3）右侧编辑区包括页面编辑和布局管理。

图 2-8　淘宝旺铺专业版装修区

# 四、　任务实施

旺铺首页装修主要分为以下几步。

## （一）选模板

单击"模板管理"，选择可用的模板，如图 2-9 所示。淘宝网提供了三种可永久免费使用的模板，也可以到装修市场选择付费模板。装修市场中的模板可以大幅减少用户在装修店铺方面所花费的时间。

店铺首页装修

## （二）选页面

展开页面列表，选择需要装修的页面，如首页、详情页，还应该装修移动端，如图 2-10 所示。

图 2-9　淘宝旺铺专业版模板

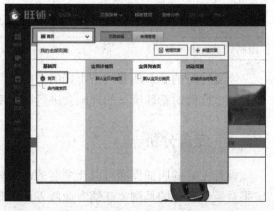

图 2-10　淘宝旺铺专业版页面管理

## （三）定样式

设置该页面的配色，如图 2-11 所示；页头背景、页面背景如图 2-12 所示。

图 2-11　淘宝旺铺专业版页面配色

图 2-12　淘宝旺铺专业版页面模块

## （四）拖模块

确定模块的尺寸，选定模块，按住鼠标，将其拖曳到页面右侧编辑区。专业版有 950、190、750 像素 3 个尺寸的模块，智能版还有 1 920 像素尺寸的模块，在拖曳模块时要注意模块的尺寸和目标区域是否吻合。如果要编辑模块，将鼠标移动到所需更改的模块便会出现相关选项，可以选择"编辑"或者移动模块到指定的位置。在编辑区的"页面布局"菜单栏下，可以更直观地看到整个页面的构成，还可以更方便地添加、拖动、删除模块，如图 2-13 所示。

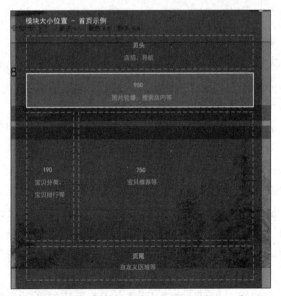

图 2-13　淘宝旺铺专业版页面模块尺寸

（五）管理布局模块

旺铺专业版为用户提供了多个免费的模块，合理利用这些模块可以美化店铺并更好地展示店铺宝贝，如图2-14所示。

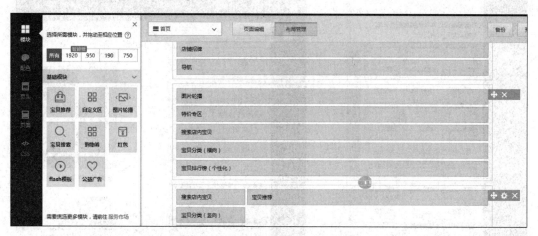

图 2-14　淘宝旺铺专业版页面布局

（1）宝贝推荐：添加该模块后，推荐宝贝会显示在推荐区域，方便买家浏览。

（2）图片轮播：支持多幅图片的自动轮播。

（3）宝贝搜索：买家可以通过输入关键词、价格范围来搜索店铺中的宝贝。

（4）宝贝分类：可在该模块中显示店铺原先设定的宝贝分类，方便买家浏览店铺中的其他宝贝。

（5）友情链接：添加友情链接可以方便消费者查找相关产品，也可以结成店铺联盟。

（6）客服中心：设置客服中心可以方便购物者与卖家沟通，促进交易。

（六）设计店招

店招是一幅图片，是店铺的第一屏内容，是买家进入店铺看到的第一个模块，是打造店铺品牌的最好阵地。店招的尺寸是 950×120 像素。

从内容上来说，店招上面可以有店铺名、店铺 logo、店铺 slogan、收藏按钮、关注按钮、促销产品、优惠券、活动信息/时间/倒计时、搜索框、店铺公告、网址、第二导航条、旺旺、电话热线、店铺资质、店铺荣誉等一系列信息。

从功能上来说，店招可以分为品牌宣传为主的白富美/高富帅型、活动促销为主的暴发户型、产品推广为主的杰出青年型和随意设计的路人甲型。

（1）品牌宣传为主的白富美/高富帅型。这类店招就是要给人以产品给力、店铺实力雄厚、有自己品牌或者正努力朝这个方向发展的印象。这类店招首先要考虑的内容是店铺名、店铺 logo、店铺 slogan，因为这是品牌宣传的最基本的内容；其次是关注按钮、关注人数、收藏按钮、店铺资质，可以侧面反映店铺实力；最后是搜索框、第二导航条等方便用户体验的内容。最好不要出现店铺活动、促销等打折议价的信息，影响整体的店铺形象。

（2）活动促销为主的暴发户型。这类店铺的特点是店铺活动、流量集中增加，有别于店铺正常运营。所以店招首要考虑的因素是活动信息／时间／倒计时、优惠券、促销产品等活动或者促销信息；其次是搜索框、旺旺、第二导航条等方便用户体验的内容；最后是店铺名、店铺 logo、店铺 slogan 等品牌宣传为主的内容。

这种类型的店招，不管是氛围设计还是内容展现，都要让活动信息占据更大的篇幅，否则顾客对店铺的信息关注反而会降低。

（3）产品推广为主的杰出青年型。这类店铺的特点是有主推产品、想要主推一款或几款产品。首先是在店招上，要主打促销产品、促销信息、优惠券、活动信息等促销信息；其次是店铺名、店铺 logo、店铺 slogan 等品牌宣传为主的内容；最后是搜索框、第二导航条等方便用户体验的内容。

（4）随意设计的路人甲型。这一类店招不会给人留下深刻的印象，这也是目前大多数淘宝店家的通病。

（七）上传店招

（1）默认店招。默认店招就是选择一副事先设计好的店招图片，直接上传即可。图片可以自己设计制作，也可以购买店招模板制作。

（2）自定义网店图文店招。店主可以在店招编辑页面中发挥自己的创意，编辑图文混排的店招并保存。

（3）Banner Maker。Banner Maker 是一个网络广告牌在线即时生成工具，无须任何设计经验，可对大量精致动画模板进行修改、添加、DIY 自己的设计作品。Banner Maker 中的各种元素可供用户随意搭配，用户也可以自行上传元素，让广告牌变得独一无二、富有个性。

（八）添加宝贝分类

1. 了解宝贝分类

当店铺发布的宝贝越来越多时，对宝贝进行分类不但可以方便消费者快速查找所需商品，也利于卖家对宝贝进行管理和发布。

宝贝分类有两种模式：一种是先进行分类再发布商品，适用于宝贝类型较多的情形；另一种则是根据发布的商品进行分类，适用于宝贝类型单一的情形。从店铺管理的角度来说，应该先进行宝贝分类。

2. 设置宝贝分类

在淘宝旺铺专业版装修页面的菜单栏中找到"宝贝分类"按钮，单击进入分类管理页面，分类分为手工分类和自动分类两种方式。

（1）手工分类。如果需要添加具体款式分类，建议使用手工分类，如图 2-15 所示。

宝贝分类有文字和图片两种链接方式，如图 2-16 所示。如果使用文字分类，导航颜色、大小都不能改变。如果想让店铺类目与众不同，就需要将每项宝贝分类制作成图片，图片宽度在 160 像素以内。如果是先发布了宝贝，或是在宝贝发布时没有选择分类，可以在"宝贝管理"页面中将宝贝添加至相应分类，如图 2-17 所示。既可以为单个未分类宝贝添加分类，也可以操作"批量分类"，如图 2-18 所示。

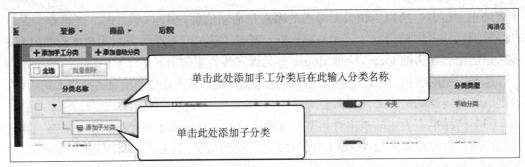

图 2-15　添加手工分类和子分类

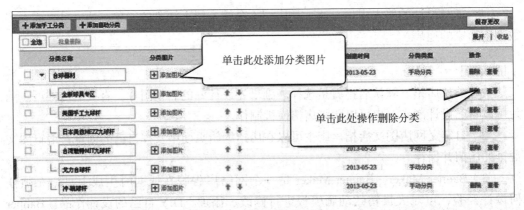

图 2-16　添加分类图片

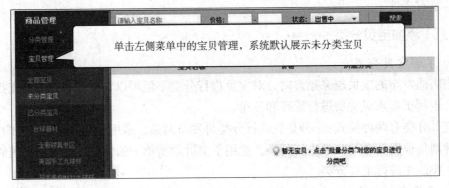

图 2-17　宝贝管理页面

　　勾选想要分类的宝贝，可以将宝贝同时分到若干个不同的分类里。已经有子分类的一级分类将无法直接勾选。宝贝必须选择其中的某一个子分类，如图 2-19 所示。

　　分类完毕的效果如图 2-20 所示。

　　删除宝贝分类和添加宝贝分类的操作相同，如图 2-21 所示，找到需要分类的宝贝，单击添加分类，将需要删除的分类去掉勾选即可。

　　（2）自动分类。自动分类按 4 个类型归类，即按类目归类、按属性归类、按品牌归类、按时间价格归类，最常用的是按类目和按时间价格归类。如果是做多个品牌的，也可以选择按品牌归类，如图 2-22 所示。

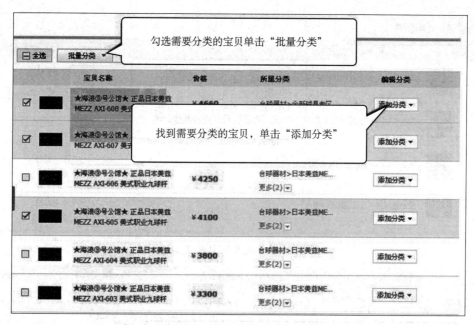

图 2-18　已发布宝贝添加分类

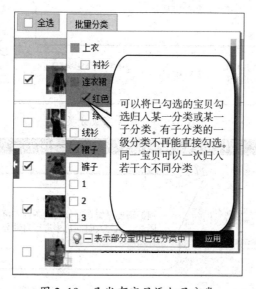

图 2-19　已发布宝贝添加子分类

在设置按照时间价格分类时，时间和价格至少输入一个，也可以同时设置时间和价格条件，如图 2-23 所示。

**3. 查看宝贝分类效果**

旺铺专业版宝贝分类模块有两种展现形式：一种是默认宝贝分类；另一种是个性化宝贝分类。默认宝贝分类是读取了后台设置的分类，它的修改编辑和删减都会影响后台宝贝分类的主设置。个性化宝贝分类是读取了后台设置的分类之后，修改编辑和删减都不会影响后台宝贝分类的主设置。其操作方式是在模块中添加"个性化分类"。

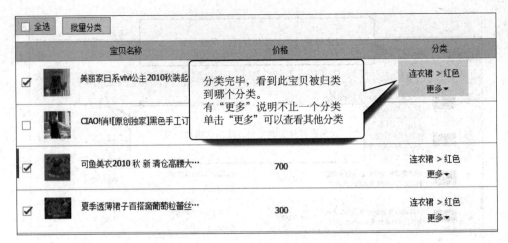

图 2-20  已发布宝贝分类效果

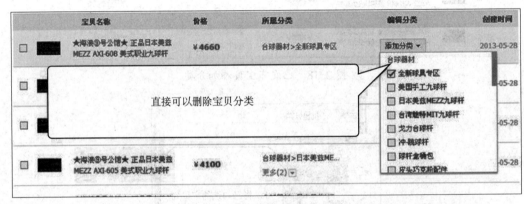

图 2-21  删除宝贝分类

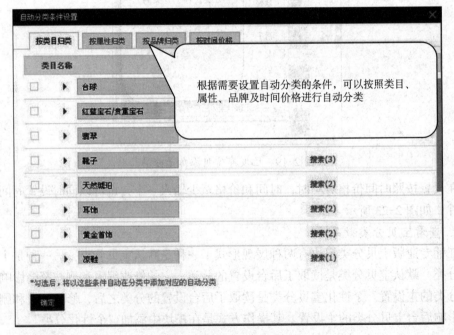

图 2-22  自动分类类型

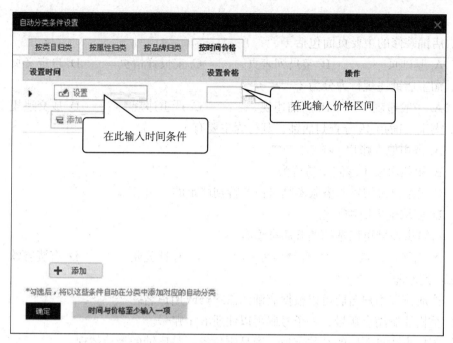

图 2-23 按时间价格自动分类

## 五、任务小结

本任务首先介绍了网店装修的基础知识，包括装修的目标、装修的内容及装修的方法等。网店装修的主要目标是体现网店风格，给买家提供良好的浏览体验，使买家对网店产生认同感和信任感，进而促进销售。通过本任务的学习，小刘在老师的指导下开设了淘宝店铺，并且对店铺进行了简单的设置和装修。网店装修不仅是网店运营的基础，也是提升网店形象的关键。好的装修会让人赏心悦目，增加买家对网店的信任。通过本任务的学习，小刘也了解了淘宝平台的规则，为后期店铺运营做好了充足的准备。

### ▶▶▶ 习 题

**一、单选题**

1. 淘宝网注册企业店铺的流程基本与个人店铺相同，其特殊之处在于要认证企业银行信息，并且要提供（　　）。

    A. 法人身份证　　　B. 联系人身份证　　　C. 企业营业执照　　　D. 都不要

2. 淘宝店铺一般违规的扣分节点是（　　）。

    A. 3 分　　　　　　B. 6 分　　　　　　C. 12 分　　　　　　D. 24 分

3. 淘宝店铺严重违规扣（　　），查封账户。

    A. 12 分　　　　　B. 24 分　　　　　C. 36 分　　　　　D. 48 分

**二、多选题**

1. 注册淘宝店铺需要事先准备的资料包括（　　）。

    A. 个人有效身份证　　　　　　　　B. 手机卡

C. 开通网银的银行卡　　　　　　　　D. 都不需要

2. 店铺装修的主要页面包括（　　　）。

　　A. 基础页　　　　　　B. 宝贝列表页　　　　　C. 宝贝详情页　　　　　D. 自定义页

3. 淘宝店铺违规行为分为（　　　）。

　　A. 一般违规　　　　　B. 店铺违规　　　　　　C. 严重违规　　　　　　D. 成交违规

4. 淘宝店铺扣 48 分查封店铺，其行为主要有（　　　）。

　　A. 盗用他人账户

　　B. 第四次发生虚假交易行为

　　C 卖家出售假冒、盗版商品且情节特别严重的

　　D. 骗取他人财物

5. 有赞微商城可以选择的开店类型有（　　　）。

　　A. 有赞微商城　　　　B. 有赞零售　　　　　　C. 有赞美业　　　　　　D. 有赞餐饮

三、判断题

1. 注册淘宝用户名后可以根据店铺的需求修改用户名。　　　　　　　　　　（　　　）

2. 手机注册淘宝账号，一个号码可以注册 6 个账号。　　　　　　　　　　　（　　　）

3. 店招表达出明确的品牌定位、商品定位等，是店铺的形象体现。　　　　　（　　　）

4. 卖家第一次或第二次发生虚假交易行为违规交易笔数未达 96 笔，仅对卖家的违规行为进行纠正，不扣分。　　　　　　　　　　　　　　　　　　　　（　　　）

5. 淘宝商家泄露他人信息扣 12 分 / 次。　　　　　　　　　　　　　　　　（　　　）

四、简答题

简述出售假冒商品的含义并详细列出扣分情况。

五、实训与实践

以小组为单位，按照已选定的经营类目，申请开设淘宝个人店铺并进行适当的装修。

| 项目三 |
| --- |

# 网店商品信息管理与发布

 **知识目标**

- ☑ 了解商品基本信息的内容及作用。
- ☑ 了解商品的成本构成。
- ☑ 掌握收集买家需求信息及商品信息的方法和渠道。
- ☑ 掌握商品的定价方法。
- ☑ 掌握淘宝网店宝贝的发布流程。
- ☑ 掌淘宝网店宝贝详情页的设计思路和方法。

 **技能目标**

- ☑ 具备图片处理、美化能力。
- ☑ 具备运用FBA方法整理、总结商品文案的能力。
- ☑ 具备为所经营商品合理定价的能力。

 **课程思政**

- ☑ 培养诚实守信、合法经营的诚信守法精神。

# 任务一　商品信息采集与整理

## 一、　任务导入

根据前期的学习和实际操作，小刘的淘宝店铺已经开通，并且基本信息等都已设置完毕，接下来需要收集整理商品信息、上传商品，完成商品管理的相关工作。商品信息的采集和整理及商品定价是商品发布的基础，也是电商运营工作的重要组成部分，采集的商品信息和顾客需求信息越全面，越能制作出内容全面、卖点突出的商品页面，从而提高商品的转化率、销售量及销售额。

## 二、　知识基础

### （一）商品基本信息属性

在淘宝网的宝贝发布及宝贝描述中都会涉及商品基本信息，也就是商品的基本属性，不同的商品类型，其属性不同。例如，女装类目的基本属性包括面料、款式、颜色等。如图 3-1 所示为一款雪纺连衣裙的基本信息，它是买家了解商品的主要途径。

| | | |
|---|---|---|
| 品牌：×××　 | 适用年龄：25～29周岁 | 尺码：S M L XL |
| 图案：碎花 | 风格：通勤 | 版型：韩版 |
| 领型：V领 | 腰型：高腰 | 衣门襟：拉链 |
| 颜色分类：连衣裙 | 袖型：常规 | 组合形式：单件 |
| 货号：4683 | 裙型：公主裙 | 适用季节：夏季 |
| 年份季节：2021年夏季 | 袖长：短袖 | 裙长：中长裙 |
| 流行元素/工艺：镂空 拉链 蕾丝 | 款式：其他/other | 销售渠道类型：纯电商（只在线上销售） |
| 廊型：A型 | 材质成分：聚对苯二甲酸乙二酯（涤纶） | |

图 3-1　一款雪纺连衣裙的基本信息

### （二）商品基本信息的作用

商品基本信息的作用有反映商品基本情况、增进买家信任、激发顾客购买欲、提高购买转化率、为顾客搜索提供关键词。

为更好地总结和管理商品，企业内部一般都会有自己设计的、更详细的商品基本信息采集表。连衣裙基本属性需采集的信息如表 3-1 所示。

### （三）买家需求信息

网上销售与线下实体店销售有着本质上的区别。网上销售不能进行实体体验，买家在没有收到实际商品前，只能看到图片、文字等信息。因此，买家需求信息搜索对于网店显得尤为重要。网店经营者可通过以下步骤了解买家需求信息。

表 3-1　连衣裙基本属性需采集的信息

| 基本属性 | 信　　息 | 基本属性 | 信　　息 |
|---|---|---|---|
| 编号 | HLYQA170516 | 品名 | 连衣裙 |
| 图片 | 主图、副图、细节图 | 库存 | 1 000 件 |
| 品牌 | 夏耐可可 | 图案 | 碎花 |
| 面料 | 60% 棉、40% 涤纶 | 颜色 | 水墨花、黑花、枣红格、绿花 |
| 风格 | 通勤 | 尺寸、规格 | S、M、X、XL |
| 袖长 | 短袖 | 袖型 | 常规 |
| 适用年龄 | 18 ～ 24 岁 | 年份季节 | 春、秋 |

（1）登录淘宝网。在宝贝搜索框中输入"连衣裙"，选择信用排名，排名前 8 位的信用商品如图 3-2 所示。

图 3-2　排名前 8 位的信用商品

（2）选择对手商品。从上面这8件商品中选出与公司商品在风格、材质、目标群体、价位上相似的商品。例如，选择"夏奈可可高腰显瘦喇叭袖2017春夏季新款荷叶边雪纺碎花连衣裙女裙"，分析该商品详情，即可推断出买家的需求信息。

（3）总结商品信息。在分析竞争对手产品、了解买家需求后，整理自己的商品信息，如表3-2所示。

表3-2　整理商品信息

| 商 品 诉 求 | 买家需求信息 |
|---|---|
| 设计阐述；<br>设计本质体现青春、甜美特征；<br>宽松有度、完美的身型展现；<br>雪纺材质飘逸、舒适 | 青春、靓丽、舒适自然的生理需求 |
|  | 清新、自然的心理需求 |
|  | 高端的品质和精细的做工 |

## 三、 任务分析

### （一）站内信息采集

站内信息采集相对简单。首先，确认自有产品的相关特性，确定符合的相关关键词，如"夏 雪纺 连衣裙"，如图3-3所示。找到与目标产品相似的商品进行比较分析即可。

图 3-3　相关关键词搜索

## （二）其他信息采集渠道

### 1. 线下现场采集

近几年线上市场的快速发展直接影响了线下市场的销售。但是随着线上市场增长率的放缓，线上、线下市场逐渐融合。因此，线下现场采集还是十分必要的。线下市场产品采集与线上市场产品采集类似，选择适当商品和商品统计信息即可。

### 2. 专业软件渠道采集

由于电子商务的所有行为都在网络环境中留有有效的数据记录，因此最专业的方式就是利用专业软件进行市场分析，其维度多、信息全。公开、通用的采集软件有百度指数、谷歌指数等，平台软件有淘宝的生意参谋、京东的京东商智等。专业软件与公开、通用的采集软件相比，需要花费较高的费用。专业软件一般分为多个版本，各版本之间的功能差异较大，如果预算允许，尽量选择高版本，这样提供的数据更全面，对店铺的运营及决策更有利。

## 四、 任务实施

在前期大量市场调查、信息采集的基础上，总结相关商品信息，进行商品信息的加工整理和文案的撰写，其核心是卖点的挖掘。

### （一）依据 FAB 法则整理商品资料

依据 FAB 属性、作用、益处法则整理商品资料信息，雪纺连衣裙的商品信息如表 3-3 所示。

表 3-3　雪纺连衣裙的商品信息

| 商　品 | 商品的属性、特性<br>（feature） | 商品的用处和作用<br>（advantage） | 带给买家的益处<br>（benefit） |
|---|---|---|---|
| Q2065w<br>连衣裙 | 雪纺面料 | 透气性好 | 舒适、清凉 |
| | 小碎花的图案、简约的设计 | 营造清新的风格 | 唯美、浪漫的感觉 |
| | 尺寸说明 | 列明商品规格 | 自助购物的舒适感 |
| | 细致的做工 | 品质保证 | 放心舒心的安全感 |
| | 场景照片 | 穿着方式 | 憧憬向往的生活 |

### （二）依据 USP 理论提炼商品独特的卖点

独特的销售主张（unique selling proposition，USP）是美国人罗瑟·瑞夫斯（Rosser Reeves）提出的一种销售理论，简称 USP 理论。他主张卖家从商品本身中找差异，找出商品的独特之处，要让买家明白所购买的商品可以为其带来什么具体的利益，同时这个独特之处要集中在某一点上，以达到打动吸引买家购买的目的。

根据 FAB 法则的分析与总结，依据 USP 理论提炼出商品独特且强有力的卖点，该款雪纺连衣裙的买家信息需求如图 3-4 所示。

图 3-4　该款雪纺连衣裙的买家信息需求

### （三）设计商品卖点

根据前两步的总结和提炼，设计商品卖点，如表 3-4 所示。

表 3-4　商品卖点设计

| 序号 | 卖　点 | 展　现　方　式 | 商　品　诉　求 |
|---|---|---|---|
| 1 | 印花古典图片及设计造型营造出淡雅、清纯的风格 | （1）模特图片；<br>（2）场景带人图片；<br>（3）设计师设计文字表述 | 突出淡雅、舒适的感觉 |

续表

| 序号 | 卖　点 | 展现方式 | 商品诉求 |
|---|---|---|---|
| 2 | 雪纺的面料 | 图文表达了雪纺轻盈、舒适的优点 | 更进一步表达出商品所带来的舒适、唯美、浪漫的感觉 |
| 3 | 细致的做工 | 不同部位的细节图（V领、袖口抽绳、裙摆等） | 通过品质保障最终打动买家的心 |

## 五、 任务小结

在本任务的学习中应当特别注意练习商品信息的采集和整理方法，在商品信息挖掘和价格设计上下工夫，尤其是商品展示页的设计方法。当然，商品发布与管理工作效果如何，还需要通过市场的检验，追踪消费者的反应，依据经营数据分析来评估。

# 任务二　商品定价管理

## 一、 任务导入

商品定价是市场营销组合中一个十分关键的组成部分。价格通常是影响交易成败的重要因素，又是市场营销组合中最难以确定的因素。企业定价的目标是促进销售，获取利润。这要求企业既要考虑成本的补偿，又要考虑消费者对价格的接受能力，从而使定价策略具有买卖双方双向决策的特征。此外，价格还是市场营销组合中最灵活的因素，它可以对市场作出灵敏的反应。

## 二、 知识基础

商品定价是市场营销学中最重要的组成部分之一，主要研究商品和服务的价格制定和变更的策略，以求得最佳的营销效果和收益。

影响定价决策的因素包括企业目标、客户、竞争对手、成本和其他因素。

（一）企业目标

要了解和制定价格，必须考虑许多方面的因素。首先要明确的是公司的目标是什么，是增加市场份额，提高企业收入，最大化利润，还是其他目标。如果营销部门已经对公司目标有一个清晰的把握，那么确定价格在内的营销组合便是一件相对容易的事情。相反，如果定价与公司的目标相背离，可能花了很大精力，结果并不是公司想要的。因此，定价成功与否很大程度上取决于定价决策和公司目标的契合度。

了解公司的目标一般有两种办法：一种是企业主管（如亚太区总裁、中国区总经理等）介绍公司的愿景、每年的年度计划；另一种是从公司网站阅读公司首席执行官向投资人提供的报告。

## （二）客户

在明确了解营销目标以后，我们有必要了解客户的要求。尽管他们的要求并不是一成不变的，但是我们必须了解他们现在需要的是什么。这是一个看上去很简单的问题，有的人会认为我做市场营销工作已经十多年了，还不知道谁是我的客户吗？但是，有时候我们确实不知道，或者说我们只知道我们部分的客户，也可能是只知道昨天的目标客户，但这些人今天可能不再是我们的目标客户。我们经常会得到销售的反馈，说价格不高，说质量不好，但是仔细分析一下，会发现可能是我们把目标客户群弄错了，可能花了大量时间在与客户沟通，但是这部分人并不是我们的目标客户，也有可能是我们的客户，但是他们要的并不是这部分产品。因此，过一段时间，可以是半年或者一年，要问一下我们自己，谁是我们的客户，我们要找什么样的客户。很有可能我们想找的是高端客户，但是我们的产品是低端产品，那就不匹配。这个问题看上去很简单，甚至有些傻，但是如果不仔细分析，我们还是有可能把客户搞错的。

## （三）竞争对手

大多数情况下，市场上并非只有我们一家公司，可能会有同类档次的公司，或是更高端的公司，也可能是比我们低一个档次的公司。我们必须了解谁是我们的竞争对手，他们的战略是什么，优势是什么，还应该了解他们的成本、价格，以及可能对企业定价做出的反应。

以相机为例，一个正在考虑买相机的消费者在作出购买决策之前会比较市场上各个品牌，如佳能、奥林巴斯、三星和索尼等的价格、质量和外观各个方面，结合自己的预算做出决定。如果索尼采取高价格、高利润战略，其他竞争对手也进入这个细分市场，低价格、低利润的战略可能有效阻止竞争对手进入市场或是把他们淘汰出局。因此，在制定价格之前，应该对竞争对手的产品价格、质量和各方面的性能有一个全面的了解，并以此为基础对自身的产品进行定位，才能使产品价格更有针对性和竞争力。

## （四）成本

成本是企业能够为产品设定的底价的基本参考。企业在制定产品的价格时，如果不能覆盖生产、分销和管理等方面的成本，就是亏本的，不能给投资人带来相应的回报。企业的成本分为两种，即固定成本和可变成本。固定成本是指不随产量变化的成本，如不管企业是否开工，都必须支付厂房每月的租金、设备维护费用、暖气费以及其他方面的开支。而可变成本直接随生产量水平发生变化，如生产一台计算机会涉及 CPU、主板、显示器和组装等成本。一般而言，这些成本是大体相同的，它们的总成本往往与数量成正比。与此同时，有一个成本在决策中至关重要，应该引起企业重视，那就是管理费用。一个工厂会有总经理、副总经理、总监等管理层的费用需要分摊，特别是当企业有很多个部门、有很多条产品线时，管理层的工资有多少是分摊到某条产品线，或分摊到某一个部门，会直接影响企业对产品定价的决策。

如果说我们有这样一个产品，它的售价是 100 元，成本是 110 元，那么这个产品是销售还是不销售呢？如果工厂的设备利用率超过 98% 以上，答案很简单，就不销售了。如果这个企业的人员和设备的利用率只有 53% 左右，或更低，我们还需进一步分析。首先分析具体的成本情况，如果固定成本是 30 元，变动成本是 50 元，管理费用是 30 元，实际上与产品直接相关的成本只有 80 元，售价超过直接产品成本，产量越多，分摊到单位产品的管理费用越少，所以应该选择生产该产品。如果产品的售价不变，成本变为 120 元，其中固定成本为 30 元，变动成本为 75 元，管理费用为 15 元，那么决策也很简单，肯定不能销售，固定成本与变动成本这两个部分的成本已经超过了售价，做得越多，只会亏得越多。

### （五）其他因素

在企业定价的过程中，除以上因素外，还必须考虑其他外部因素。一个国家或地区的经济条件，如经济周期、通货膨胀和利率等对企业的定价策略有重大的影响，如果经济处于衰退阶段，消费者的购买力减弱，企业继续维持高价可能会使销售量下降。政府也是影响定价决策的重要因素，营销人员需要了解影响价格的法律，这在出口方面特别明显，很多对外出口企业因为对当地的环境不了解，结果受到反倾销调查。

所以，做市场要掌握各个方面的信息：首先是公司的目标，公司大的战略，未来几个月公司要什么；其次，要了解谁是我们的客户，客户的采购过程，以及在决策过程中他们最关心的是什么；再次，我们必须了解谁是我们的竞争对手，他们的战略是什么、优势是什么；最后，必须对真实成本有一个准确的把握，特别是应该从作业成本的角度来分析产品的成本。与此同时，也应该考虑外部的经济条件和政府等外部因素。

## 三、 任务分析

### （一）根据产品的市场生命周期制定价格策略

产品的市场生命周期可分为介绍期、成长期、成熟期和衰退期。

（1）介绍期：新产品初涉市场，在技术性能上较老产品有明显优势，而在企业投入上却存在批量小、成本大、宣传费等期间费用高的劣势，该类产品定价时要考虑企业自身的竞争实力和新产品的科技含量，若新产品具有高品质且不易模仿特点，可选择撇脂定价策略，即高价策略，产品打入市场，迅速收回投资成本；若新产品的需求弹性较大，低价可大幅增加销售量，则可选择低价薄利多销的价格策略，产品打入市场，迅速占领市场份额，以扩大销售量达到增加利润总额的目的。

（2）成长期：产品销量增加，市场竞争加剧，产品的性价比仍然保持优势，企业可根据自身的规模和市场的知名程度选择定价策略，规模大的知名企业可选择略有提高的价格策略，继续获取高额利润；规模较小的企业则要考虑由于市场进入带来的价格竞争风险，应以实现预期利润为目标，选择目标价格策略。

（3）成熟期：市场需求趋于饱和，市场竞争趋于白热化状态，企业面临的是价格战的威胁，该阶段应选择竞争价格策略，即采用降价的方法达到抑制竞争、保持销量的目的。

（4）衰退期：产品面临被更优品质、更高性能的新型产品取代的危险，企业选择定价策略的指导思想是尽快销售，避免积压，可选择小幅逐渐降价、平稳过渡的价格策略，同时辅之以非价格手段，如馈赠、奖励等促销方式，最大限度地保护企业利润不受损失；

若产品技术更新程度高，则选择一次性大幅降价策略，迅速退出市场，但在运用降价策略时，要注意是否有损于知名品牌的企业形象。

（二）选择定价策略的前提准备

企业在选择定价策略时，应具备必要的前提基础。

（1）采用撇脂定价策略和略有提高的定价策略的企业，必须具备较高的技术能力和先进的技术水平，产品的质量应达到国内较高水平，并得到目标顾客的认同，该类企业多属于资金、技术密集型企业，或知名企业，属知名品牌的产品，其服务的顾客属中、高收入阶层，主要是满足消费者高品质生活及追逐名牌的心理需要。

（2）采用竞争价格策略的企业，特别是发动价格战的企业，要有一定的生产规模，一般认为，生产能力达到整个市场容量的10%是一个临界点，达到这一顶点后企业的大幅降价行为就会对整个市场产生震撼性的影响，这一点也是企业形成规模经济的起点；企业运用竞争价格策略时，把握最佳的价格时机是至关重要的因素，如果行业内价格战在所难免，一般应率先下手，首发者较少的降价所取得的效果，跟进者需花较多降价才能取得，但降价的幅度应与商品的需求弹性相适应，需求弹性大的商品，降价的幅度可大些，降价的损失可通过增加销量弥补，而需求弹性较小的商品，降价的幅度要小些，避免企业产品的总利润减少过多；对于规模小，市场份额少，劳动密集型的企业，在有效竞争的市场结构下，通常采取跟进价格策略，主要通过挖掘自身潜力、降低成本，达到增加效益的目的。

## 四、 任务实施

淘宝卖家经常说："定位定生死，定价定输赢。"可见，定价直接影响商品的利润，如何把握利润和销量的平衡，定价起到决定性的作用，而确定商品价格的基础是商品成本分析。

（一）商品成本分析

一般来说，商品成本都包含显性成本和隐性成本两个部分：显性成本是指计入财务账内的看得见的实际支出，显性成本一般包括进货价格、人员薪酬、办公经费、产品包装、产品推广费、运费等；隐性成本是相对于显性成本来说的，其隐蔽性大、难以避免、不易量化，隐性成本包括商品消耗费用、退换货费用、剩余库存和店铺押金等。商品经营主要成本项目占商品总成本的比例如表3-5所示。

表3-5　商品经营主要成本项目占商品总成本的比例

| 主要成本项目 | 占商品总成本的比例/% |
|---|---|
| 人工成本 | 10 |
| 包装成本 | 2 |
| 广告成本 | 15 |
| 合计 | 27 |

从上面的数据中可知，一款商品的利润至少要达到30%才能生存下来。而在以成

本为中心制定的商品价格中必须包含一定量的利润值。因此，目前一般商品要保持加价率在30%以上才能有一定的利润。

说明：商品成本构成及占比采用了行业经验值，行业经验值是从业者根据从业经验预估的分析，对于成本分析有一定的指导意义，但是比例也不是一成不变的，它会随着市场的变化而变化，需要运营人员根据实际市场情况不断调整。

### （二）掌握商品定价方法

网店商品的定价方法很多，各有优劣。运营人员要根据实际情况进行分析，选择适合的定价方法确定商品价格。常用的商品定价方法有以下几种。

#### 1. 非整数法

非整数法是把商品零售价格定成带有零头结尾的非整数，销售专家们称为"非整数价格"。这是一种极能激发消费者购买欲望的价格策略。这种策略的出发点是认为消费者在心理上总是存在零头价格比整数价格低的感觉。例如，产品计划定价6元，你可以定5.9元，价格低了一角钱，但会引发顾客的良好反应。对于高档商品、耐用商品等宜采用整数定价策略，给顾客一种"一分钱，一分货"的感觉，以树立商品的形象。

#### 2. 弧形数字法

据国外市场调查发现，在生意兴隆的商场、超级市场中商品定价时所用的数字，按其使用的频率排序依次是5、8、0、3、6、9、2、4、7、1。这种现象不是偶然出现的，究其根源是顾客消费心理的作用。带有弧形线条的数字，如5、8、0、3、6等不带有刺激感，易为顾客接受；而不带有弧形线条的数字，如1、7、4等就不大受欢迎。所以，在商场、超级市场商品销售价格中，8、5等数字最常出现，而1、4、7则出现次数少得多。在价格的数字应用上，应结合国情，很多人喜欢8这个数字，并认为它会给自己带来发财的好运；4因与"死"同音而被人忌讳；7一般会让人感觉不舒心；6和9因有"六六大顺""长长九九"的说法，所以比较受欢迎。

#### 3. 应时调整法

企业在市场竞争中应时时预测供求的变化。德国韦德蒙德城的奥斯登零售公司经销任何商品都很成功。例如，奥斯登刚推出1万套内衣外穿的时装时，定价超过普通内衣价格的4.5～6.2倍，但照样销售很旺。这是因为这种时装一反过去内外有别的穿着特色，让顾客感到新鲜，有极强的吸引力。当德国各大城市相继大批推出这种内衣外穿时装时，奥斯登却将价格一下骤降到只略高于普通内衣的价格，同样一销而光。这样，又过了8个月，当内衣外穿时装已经不那么吸引人时，奥斯登又以"成本价"出售，每套时装的价格还不到普通内衣的60%，这种过时衣服在奥斯登还是十分畅销。

#### 4. 顾客定价法

自古以来，总是卖主开价，买主还价。能否倒过来，先由买主开价呢？例如，餐馆的饭菜价格从来都是由店主决定的，顾客只能按菜谱点菜，按价付款。但在美国的匹兹堡市有一家"米利奥家庭餐馆"，餐馆的菜单上只有菜名，没有菜价。顾客根据自己对饭菜的满足程度付款，无论多少，餐馆都无异议，如顾客不满意，可以分文不付。但事实上，绝大多数顾客都能合理付款，甚至多付款。当然，也有付款少的，甚至在狼吞虎咽一顿之后，分文不给，扬长而去的。目前来讲，让顾客自行定价在我国已不算新事物。有些城市已出现了这样的餐馆，但经营后发觉并不成功。因此，使用这种方式需注意销售条件和销售对象。

**5. 特高价法**

独一无二的产品才能卖出独一无二的价格。特高价法即在新商品开始投放市场时，把价格定得大幅高于成本，使企业在短期内能获得大量盈利，以后再根据市场形势的变化来调整价格。某地有一商店进了少量中高档女外套，进价 580 元一件。该商店的经营者见这种外套用料、做工都很好，色彩、款式也很新颖，在本地市场上还没有出现过，于是定出 1 280 元一件的高价，居然很快就销完了。如果你推出的产品很受欢迎，而市场上只此一家，就可卖出较高的价格。不过这种形势一般不会持续太久。畅销的东西，别人也可群起而仿之，因此，要保持较高的售价，就必须不断推出独特的产品。

**6. 价格分割法**

价格分割是一种心理策略。卖方定价时，采用这种技巧，能造成买方心理上的价格便宜感。价格分割包括两种形式。

（1）用较小的单位报价。例如，茶叶每千克 100 元报成每 50 克 5 元，大米每吨 10 000 元报成每千克 10 元等。

（2）用较小单位商品的价格进行比较。例如，"每天少抽一支烟，每日就可订一份报纸""使用这种电冰箱平均每天仅需 0.2 元电费"。

**7. 明码一口价法**

很多企业商店采用明码一口价，绝不讲价，干脆简单。这样的定价方法虽然简单，但是很容易流失客户。

**8. 高标低走法**

有的企业制定了统一的销售价格，然后通过返利的方式给予经销商返利，通过这样的方式稳定和激励经销商。商店里则是高标价，然后与消费者讨价还价，最后在低价以上任何价位成交。

**（三）了解引流款商品的定价原则和方法**

网店商品根据经营目的的不同一般分为引流款、利润款和形象款。不同经营目的的商品的定价原则和方法各有不同，下面就引流款商品的定价原则和方法进行叙述。

**1. 引流款商品的定价原则**

引流款商品的价格要低于同行平均水平，其主要作用在于吸引消费者进店浏览，进而开展关联营销。这部分产品数量应占全店产品数量的 20% 左右，不能太多，太多就会让消费者对店铺的定位有疑问。

**2. 引流款商品的定价方法**

对于引流款商品，可以灵活运用各种方法确定其销售价格。一般来说，可以先参考商品的成本确定一个合理的价格区间，再利用黄金分割法计算较精确的价格，然后适当上调 5% ～ 10%。

下面以雪纺连衣裙为例详解引流款商品的定价过程。假设产品的成本价格为 100 元。

（1）采集相关产品的价格信息。表 3-6 为"雪纺连衣裙"销量前 20 名的产品价格。

**表 3-6 "雪纺连衣裙"销量前 20 名的产品价格**

| 序号 | 价格/元 | 序号 | 价格/元 | 序号 | 价格/元 | 序号 | 价格/元 |
|------|---------|------|---------|------|---------|------|---------|
| 1 | 89.6 | 6 | 89 | 11 | 98 | 16 | 89.6 |
| 2 | 35 | 7 | 88 | 12 | 55 | 17 | 69 |
| 3 | 99.4 | 8 | 69 | 13 | 148 | 18 | 89 |
| 4 | 77.99 | 9 | 29.88 | 14 | 58 | 19 | 189 |
| 5 | 139 | 10 | 168 | 15 | 29.5 | 20 | 169 |

由于产品售价要高于成本，因此首先排除售价低于 100 元的产品，其中与本企业产品类似的商品有 5 个，售价分别为 139 元、168 元、148 元、189 元和 169 元。如果相对样本较少，可以适当扩大采集范围。

（2）选择价格区间，采集商品信息。据分析，价格区间为 135～280 元的"雪纺 连衣裙"的产品数量占比达 51%，如图 3-5 所示。

图 3-5 价格区间为 135～280 元的"雪纺连衣裙"的产品数量

此类产品样本符合企业产品的价格区间。采集销量前 20 名的产品，最低价格为 139 元，最高价格为 189 元。根据黄金分割法计算价格为（189-139）× 0.618+139=169.9（元）。因此，我们可以基本确定商品价格在 169 元左右为产品的基点。最后，利用非整数法和弧形数字法确定最终售价为 169 元。

## 五、 任务小结

本任务主要讲授了网店产品定价的基础知识与影响因素，并重点阐述网络产品的定价策略，以及根据不同商品的分类与"功能"进行商品定价的具体方法与实施过程。

# 任务三  商品发布管理

## 一、 任务导入

小刘要学习正确选择商品属性、上传商品图片、编写商品标题和描述，并填写商品价格、运费、服务等项目，进行最基本的商品发布；编写有助于销售的商品标题，并能灵活运用各种类型的关键词；商品标题要求至少包括两种类型的关键词，其中至少有一个核心关键词，重要信息必须放在醒目的位置；编写一段完整的商品描述，要包括网店活动介绍、商品介绍、商品细节展示、邮费说明、签收提醒、售后服务等内容和信息；在商品描述中插入图片和超级链接，使描述更具说服力和吸引力。

## 二、 知识基础

### （一）产品文案

产品文案是为了让公司所经营的产品更有认知度和销售力，更好地获得目标受众（潜在消费者，用户或客户）的认知，更有效地把产品价值传达给目标受众而写的宣传文案。文案是关于用户感受的设计，而不是创造这些感受的文字的设计。

文案团队的主要目的是让公司的产品变得更好卖，更有效地把最具竞争力的价值提供给客户。那么团队不单是考虑产品的视觉呈现和易用性实践，也需要具备卖产品的能力和对潜在用户的判断，这就要求具备一定的营销理论和广告文案策划知识。这一工作的专业性决定了它对从业人员有较高的要求，通常，会展策划、营销策划、商业策划专业学生毕业后有能力从事产品文案这一工作。

产品文案工作要求员工具备相关联的行业知识，文字撰写能力、方案策划能力、沟通协调能力、风险预测预防能力，项目进度监督控制能力等方面的素质。

### （二）产品软文

产品软文是对企业生产的产品进行描述的文章，意在对产品进行营销推广。

### 1. 产品软文的特征

产品软文一般是对新型的产品进行网络、媒体推广而特意撰写的文章。通常，撰写产品软文时采用第三者的视角，即站在消费者使用的角度，以消费者的使用口吻来介绍产品外观、性能、使用后的感受等。

不是所有吹捧产品的文字广告都可以称为产品软文。一篇合格的产品软文的评价标准：一是它不能有打广告的嫌疑，如果明显能看出来是一条广告，那么，这篇文章就不能叫作软文，应该属于硬广告了；二是产品软文给予读者的感受应该是以正面评价为主的综合性评价，若一味地让人读到好的宣传，而没有全面客观性的评价，则容易令人反感。

### 2. 产品软文的要点

撰写产品软文时，最好紧紧抓住当下的社会热点问题，这样容易产生共鸣。产品软文是为了告诉人们这种产品会满足人们的某项需求，而人们的需求是有主次排序的，是什么决定了人们需求的重要性呢？是社会热点现象。比如，某段时期社会上兴起对牛奶质量问题的议论，这时候，如果要针对一家公司生产的羊奶写软文，就可以抓住牛奶与羊奶的优劣对比来写，更容易引起人们的兴趣。

## 三、 任务分析

商品发布是卖家通过淘宝平台上架出售各种商品。商品的发布按照系统提示步骤操作即可完成。虽然商品发布的流程很简单，但是商品标题的设置、主图的优化及详情的描述却非常重要，会直接影响商品的曝光率及点击率。

商品发布后，网店就进入运营状态。在网店日常的管理中，卖家需要用到一系列工具，如在线沟通工具千牛工作台、支付工具支付宝、网店管理工具淘宝后台和站内营销工具优惠券等。合理利用这些工具可以有效提高卖家的工作效率。例如，使用千牛工作台可以方便地发布商品、修改商品信息等，使用千牛工作台也可以与买家进行实时的交流，提供售前和售后服务。

## 四、 任务实施

确定好商品的数量、商品的款式、商品的价格，并且开通店铺，对店铺进行基本处理后，接下来的工作就是发布宝贝与后期管理。

### （一）宝贝发布流程

淘宝后台直接发布宝贝的流程如下。

### 1. 类目选择

进入"卖家中心"，依次选择"宝贝管理"→"发布宝贝"→"类目"→"子类目"，如图3-6所示。

产品发布

类目选择一定要准确，发错类目不仅会影响顾客选择，而且可能触犯淘宝类目规则，严重的会被处罚。

图 3-6　类目选择示例

2. 宝贝信息填写

宝贝信息通常分为以下三个部分。

（1）宝贝基本信息。宝贝基本信息包括宝贝类型、宝贝标题、宝贝卖点和宝贝属性等，如图 3-7 所示。

图 3-7　宝贝基本信息

（2）宝贝详情。宝贝详情包括宝贝主图、宝贝视频、宝贝规格（颜色）、价格等，如图 3-8 所示。

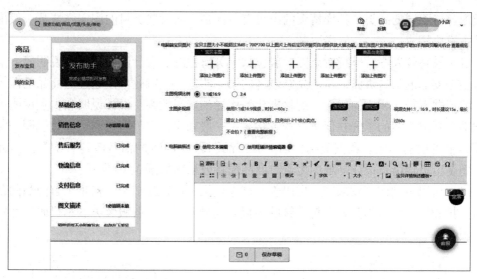

图 3-8　宝贝详情

（3）其他信息。其他信息包括宝贝物流信息、售后保障信息、宝贝其他信息，如图 3-9 所示。

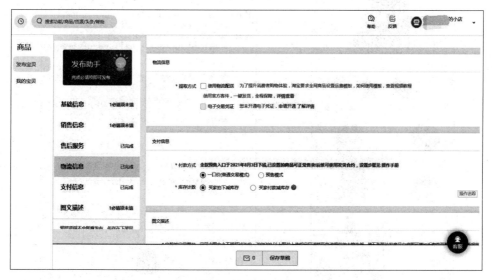

图 3-9　其他信息

（二）宝贝详情页的构成及排版设计

消费者在搜索宝贝以后，需要通过宝贝详情页进一步了解宝贝详情。在淘宝的数据分析中有一项参数是停留时间。如果消费者在宝贝详情页停留时间长，可以认为描述内容吸引消费者；反之，则认为描述内容没有吸引消费者。那么，如何设计有吸引力的宝贝详情页呢？

1. 宝贝详情页的构成

淘宝网根据其多年的发展经验，通过不断了解顾客需求，逐渐总结出规范详情页的构成内容。不同的品类，其详情页的内容有所区别，而女装类目的淘宝详情页一般由以下几个模块构成。

（1）模特效果图。模特效果图一般包括宝贝海报图、设计说明和卖点说明等。宝贝海报图是商品的第一页面，是商品给顾客的第一印象。模特效果图通过对商品的深入诠释，将消费者带入相应的意境，潜移默化地引导消费者购买。设计说明和卖点说明可以加强消费者对产品的了解并促进消费者购买。一般来说，宝贝海报图、设计说明和卖点说明是宝贝的前三图。数据显示，前三张产品图影响85%的消费者是否购买。因此这三张图是宝贝详情页设计的重中之重。商品模特效果图如图3-10所示。

（2）尺码表及试穿效果图。尺码表及试穿效果图可以让消费者初步了解商品的基本参数。排版时，应将消费者最想了解的参数放到最前面。一般服装类展示尺码尺寸的方式如图3-11所示。

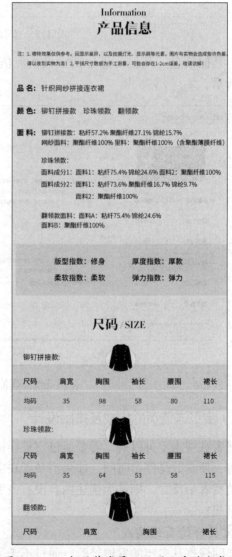

图 3-10　商品模特效果图　　图 3-11　一般服装类展示尺码尺寸的方式

（3）产品图。产品图是对商品的全方位展示，如图 3-12 所示。没有在模特效果图中充分体现的商品属性均可通过产品图来展示。

图 3-12　产品图

（4）相关推荐。为提升网店的销售业绩及相关产品的展现量，企业经常采用关联营销方式，即通过主营产品搭配店铺宝贝引导消费者购买，如图 3-13 所示。

图 3-13　相关推荐

（5）细节图。细节图是对商品细节的详细展示，从而增加顾客对产品的信任，提高商品转化率。女装的细节展示示例如图 3-14 所示。

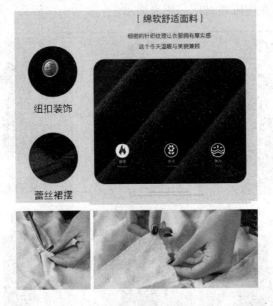

图 3-14　女装的细节展示示例

（6）产品服务说明。对产品的相关问题进行说明，如保存方式、清洗方式、保存方式等，以及一些售后服务问题等。洗涤小贴士如图 3-15 所示。

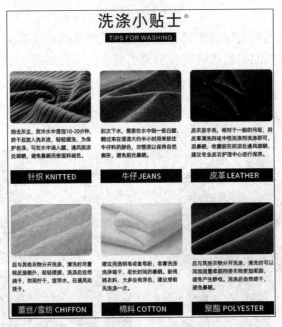

图 3-15　洗涤小贴士

**2. 宝贝详情页的排版设计**

在进行宝贝详情页排版时，应从消费者的兴趣着手，引导消费者按照企业的设计思路去思考，提升消费者的购买需求。

根据不同类目宝贝的特征，对宝贝详情页排版的模块设计及顺序做出相应调整，以突出重点。服装品类与数码品类的宝贝详情页的构成内容及排版设计如表 3-7 所示。

表 3-7　服装品类与数码品类的宝贝详情页的构成内容及排版设计

| 服装品类宝贝详情表 | 数码品类宝贝详情页 |
| --- | --- |
| 活动广告关联营销 | 活动广告关联营销 |
| 宝贝属性 | 优惠政策 |
| 测量方法 | 宝贝属性 |
| 模特展示 | 宝贝参数 |
| 大图展示 | 大图展示 |
| 细节展示 | 细节展示 |
| 宝贝功能 | 搭配套餐 |
| 搭配建议 | 搭配建议 |
| 保养说明 | 服务保障 |
| 购物须知 | 购物须知 |
| 服务保障 | 配送信息 |
| 配送信息 | 相关信息 |
| 相关信息 | |

整理、编辑一件宝贝要涉及商品大量的相关信息，包括商品展示、说明及店铺服务保障等。重要的不是将这些信息直接显示出来，而是要通过精心的排版，一点点地将信息展现在消费者面前，使消费者最终决定购买宝贝。

## 五、任务小结

通过本任务的学习，小刘认识到商品发布与管理是网店运营中的重要环节。通过商品信息的采集、整理与编辑，为商品设计独特的卖点；采用相关的定价方法对产品的价格和利润进行控制，以便做好运营工作。同时，能否顺利地在不同平台上将商品发布出去，有无违规操作，宝贝详情页的文案设计是否考虑到顾客关注的焦点等，都会直接影响店铺的经营效果。

## ▶▶▶ 习　题

### 一、单选题

1. 下列宝贝标题中合理的是（　　　）。
   - A. 女式连衣裙/牛仔裤
   - B. 媲美裂帛 91141232 即时免费送
   - C. 正品圆领 V 领一字领短袖 T 恤
   - D. 蓝色刺绣 V 领针织短袖 T 恤
2. 淘宝的商品描述不得超过（　　　）字节。
   - A. 10 000
   - B. 20 000
   - C. 25 000
   - D. 50 000
3. （　　　）宝贝只能以卖家承担运费的方式进行发布。
   - A. 一口价
   - B. 代购
   - C. 拍卖
   - D. 秒杀

4. 淘宝手机端详情页摘要最多输入（　　　）个字。

A. 100 　　　　　　B. 120 　　　　　　C. 140 　　　　　　D. 150

5. 宝贝标题"充气床单人充气床单人蜂窝充气床单人床宽99cm单人立柱充气床包邮"（　　　）。

A. 滥用符号 　　　　　　　　　　　B. 违反淘宝规则

C. 关键词堆砌 　　　　　　　　　　D. 滥用品牌词

二、多选题

1. 从淘宝搜索结果中可以直接得到的卖家信息有（　　　）。

A. 卖家淘宝ID 　　　　　　　　　　B. 宝贝近期销量

C. 店铺好评率 　　　　　　　　　　D. 卖家所在地

2. 下列属于网店日常运营工作范畴的是（　　　）。

A. 宝贝信息更新 　　　　　　　　　B. 店铺数据日常维护

C. 宝贝标题设计 　　　　　　　　　D. 宝贝文案编写

3. 小李就职于一家销售服装的网店，现在她要编写一款连衣裙资料，她的操作流程应当是（　　　）。

A. 仔细阅读产品说明书

B. 创建一个表格文档，录入品牌、货号、材质及规格尺寸等信息

C. 编写商品介绍和促销文案

D. 利用网络搜索相关产品资料

4. 手机微店宝贝描述详情中，自定义添加内容包括（　　　）。

A. 富文本 　　　　B. 辅助线 　　　　C. 标题 　　　　D. 商品详情

5. 淘宝的保障服务包括（　　　）。

A. 直通车 　　　　B. 退货 　　　　C. 免费换新 　　　　D. 包邮

三、判断题

1. 在宝贝标题中"大码宽松"和"驱蚊花露水"都是属性关键词。　　　　　　（　　）

2. 为了能更好地促销宝贝，小刘在进行宝贝发布时将店中做拍卖的宝贝全部以一口价及拍卖形式各发布一次，这种做法是淘宝网允许的。　　　　　　（　　）

3. 商品名中使用"高仿LV"是不违反关键词使用规则的。　　　　　　（　　）

4. 在宝贝描述方案中应当把所有宝贝资料全部堆放上去。　　　　　　（　　）

5. 有赞微商城不允许发布虚拟商品。　　　　　　（　　）

四、简答题

1. 简述宝贝发布的操作流程。

2. 简述宝贝关键词的类型。

3. 淘宝网中宝贝描述模板中包含哪些方面的信息？

五、实操题

选择店铺经营的一款商品，撰写基本信息，策划卖点，制定价格，完成商品信息的整理与发布。

# 网店推广与引流

 **知识目标**

☑ 了解并掌握网店流量的基础知识。

☑ 了解并掌握常见的网店推广与引流方法。

☑ 了解并掌握网店推广与引流的技术技巧。

 **技能目标**

☑ 掌握网店自然搜索流量获取与优化的操作技术。

☑ 掌握网店付费推广的操作技术。

☑ 掌握网店通过第三方平台推广的方法。

 **课程思政**

☑ 培养勤奋好学、不断进取的创新发展精神。

# 任务一 自然搜索流量优化

## 一、任务导入

小刘已经完成了网店开设、装修与产品发布，就相当于在线下开一家实体商铺已经完成了营业执照申领、门店装修与商品上货架，接下来的工作就是要做开业的宣传，让更多的人知道我们开了一家商铺、我们的商铺都卖什么商品、我们的商品有什么样的特色与优势，这实际上也同样适用于网店，小刘需要完成网店宣传推广与引流，让更多的网友知道自己开了一家网店、网店都卖什么商品、商品有什么特色与优势，进而让他们喜欢并购买网店中的商品。从网店运营专业的角度来讲，这项工作就叫引流，而"自然搜索流量优化"正是这项工作的核心。

## 二、相关知识

想要在电商平台上卖东西，就必须找到消费者来买；要卖得多，就要争取更多的消费者，争取更多的目标客户。要实现这些，就必须先了解并掌握网店流量的概念及流量获取的规律。

（一）网店流量的分类与构成

按照流量获取是否收费可将网店流量分为免费流量和付费流量，如淘宝和京东买家通过搜索框进入的流量、通过以往买过的商品链接进入的流量就是免费流量，而通过淘宝或京东推广（如淘宝客、京挑客、直通车、京东快车）链接获取的流量就是付费流量。

按照流量获取的平台来源可将网店流量分为站内流量和站外流量，如通过淘宝和京东平台自己的免费或付费方式获取的流量就是站内流量，而通过第三方平台如微信或微博获取的流量就是站外流量。

以淘宝天猫平台为例，网络流量分类与渠道构成如图 4-1 所示。

（二）流量相关基本概念

1. 流量

本项目中所说的流量特指网站（网店）流量（traffic），即网站（网店）的访问量，是用来描述一个网站的用户数量及用户所浏览的网页数量等的一个指标。流量统计主要指标包括网站独立访客（unique visitor，UV）、页面浏览量（page view，PV）、每个访问者的页面浏览数（page views per user，PV/U）。

店内推广引流

2. 网站独立访客

UV 是指通过互联网访问、浏览某个网站（网店）的不同的自然人。如果同一个人在一天内 3 次访问了一个网站（网店），系统会记录 3 次访问，但只有一个 UV。本书

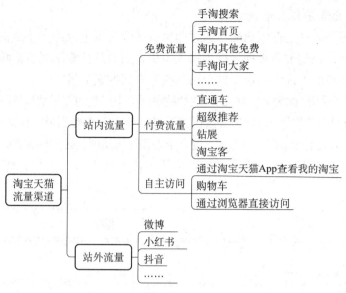

图 4-1　网店流量分类与渠道构成

中的 UV 通常指电商平台及店铺、商品页面上的在线浏览访问者。

3. 页面浏览量

PV 是评价网站流量最常用的指标之一。用户每一次对网站中的每个网页访问均被记录一次。用户对同一页面的多次访问，访问量同样累计。

4. 访问深度

访问深度即 PV/U，是指某段时间内网店访客平均访问的页面数，是评价网店流量成长性的重要指标。

5. 搜索引擎

搜索引擎（search engine）是指根据一定的策略，运用特定的计算机程序从互联网上搜集信息，在对信息进行组织和处理后，为用户提供检索服务，将与用户检索相关的信息展示给用户的系统。

6. 免费流量

访客通过电商平台网站的免费访问渠道进入网店形成的访问流量称为免费流量，如淘宝的自然搜索流量、京东的自然搜索流量、通过各电商平台首页产品分类进入产品详情的流量等。

7. 付费流量

访客通过电商平台网站的付费访问渠道进入网店形成的访问流量称为付费流量，如通过淘宝的直通车、钻石站位、淘宝客，京东的京东快车、京挑客等渠道进入网店的流量。

（三）自然搜索概述

自然搜索是最大的免费流量入口，也是大部分商家盈利的重要流量入口，这部分流量虽然免费，但是难以把控，因此商家需要花精力来研究和优化自然搜索流量的提升方法。下面首先一起了解自然搜索的基本概念和定义。

1. 自然搜索流量与自然搜索优化

访客在电商平台网站搜索商品，通过非付费展位渠道进入网店形成的访问就是自然搜索流量。例如，在淘宝首页搜索框里输入手机，然后从搜索结果页面单击展示出来的商品（非付费展位的）进入网店，这个访问就是自然搜索流量。

买家输入的"手机"称为关键词，而呈现的结果页面中出现的非付费位置则称为自然搜索。买家单击这些非付费位置进入商家的店铺或商品中，则称为自然流量。在计算机端，电商平台网站的搜索结果页由搜索框、筛选区、搜索结果相关商品列表区等构成，如图4-2和图4-3所示。而在移动端，有的电商平台增加了顶部TAB或是活动广告位，如图4-4、图4-5所示。

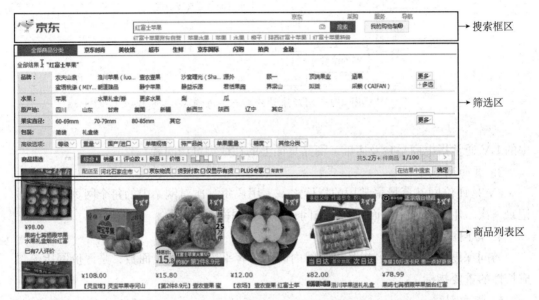

图4-2 京东平台搜索结果页

自然搜索优化是指通过一系列行为，如调整商品上下架时间、商品标题关键词、类目属性等方法，提升通过搜索关键词访问商品或者店铺的访客的流量，让自己网店内的商品最大化地符合需求。自然搜索优化在本书中也称为SEO优化。自然搜索随着供需关系的发展而不断演变。在平台建立初期，商品总量少，商家通过行业主观经验编写标题即可被搜索到；而发展到供大于需时，为了满足用户多样化的需求，出现了橱窗推荐、新品打标等一系列丰富的功能；如今，很多行业已经出现严重供大于求的情况，此时出现了个性化搜索，让每个访客根据搜索关键词看到自己感兴趣的搜索结果，这就要求商家创新开发多元化商品，来满足消费者的个性化需求。

2. 自然搜索的特征

自然搜索的显著特征包括自然搜索的个性化、搜索入口的多样化等。

1）自然搜索的个性化

自然搜索的个性化是指电商平台结果呈现出千人千面的特点，具体表现为不同的用户账号搜索相同的关键词，展示搜索结果页面呈现不同的相关商品列表。这是由于系统根据登录账号的搜索习惯和历史购物行为、喜好等通过算法推荐展示最终适合该用户的商品列表。用两部手机不同账户搜索关键词"红富士苹果"，显示的结果却不同，如图 4-6 所示。

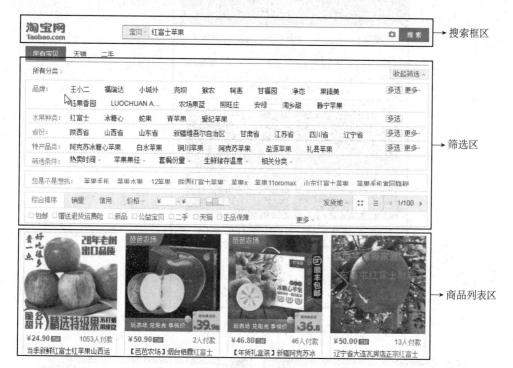

图 4-3 淘宝平台搜索结果页

图 4-4 京东移动端搜索结果页

图 4-5 淘宝移动端搜索结果页

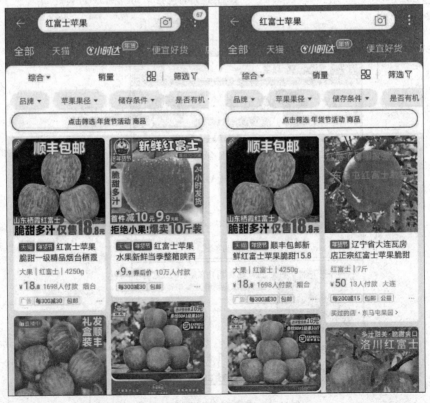

图 4-6 淘宝不同账号同一关键词的搜索结果

目前，各电商平台搜索排序中引入的用户偏好维度包括购买力、店铺浏览记录、搜索习惯等。随着大数据的不断发展，各平台正逐步丰富对用户画像和购买习惯的刻画，从而让用户更加高效地选购，给商家带来更加精准的流量。自然搜索的个性化有以下几个特点。

（1）可以给商家带来更加精准的流量。通过识别消费者历史行为的喜好和商家货品，电商平台搜索将符合店铺定位的人群引导进网店，相比以前非个性化的流量，这部分流量的购买转化效率更高。例如，一家店铺的定位为高端无公害农产品，以往通过搜索进店的用户可能什么样的都有，引入个性化搜索之后，带有"高购买力""喜好无公害食品"标识的用户通过搜索被更多地引导进网店。

（2）以买家和商家的数据为依据进行优化。个性化搜索是以商家和买家作为搜索排序的主要参与者，搜索通过学习，识别买家的喜好和商家的货品特征，在买家与商家之间搭建买家—商品、买家—店铺的匹配关系，将符合店铺定位的用户引导进店。商家特色越明显，人群定位越精准，就越能获得精准的新用户。

（3）要求有更明确的店铺和商品定位。电商平台上同一行业的网店数量巨大，如何让自己的店铺脱颖而出，需要商家进行清晰的店铺定位分析，根据自身商品的特色、优势定位店铺目标人群，而不是盲目从众，发现并且专注服务好与自身商品匹配的那一批人群。

（4）要求花精力运营好用户。深入挖掘用户的需求，了解和分析用户喜欢什么样的商品，什么样的风格，能接受什么样的价格等，在了解的基础上激发、满足用户的需求，服务好目标用户，还可以结合会员营销工具，对用户展开有针对性的分层运营，进一步提升用户黏性。

（5）基于买家行为的优先展示。个性化搜索会识别买家最近行为并形成相关标识，如买家最近收藏过的网店、最近浏览推荐、购买过的网店、浏览过的网店及该店有宝贝加入购物车等，搜索结果会优先显示有过买家此类行为的网店，这说明在日常店铺运营过程中一定要注意对买家此类行为进行引导和培养。

买家在众多商品中选择了某些商品进行浏览、收藏、加入购物车，那么代表他们更喜欢这类商品只是还没下单，再次搜索时匹配相应的商品，能进一步推动买家考虑下单，有益于拉动商品成交，提升流量的有效转化率。

2）搜索入口的多样化

搜索框的主要入口在页面的顶部，位置突出，是买家浏览商家商品和店铺的重要途径。除此之外，在搜索框和搜索列表中还有其他引导入口，主要包括下拉框、热点属性、综合排序、人气排序、销量排序、价格排序和信用排序、筛选等流量入口（不同的电商平台会有些区别）。下面主要以淘宝平台为例进行说明。

（1）下拉框流量入口。系统根据最近关键词搜索的热度推荐的关键词，对买家具有引导作用。特别是在移动端，手机输入不方便，很多买家更喜欢直接点选系统推荐的关键词。在做标题及自然搜索优化时，需要经常关注下拉框推荐词的变化，如图4-7所示。

（2）热点属性流量入口。由于商品众多，买家在搜索关键词后面对无数产品需要进行二次筛选，属性标签会对产品做进一步分类，让买家筛选到自己心仪的产品。那么，属性标签与商品该如何匹配？一种方式是按照商品的属性，另一种方式是按照标题中是否包含该关键词。商家在发布产品时必须完整、精准地填写商品的属性及标题。

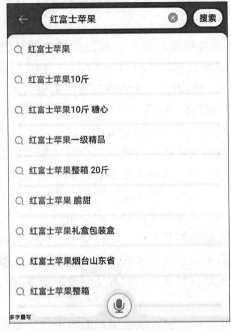

图 4-7　手机淘宝搜索下拉菜单

（3）综合排序、人气排序、销量排序、价格排序和信用排序流量入口。在搜索结果中，商品的排序有逻辑可循，常见的有综合排序、人气排序、销量排序、价格排序和信用排序，在天猫商城（www.tmall.com）和京东商城（www.jd.com）上还有按上新时间排序。随着在线商品数的增多，人气排序和综合排序的功能区分作用减弱，因此部分入口人气排序已经被取消，但是它是综合排序的基础，如图4-8和图4-9所示。

信用排序是按照商品所属店铺的信用级别排序；价格排序是按照商品的价格从高到低或从低到高排序；销量排序是在淘宝平台中按最近30天付款的人数作为统计的维度，在天猫平台中统计的维度则是最近一个月的成交笔数。

人气排序一般参考网店的综合实力，综合多项因素来评估，如：①商家服务质量（动态评分、纠纷退款、服务、投诉维权、处罚等）；②商品发布（标题关键词、图片、描述、属性等）；③销量、人气、收藏、转化率、客单价、下架时间、相关性、宝贝属性，网店是否存在假货、违禁、炒作、侵权问题等。

综合排序就是在人气排序的基础上加上下架时间。需要注意的是，上述排序逻辑在大型活动或不同的时间节点会有变动。

（4）筛选流量入口。买家在搜索结果中浏览，发现搜索结果过多或与其需求不完全吻合时会进行筛选，筛选的条件包括价格区间、发货地、是否包邮、是否赠送退货运费险、是否新品、是否海外商品、是否二手商品、是否天猫商品、是否有正品保障等，如图4-10所示。

3）无线搜索的特征

在手机淘宝客户端的首页，或在手机浏览器中打开淘宝首页，在顶部搜索框进行搜索，此时显示的搜索结果界面称为无线搜索，如图 4-11 所示。无线搜索与计算机端搜索分别针对移动设备、计算机两种不同端口的用户群体浏览习惯进行展示。但是宝贝相关性、更新时间、违规宝贝过滤、宝贝质量指标等因素同样会影响搜索的排序结果。

图 4-8　淘宝综合排序

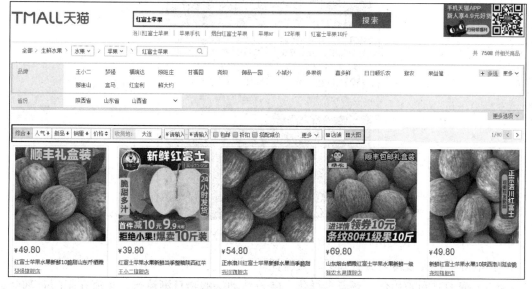

图 4-9　天猫综合排序

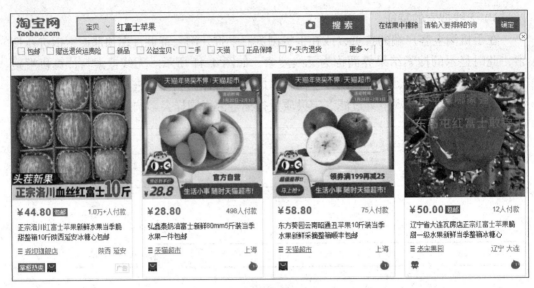

图 4-10　淘宝搜索筛选条件

图 4-11　淘宝无线搜索结果页

各电商平台无线搜索具有如下几大特征。

（1）搜索时间碎片化，场景多样化。随着移动端购物日渐流行，买家在闲暇时刻会使用移动设备浏览或购买商品，如在公交车上、吃饭时、睡觉前等，以前固定的流量高峰期已经被碎片化，高峰期被分散在更多适合使用移动设备的时间节点。图 4-12 展示的是某农产品网店访客时间分布图，在 14 点至 16 点流量略高。

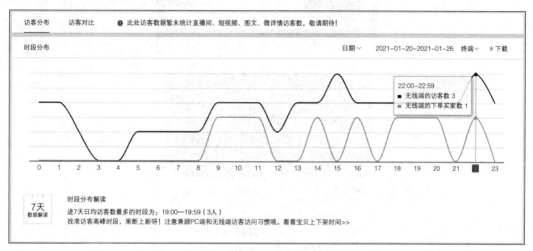

图 4-12　某农产品网店访客时间分布图

（2）页面呈现定制化。由于移动设备的屏幕较小，阅读时间段碎片化，因此移动端更重视宝贝详情页的适配性，对宝贝的主图与详情页的要求更高。相同的详情页在计算机端可能效果不错，但在无线端体验就可能较差，有可能会影响无线搜索的排序。为此，无线搜索特有无线版图文详情和商品无线主图，使搜索出来的宝贝浏览更适用于移动端的用户。

（3）页面展示个性、便捷。移动端顶部 TAB 导航栏直观展现，便于用户便捷筛选。

在手机淘宝中展示的 TAB 有天猫、店铺、便宜好货、经验等。全部、天猫、店铺是默认的前面三个。后面的 TAB 由系统自动推送，不同的用户、不同的时间段，出现的结果可能会不一样。另外，"相似款""同品牌""同店"入口改为"长按"商品主图，长按也包含"收藏"功能；商品右下角的"…"浮层按钮，单击可显示 DSR、店铺信誉、相似款、同品牌、同店等，如图 4-13 所示。

3. 影响搜索排序的因素

影响搜索排序的因素有很多，也会经常变动，但还是有章可循的，下面列举部分比较常规的因素，大家可以以此作为搜索优化的方向。

1）计入搜索的前提

商品若想被搜索引擎找到，首先要知道怎样做才有可能被计入搜索，总结经验分别包含以下几点。

（1）标题含有关键词。买家搜索关键词时，宝贝标题中含有相应的关键词才有可能出现在搜索结果页面上，如图 4-14 所示。针对部分关键词可能会有例外情况，如"包邮"一词不需要在标题中包含，只要商家在发布宝贝时是以"卖家承担运费"的形式发布的，宝贝就能够被搜索出来。例如，搜索"红色连衣裙"时，宝贝标题中没有红色，但是宝贝属性或者 SKU 中有红色，也会出现在搜索列表中。

图 4-13　淘宝无线搜索长按主图显示

图 4-14　宝贝标题中含有相应的关键词（可不含包邮）

另外，我们还经常会遇到关键词等效的情况。例如，搜索"女士连衣裙"时包含"连衣裙女"的商品也会出现，没有包含女士的"士"，如图 4-15 所示，也就是说"女士"和"女"在女装类目中是等效的。以此类推，"女士羽绒服"和"羽绒服女"是等效的，其他等效关键词的例子还有胸罩和文胸、衬衫和衬衣，女式和女士等，但是具体的细分类目还是要以测试结果为准。另外,B 词不一定等于 A 词,也就是说搜索"连衣裙女"时包含"女士连衣裙"的商品不一定会出现,而出现在搜索结果前几页的更多的是只包含"连衣裙女"关键词的商品,而不是包含"女士连衣裙"关键词的商品。

图 4-15　标题中的等效关键词

（2）类目属性选择优先类目。搜索关键词若涉及跨类目的商品,由于关键词适用范围广、关联商品多,默认展现的是在优先类目上的商品。例如,搜索"车载充电器"关键词,虽然该词被商家设置在 3C 数码配件——车载充电器的类目下,但是搜索结果出现的店铺大部分是车品类目,如图 4-16 所示。因此,如果商家将该宝贝的类目属性选择在车品类目下,会更加容易获得该关键词的流量。

图 4-16　正确选择商品类目属性

（3）遵循搜索打散原则。各大电商平台（淘宝、天猫、京东商城）上商品众多,为了保证更多的商品有展示机会。搜索有打散规则:在同一个关键词搜索结果中一个网店最多只有两个商品在同一个页面上有展示机会。基于上述规则，在做关键词标题时要把关键词和上下架时间进行均匀分布，尽量避免商品之间因为被打散而失去展示机会。

（4）避免搜索降权。搜索降权是指商品能够被搜索到，但在搜索结果中的排名靠后（很难通过自然搜索到达宝贝页面），具体体现在：综合排序和所有商品排序中商品排名靠后；价格、信用和销量排序中商品默认被隐藏。

若商家在平台上的经营过程中出现虚假交易或其他类违规，则会被搜索降权。因此，商家要严格依照各电商平台的规则经营，切忌违规。

搜索降权的影响因素包括如下几种。

① 虚假交易。虚假交易是指通过不正当方式获得商品销量、店铺评分、信用积分等不当利益，妨害买家权益行为。有虚假交易行为的，各电商平台将对商家的违规行为进行纠正，包括删除虚假交易产生的商品销量、店铺评分、信用积分、商品评论，情节特别严重的，还将下架网店内的所有商品。商家在经营过程中不能急于求成，抱有侥幸心理，以免误入歧途。

以下情况属于虚假交易，可能会导致搜索降权处罚。

发布无实质交易内容的商品。

- 发布纯信息，包含但不仅限于减肥秘方、赚钱方法、会员招慕、商品知识介绍、免费信息及购物体验介绍等。
- 发布免费获取或价格畸低的商品，包含但不仅限于无偿从发行方获得的优惠券或资格权、免费商品、软件下载、电子刊物（凡是通过网络传输的一切电子商品）、电子邮件地址邀请等；1元以下虚拟类商品（不包括Q币／收费Q秀／点卡接元充／游戏货币，其中Q币／收费Q秀／点卡接元充／新手卡价格不能低于0.1元）；1元及1元以下服务类商品等。
- 在搭配套餐等打包销售形式的商品描述中有明确表示仅部分商品会发货的文字内容。

采用以下形式进行虚假交易。

- 将一件商品拆分为多个不同形式或页面发布，包含但不仅限于商品和商品的运费分开发布；一个商品拆分成不同价格打包出售。
- 将赠品打包出售或利用赠品提升信誉等。
- 使用虚假的发货单号或一个单号重复多次使用。
- 以直接或间接的方式变更商品页面信息、大幅度修改商品价格或商品成交价格等。
- 卖家限制买家购买虚拟物品的数量，包含但不仅限于限制某件商品一个ID只能购买一件；特殊市场另有规定的遵循其特殊规定。
- 在移动／联通／电信充值中心、网络游戏点卡、腾讯QQ专区三个类目中发布虚拟类商品时使用限时折扣工具。
- 其他进行虚假交易的形式。

通过以下手段进行虚假交易。

- 卖家自己注册账号或操纵其他账号（包括但不限于炒作团伙账号、亲朋好友账号、公司同事的账号等），购买自己发布的商品。

- 卖家利用第三方（包括其他卖家）提供的工具、服务或便利条件进行虚假交易的。
- 其他非正常交易手段。

② 重复铺货。完全相同及商品的重要属性完全相同的商品，只允许使用一种出售方式（从一口价、拍卖中选择一个）发布一次，违反以上规则即可判定为重复发布，并在搜索结果里靠后展现或不予以展现。对于不同的商品，必须在商品的标题、描述、图片等方面体现商品的不同，否则将被判定为重复铺货，包含但不仅限于以下几种情况。

- 完全相同及商品的重要属性完全相同的商品多次发布，属于重复铺货。
- 同款商品以附带不同的附赠品或附带品分别发布，属于重复铺货。
- 同款商品，通过更改其价格、时间、数量、组合方式及其他发布形式多次进行发布，属于重复铺货（包含但不仅限于一件商品每天发布一次，或以一口价和拍卖的方式分别发布等）。

重复铺货式开店是指卖家通过同时经营多家具有相同商品的网店，达到重复铺货的目的，电商平台搜索判定此开店方式为重复铺货式开店。这种行为严重干扰卖家正常经营秩序，并破坏买家的购物体验，属于搜索作弊行为。

③ 类目错放。商品属性与发布商品所选择的属性或类目不一致，或标题里出现多个品类的关键词，或将商品错误放置在电商平台推荐类目下，电商平台搜索判定为类目错放商品。放置一级类目为其他，如其他＞＞定金，其他＞＞邮费。电商平台首页搜索是默认不展示的，不是此类目的不要错放在此类目下。

类目错放会导致商品搜索不到或者商品搜索排序下降。类目对宝贝排名非常重要，因此发布宝贝时应该选择正确的类目。

商品更换类目后所产生的影响如下。

- 调整一级类目，商品近30天内以1元以下价格支付的订单销量全部删除不累计（电商平台官方类目调整除外）。
- 虚拟类目部分不能进行类目更换，如果要更换，建议删除宝贝重新发布。
- 编辑类目之后，建议关注24～48小时，搜索商品销量后查看排名，注意搜索的排名是否正常。

④ 标题滥用关键词。卖家为使发布的商品引人注目，或使买家能更多地搜索到所发布的商品，而在商品名称中滥用品牌名称或与本商品无关的字眼，使消费者无法准确找到需要的商品。有这种行为的的商品会被淘宝搜索判定为标题滥用关键词商品，立即搜索降权。

⑤ SKU违规。卖家刻意规避淘宝商品SKU（商品的销售属性）设置规则，滥用商品属性（如套餐）设置过低或者不真实的一口价，从而使商品排序靠前（如价格排序），淘宝搜索将这种商品判定为SKU作弊商品。

⑥ 换宝贝。卖家为了累积销量或人气，修改、增删原有宝贝的标题、价格、SKU、图片、详情、材质等，变成另外一种宝贝继续出售，或者卖家不小心把自己的宝贝出售方式做了改变后出售，或者卖家将不同商品放在同一商品链接下出售，并且产生了销量。这里的"商品"是宽泛的商品概念。这是一种严重炒作销量的行为，有这种行为的宝贝会被淘宝搜索判定为换宝贝，立即搜索降权。

⑦ 非正常销售商品。非正常销售商品是指订单、赠品、定金、新品预览、邮费等

非正常出售的商品，应放在"其他"类目。

⑧ 广告商品。商品描述不详、无实际商品，仅提供发布者联系方式及非商品信息的商品（住宅类除外），电商平台搜索一般判定为广告商品，立即搜索降权。

⑨ 虚假宣传。虚假宣传是指夸大、过度或虚假承诺商品效果及程度，商品、店铺的基础信息或官方资质信息等与实际不符，商品发布时填写的条形码信息与实际不符。

⑩ 资质不符。资质不符是指商品标题、图片、详情等区域出现的商品资质信息（如吊牌、水洗标、中文标签等），店铺基础信息，官方资质信息等与实际不符。

⑪ 品牌不一致。品牌不一致是指商家在商品类页面（如商品标题、图片、价格、运费模板、属性区域、详情描述、后台品类等）发布中出现品牌属性的商品信息要素不一致、不匹配的情况。

⑫ 类型不一致。类型不一致是指商家在商品类页面（如商品标题、图片、价格、运费模板、属性区域、详情描述、后台品类等）发布中出现类型的商品信息要素不一致、不匹配的情况。

⑬ 邮费作弊。邮费作弊是指商品的邮费设置不符合市场或行业标准。

2）自然搜索综合排序入口

在买家进行搜索查询所需商品时，搜索结果默认显示的是综合排序，综合排序入口的流量也是流量最大的。影响综合排名的因素很多，通常影响较大且常见的因素有商品销量、搜索点击率、搜索转化率、下架时间、DSR（卖家服务详级系统）等，了解这些数据可以更精准地指导商家优化商品。淘宝搜索计算机端综合排序入口如图4-17所示，淘宝搜索移动端综合排序入口如图4-18所示。

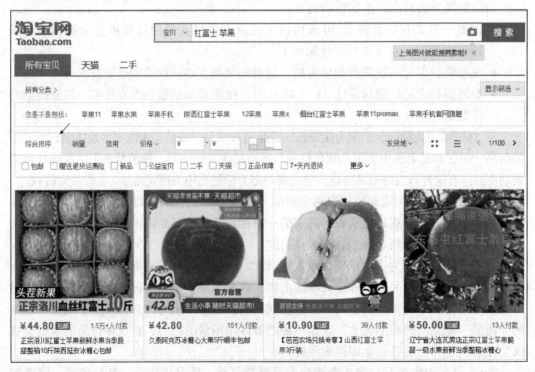

图4-17　淘宝搜索计算机端综合排序入口

图 4-18　淘宝搜索移动端综合排序入

（1）商品销量因素。商品销量因素包含以下几个维度数据。

① 支付买家数是指一定统计时间内，同一家网店在所有终端完成交易支付的重买家人数。预售分阶段付款在尾款付清当天才计入。

② 付款人数。日前商品综合搜索页面统计的是近 30 天已经付款的买家人数，去除重复购买、退货退款、不计销量订单，汇总进行计算。系统设置好计算逻辑，全平台商品销量统一计算。

③ 收货人数。日前商品销量搜索页面统计的是近 30 天确认收货的买家人数，去除重复购买、退货退款、不计销量订单，汇总进行计算。系统设置好计算逻辑，全平台商品销量统一计算。

④ 访客平均价值。一定统计时间内，支付金额除以访客数即平均每个访客可能带来的支付金额，建议参考此指标控制流量引入成本。

（2）搜索点击率因素。搜索点击率因素包含以下相关维度。

① 点击次数是指店铺页面被用户点击的次数，一个人在统计时间范围内多次点击该页面会被计算为多次。

② 点击人数是指点击店铺页面的去重人数。一个人在统计时间范围内多次点击该页面只会被计算为 1 次。

③ 曝光量是指在统计时间范围内，商品在搜索结果中被展现的次数。

需要注意的是,因移动端曝光量没有统计,当用户选择时,界面显示为"暂无数据"。当用户选择"所有终端"时,显示数据等于计算机端曝光量。因曝光量数据量较大,只在商品访客数大于0时进行统计。

④ 搜索点击率是指在统计时间范围内,从搜索结果页面点击到商品详情页的点击数÷搜索结果页的浏览量,即搜索结果中用户点击商品的比率。

(3)搜索转化率是指在统计时间范内,由搜索带来支付转化率,即搜索带来支付买家数÷搜索带来的访客数,用于评估搜索带来的效果。

搜索转化率是影响商品排名的要素之一,实际影响排名的转化率是系统在对恶意流量做剔除基础上计算的搜索引导的转化率。转化率反映的是商品对于消费者的吸引程度,转化率越高,说明消费者看到后购买的意愿越高,对自然搜索排名越有利。

(4)下架时间。商品发布有效期可以选择7天和14天、商品有效期到后会下架、在宝贝临近下架时间时,商品的搜索排序会有所上升。因此,商品的下架时间选择在流量高峰期会提高获取流量的能力。

(5)DSR。DSR评分其实是描述相符、物流服务、服务态度三项的总称,如图4-19所示。DSR的计算逻辑:最近180天(从今天开始往前推180天),买家在店铺拍下的订单交易成功后,买家对这三项进行打分评价(评分标准1~5分)后,系统将在此时间段所有买家的打分进行综合计算得出。DSR不仅是影响排序的因素,而且呈现在搜索结果列表页、商品基础信息页面和店铺首页等显眼位置,是买家决定购物时的重要依据。因此,商家需要有针对性地做好内功,提高DSR评分。

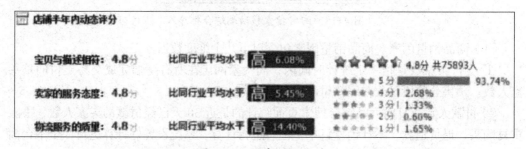

图4-19　网店DSR评分

3)自然搜索销量排序入口

买家在搜索关键词时,默认显示的是综合排序,一些买家还会按销量排序。按销量排序的流量仅次于综合排序的流量。

(1)影响销量排序的因素。销量排序下,排序显示的确认收货人数是统计最近30天交易成功的数量,去除重复购买、退货退款、不计算销量活动,汇总进行计算。全网商品销量按统一的计算逻辑设置,销量排序搜索展示如图4-20和图4-21所示,分别为淘宝计算机端和移动端销量排序(这里的确认收货人数依次降低)。

不计入确认收货人数的情况有如下三种。

① 产品历史售价较低的情况,系统会自动去除销量。

电商平台商品的评价,销量计算特殊逻辑如下。

● 以1元以下价格支付的订单,销量正常累计;若买家账号绑定有效手机号,买家

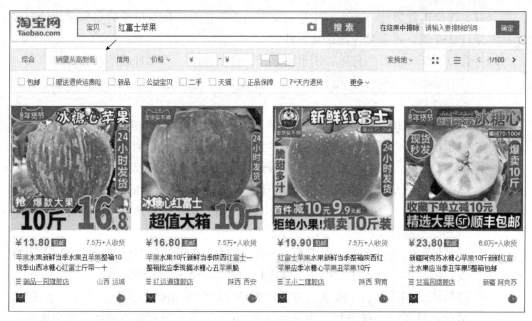

图 4-20  淘宝计算机端销量排序

图 4-21  淘宝移动端销量排序

双方评价正常累计，若买家账号未绑定有效手机号，该类订单的卖家端评价至多累计 250 笔，买家端评价正常累计。

- 符合以下任一情形的订单，销量不累计，评价删除、不累计或不开放。
  ◇ 单件商品的支付价格低于一口价 3 折且支付金额低于 5 元的订单，销量、评价均不累计。
  ◇ 由平台技术排查认定为异常订单的，销量不累计、评价删除。
  ◇ 特定类目下以低于指定价格支付的订单，销量不累计，评价入口不开放。
- 符合以下任一情形的，该商品近 30 天内全部或部分销量删除不累计。
  ◇ 商品中含有低于 1 元 SKU；修改任一 SKU 价格、删除低于 1 元 SKU 或拆增 SKU 后，任一 SKU 价格为 5 元及以上，则以 1 元以下价格支付的订单销量全部删除不累计。
  ◇ 商品历史成交记录中含以 1 元以下价格支付的订单，一旦新增 5 元及以上价格支付的订单，则以 1 元以下价格支付的订单销量全部删除不累计。
  ◇ 任何商品调整类目（淘宝官方类目调整或调整至相似类目的情形除外），转入或转出特定的一级类目，则该商品近 30 天销量全部删除不累计；其余调整一级类目的，则以 1 元以下价格支付的订单销量全部删除不累计；从"个性定制／设计服务／DIY>其他定制"末级类目调整到其余类目或从其余类目调整至"个性定制／设计服务／DIY>其他定制"末级类目，则该商品近 30 天销量全部删除不累计。
  ◇ 修改商品某 SKU 价格时，修改后的价格若超过近 30 天该 SKU 最低订单支付价格（该价格大于或等于 10 元的除外）的 10 倍，该 SKU 对应近 30 天销量全部删除不累计。上述第一、第二项的情形同时发生的，以第二项执行；上述三项的情形同时发生的，则都予执行。

② 涉及虚假交易处罚。判定为虚假交易的订单，销量不计算。

③ 参加活动不计算搜索销量。例如，天猫官方大促活动的销量不计算。由于每个时期推出的活动不同，无法告知所有活动是否计算，建议向相关的工作人员进行咨询。之所以当天确认收货人数没有展现，是因为当天确认收货人数的数据没有及时更新，建议 24 小时后再关注，系统会有一定的滞缓，等系统数据同步更新后即可查看。

（2）移动端个性化销量排序。在移动端（主要指手机）销量下排序会添加个性化因素。销量排序从高到低，每个手机和用户推荐的销量搜索排序不同，会根据消费者的购买习惯和购买力等因素进行个性化识别，这样方便向买家推荐最适合的商品，促进有效的成交和转化。

① 购买习惯不同。例如，搜索 T 恤，按销量排序，男生和女生的手机搜索结果页面分别如图 4-22 和图 4-23 所示。

② 购买力不同。如果买家消费习惯购买金额比较高，搜索结果的销量排序下展示的商品价格默认会更高一些。例如，搜索连衣裙，两个用户的购买力水平不同，按销量排序时手机端搜索结果页面分别如图 4-24 和图 4-25 所示。

图4-22 男生手机淘宝搜索结果页

图4-23 女生手机淘宝搜索结果页

图4-24 购买力低的用户淘宝搜索结果页

图4-25 购买力高的用户淘宝搜索结果页

4）自然搜索价格排序入口

价格排序分为普通商品价格排序和涉及商品重量的商品价格排序。

（1）普通商品价格排序分为价格从低到高、价格从高到低、总价从低到高、总价从高到低4种，这里的总价是指包含邮费的价格。

（2）涉及商品重量的商品价格排序分为单价从低到高、单价从高到低、价格从低到高、价格从高到低4种。单价排序是系统自动换算每500克商品的价格后进行的排序，如图4-26所示。

图4-26　手机淘宝单价排序搜索结果页

5）店铺搜索入口

店铺搜索是对所有包含这些文字的店铺汇总后，通过店铺名称关键词和系统检测后台的类目等相关因素进行排序的。店铺搜索入口如图4-27所示。

店铺搜索展示的销量是统计店铺最近30天确认收货的人数，去除重复购买和申请退款的人数，如图4-28所示。

搜索店铺时，右侧会显示一些店铺的商品图片，这是系统根据店铺中热销商品的情况所做的展示，是无法人工设置的。

图 4-27　淘宝计算机端首页店铺搜索入口

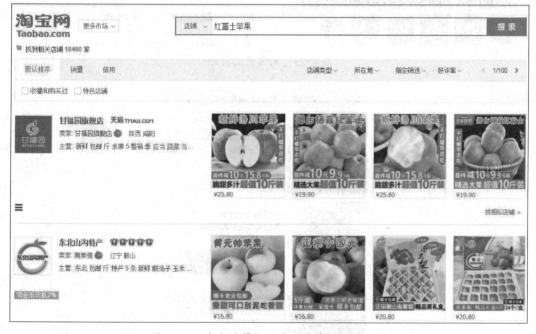

图 4-28　淘宝计算机端店铺搜索结果展示页

6）商品标题的基本写法

在学写商品标题之前，商家需要先了解标题的基础概念和最基本的写法。

（1）标题的基础概念。在网页中宝贝的标题最多可以写 30 个文字，换算成字符则为 60 个字符，字符包括汉字、英文字母、标点符号、空格，如图 4-29 所示。

因为设备特征和展现形式不同，部分商品标题在移动端会呈现出一个比较简短的标题，如图 4-30 所示。

部分商家为了增加标题包含的关键词量，经常会把各种相关的词都加入标题，导致标题的可读性较差，实际上宝贝标题长度最多为 30 个文字，由于手机本身屏幕较小，搜索结果页预留空间有限，一般的标题被截断后只能展示前半部分，用户看不到完整的标题信息。因此，在搜索结果页上，商家应该从长标题中提取出精简的、可读性强、包含有效有用信息的短标题展示给用户。

图 4-29　淘宝商品标题

图 4-30　手机淘宝搜索页标题

搜索结果页短标题的上限不会改变商家商品排序和搜索结果。也就是说，原来能搜到的还是会搜索到，原来能排在第一页的还是会排在第一页，没有任何影响。短标题目前只影响 3 个搜索结果页的标题展示（手机淘宝客户端、天猫客户端、天猫计算机端），不影响其他导购链路的标题展现，如宝贝详情页等。

建议商家把相同类型的词写到一起，便于算法提取。例如，描述材质的法兰绒、磨毛最好连在一起。同样的，描述风格的商务、休闲、修身也可以放到一起。

（2）特殊行业规范：达尔文计划是天猫发起的，针对天猫品牌杂乱、原始商品信息错误和商家重复铺货等问题，旨在规范商品信息准确性的计划。

针对有特殊规定的行业商品，标题已由平台统一拟定规范性的内容，全部或者部分固定，商家在书写标题的时候，只能做部分添加或不可变动。

（3）词根。词根是关键词可以拆分出来的最小单位。在自然搜索时，搜索引擎会把关键词跟宝贝标题都拆解成词根进行匹配，能够相互匹配时，宝贝会出现在搜索结果中。在后面谈到自然搜索优化时会用到词根。

（4）标题的可读性。虽说标题的一个主要作用是匹配关键词的搜索，但是它的可读性同样非常重要，这方面易犯的错误包括为了能够在标题中添加更多关键词，使标题变得不具可读性，或者把商品款号放在最前面。实际上，买家不一定会把 30 个关键词全部读完，人的视觉关注重心是自左向右的，因此，前面 10 个关键词非常重要，设置标题时要把重要的属性放在最前面，注意排列的逻辑顺序。

（5）写标题时的注意事项。

- 不要在标题中堆砌过多不相干的产品词和品牌词。
- 不要在标题中刻意使用符号。符号不仅会占用标题字数，而且影响搜索引擎抓取词根，因此没有特别需求，建议不要使用。
- 不要在标题中使用敏感词。标题中如果带有敏感词，整个标题都会被过滤，如"高仿""水货"等。如果你发现搜索不到自己的宝贝，请查看标题中是否有敏感词。
- 词根不要无故重复。词根重复不仅会占用标题字数，还有可能被误识别为关键词堆砌，如图 4-31 所示。
- 善用空格，空格在标题中发挥着增强阅读体验的作用，对于连在一起搜索会引起误拆的词根，需要使用空格来拆分。

图 4-31　商品标题中的重复词根

## 三、 任务分析

从各大电商平台搜索结果页的自然展示结果和流量，以及后台的大数据统计数据来看，基于首页搜索框关键词搜索下的综合排序是访问流量最大及成交最集中的部分，也是获取自然搜索流量的核心，所以要做好自然搜索流量优化，最主要的就是要做好综合排序入口的关键词搜索流量的获取与优化。

在电商平台中，我们把那些影响商品排名的维度叫作权重模型，常见的权重模型如图 4-32 所示，主要包括类目相关性模型、文本相关性模型、商品质量分（人气模型）、搜索反馈模型、价格模型、新品模型、季节模型、品牌模型、个性化搜索模型等，在各权重模型中又包含很多影响商品排序的数据，我们称为因子，因子在商品排名维度中起决定性作用。

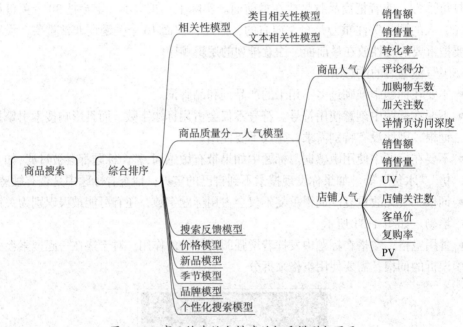

图 4-32　商品搜索综合排序的权重模型与因子

类目相关性模型和文本相关性模型统称为相关性模型。相关性是电商平台商品搜索排名优化的基础，也是其他模型作用的基础。如果基础没做对，如高相关分类选择错误、关键词排列错误，都会导致商品无法被索引，这时即使其他模型的分数再高，也无法让商品在综合排序下得到好的曝光。

基于以上权重分析，本任务将聚焦权重模型中的相关性模型，重点做好相关性权重的优化，而在相关性权重中"类目相关性"只需在商品发布时找准商品的高相关度系统分类即可，这里不再赘述。

综上分析，要完成网店的自然搜索流量的优化，首要的是要做好商品标题的关键词优化，即做好文本相关性优化。下面从标题关键词的采集、筛选、组合、监测与调换几个步骤来讲解自然搜索流量优化中重要的标题优化过程。

## 四、 任务实施

### （一）关键词采集

进行关键词的采集，并把行业中与本店商品相关的关键词制作成商品的关键词表，是网店运营工作人员在商品标题关键词优化工作中的第一步。关键词采集的途径与步骤如下。

#### 1. 电商平台前端采集

在电商平台首页商品搜索框处，访客输入关键词，搜索框下拉框会推荐展示与访客输入词相关的关键词。如图 4-33 所示，在搜索框处输入"毛衣"，平台在搜索框下拉框中推荐一些近期访客在该平台搜索热度较高的和"毛衣"高度相关的关键词，这些关键词就可以作为卖家商品标题关键词的备选词。

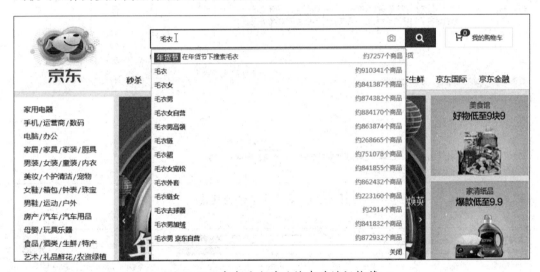

图 4-33　京东平台前端搜索关键词推荐

#### 2. 用户反馈采集

商品搜索结果页商品的标题、广告语中影响商品转化率的文本叫作转化率关键词，可以通过用户反馈的途径为商品找到可应用在标题或者广告语中的转化率关键词。获取用户反馈的途径有几种：用户评价、商品标签和用户在线咨询。如果关键词带来的访客形成了较高的商品转化率，可以积累成为对商品排名的提升，从而提升曝光量，因为关键词的转化率数据是商品排序中使用的权重因子。如图 4-34 所示，我们可以从买家的评论中获取一些备选关键词。

#### 3. 市场细分采集

电商平台中很多品类都有访客对商品进行搜索时的统一习惯，这些习惯不是规则，而是通过访客对商品的认知形成的，这些词是商品搜索关键词的有力补充，也是商家的必争词，如图 4-35 所示，这些就是市场细分词，如妈妈装、森女系、自拍神器等。

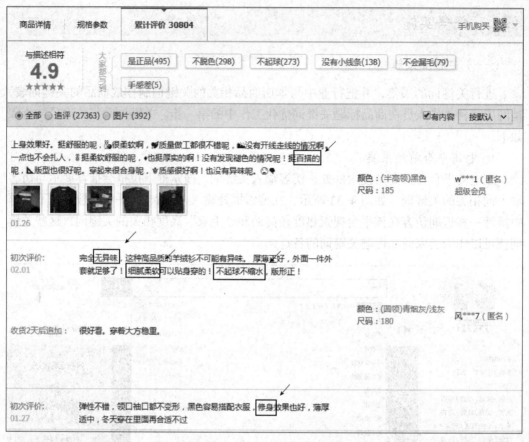

图 4-34　淘宝卖家评论反馈

图 4-35　淘宝市场细分词搜索

#### 4. 媒体搭载采集

我们正处于一个信息发布与流通高度发达的时代，所以在采集商品标题关键词时，无法忽略掉媒体信息对市场的影响，很多卖家在销售商品时都会尽量使用媒体近期或近一到两年比较热的、来自影视剧、综艺节目、互联网，或是自媒体的"媒体搭载"词，以增加商品的曝光量，如"××同款"玩具、"火凤凰"军靴、"哪吒"毛衣等，如图4-36所示。

图4-36 淘宝中含有媒体搭载词"哪吒"的商品

#### 5. 平台大数据采集

目前各大电商平台的运营人员都会借助后台的大数据分析工具来进行关键词的采集，如淘宝的"生意参谋"（图4-37）、京东的"京东商智"等，通过大数据工具，可以帮助我们更精准地选词。

以"毛衣"为核心词，采用以上五种方法进行商品关键词的采集，形成如图4-38所示的含有20个词的关键词表，以及用于关键词进一步筛选的相关统计数据。

### （二）关键词筛选

关键词采集表制作完成后，我们需要通过合理的筛选方式，在此表中选择合适商品的关键词。网店运营人员在关键词选择优化过程中，对关键词进行筛选的最重要标准是在降低关键词竞争难度的同时提高关键词的有效覆盖率，增加商品曝光量。

因为关键词的覆盖率在前面的采集过程已基本做到，所以筛选时最主要的是尽量降低关键词的竞争难度，所以要选择搜索热度高但在线商品数少的关键词，网店运营人员还要根据自己商品的具体情况（自己商品的细分类别、款式、颜色等）进行进一步的筛选，选择和自己商品特色和卖点更贴切的关键词。本例的筛选结果如图 4-39 所示。

图 4-37　淘宝生意参谋搜索词分析

| 关键词 | 搜索热度 | 在线商品数 |
|---|---|---|
| 毛衣 | 1,062,340 | 1,925,112 |
| 毛衣女 | 722,154 | 1,389,543 |
| 毛衣2020年新款女 | 669,925 | 1,706,434 |
| 毛衣新款2020爆款 | 564,563 | 959,242 |
| 毛衣男 | 546,341 | 850,741 |
| 红色毛衣 | 458,267 | 1,784,187 |
| 女士毛衣 | 395,816 | 1,509,260 |
| 红色毛衣女 | 384,516 | 364,423 |
| 毛衣女设计感小众 | 360,285 | 146,280 |
| 爆款毛衣 | 355,307 | 1,347,190 |
| 毛衣女宽松外穿 | 340,756 | 744,397 |
| 毛衣开衫 | 336,539 | 1,012,037 |
| 毛衣女冬 | 317,344 | 1,042,567 |
| v领毛衣 | 306,462 | 836,316 |
| 男士毛衣 | 292,239 | 1,073,726 |
| 开衫毛衣宽松 | 278,268 | 549,704 |
| 高领毛衣女 | 271,613 | 870,198 |
| 开衫毛衣 | 270,355 | 1,782,846 |
| 高领毛衣男 | 269,433 | 600,708 |
| 毛衣外套 | 268,415 | 834,367 |

图 4-38　商品关键词采集表

| 关键词 | 搜索热度 | 在线商品数 |
|---|---|---|
| 开衫毛衣 | 270,355 | 1,782,846 |
| 红色毛衣 | 458,267 | 1,784,187 |
| 女士毛衣 | 395,816 | 1,509,260 |
| 爆款毛衣 | 355,307 | 1,347,190 |
| 男士毛衣 | 292,239 | 1,073,726 |
| 毛衣女冬 | 317,344 | 1,042,567 |
| 高领毛衣女 | 271,613 | 870,198 |
| 毛衣外套 | 268,415 | 834,367 |
| 毛衣开衫 | 336,539 | 1,012,037 |
| v领毛衣 | 306,462 | 836,316 |
| 毛衣2020年新款女 | 669,925 | 1,706,434 |
| 高领毛衣男 | 269,433 | 600,708 |
| 毛衣女宽松外穿 | 340,756 | 744,397 |
| 开衫毛衣宽松 | 278,268 | 549,704 |

图 4-39　商品关键词筛选结果

### （三）关键词组合

关键词筛选完成后，我们需要进行关键词的组合。在组合时，我们需要了解关键词组合的几个原则，根据主要的电商平台文本索引规则（把关键词写在商品/店铺相关的具体位置上，目前以标题为主，在访客搜索时可以被电商平台发现、匹配、展现给用户的规则）。关键词组合的主要原则如下。

**1. 关键词类型组合规则**

关键词根据其具体的内容又可分为不同的类型，不同类型的关键词在组合成商品标题时是有其先后顺序的，具体如下：使用中文品牌（英文品牌）+ 产品名（中心词、热搜词）+ 产品特点（属性、功能词）+ 类目词（避免特殊符号、堆砌关键词）+ 促销词。

**2. 关键词词距规则**

关键词与访客搜索词精确匹配且字间距越小越好。

**3. 关键词顺序规则**

关键词的顺序与访客搜索词的顺序相同时，得分高，逆序会减分。

**4. 关键词长短规则**

关键词的长度（字数或字符数）越精准越短越好。

**注：** 如上原则中提到的"分"是指索引规则中的"文本得分"规则，该规则会根据组合原则，对组合后的关键词进行打分，打分较高的会在搜索排序中靠前，打分较低的则排序靠后。

### （四）关键词的监控

在日常运营中，运营人员都会填写很多运营表格，以监控商品的各种数据，通过数据监控来进行商品走势的预测等。商品的关键词排名监控和流量监控就是其中两项重要的工作。一般我们可以通过"生意参谋—流量—选词助手"中的关键词到店的引入情况来监控具体关键词对商品权重起到的作用，以确定我们选用的关键词是否有效，进而决定是否继续使用所选的关键词。到店关键词监控情况如图 4-40 所示；商品的排名监控，我们可以通过各电商平台或服务市场的产品看到排名的变动，商品的排名变化不仅是我们在最近进行关键词优化中要使用的，也是我们在商品其他权重中要使用的。

图 4-40　到店关键词监控情况

综上，我们需要监控的维度是关键词、关键词的位置、关键词下的商品流量、关键词下的商品点击量、关键词下的商品成交量。这几个维度的作用分别如下。

（1）关键词的位置：商品曝光量的基础。

（2）关键词下的商品流量及点击量：商品流量入口有效性的根据（主图、标题转化率关键词、评价数、客单价）。

（3）关键词下的商品成交量即成交金额：保持商品权重持续稳步攀升，获取更大曝光能力的基础。

### （五）关键词的变换

商品标题或卖点采用较多关键词时会为商品增加曝光，同时，不同关键词的商品转化率情况不同，整体容易导致商品的转化率不稳定而造成商品排名不稳定。商品标题或卖点较短时，曝光能力差，但少词的转化率稳定，对商品排名有帮助。所以，有时我们要根据对商品曝光和转化率的数据对商品标题或卖点等使用的关键词进行取舍和变换。另外，对于一些新商品，没有太高的权重，基础评论少，商品在短词下的竞争和排名能力差，这时我们需要选择长尾词进行第一阶段的排名和流量获取。长尾词代表低流量但相对高转化能力的词，长尾词的使用和变换是需要我们取舍的，这也需要我们根据数据监控情况来进行关键词的调整变换。

## 五、 任务小结

本任务以各大电商平台首页搜索框自然搜索流量的核心关键词搜索的优化为重点，以理论结合实践的方式主要讲解了电商平台如何做好首页搜索框综合排序入口的关键词搜索流量的获取与优化，主要包括商品关键词的获取、筛选、组合、监控与调换变更的理论知识与实践方法。

# 任务二 付费推广精准引流

## 一、 任务导入

虽然网店的自然搜索流量是网店流量来源的核心，也是网店进入正常运营阶段的流量来源的基础，但是有时网店仅仅靠自然搜索流量是不够的，特别是在网店开设初期，因为网店的商品没有一定的基础销量，也没有积累一定的好评，很难把网店做起来，所以这时就需要拓展网店流量来源的途径，而且最好是能够获取一些较精准的流量，各大电商平台的付费推广引流是获取精准流量最好的引流方式，常见的付费推广引流的方式有直通车、淘宝客、京东快车和京跳客等。

## 二、 相关知识

付费推广是相对于免费推广（自然搜索流量）而言的，主要是指卖家需要借助于电商平台提供的工具或者是第三方的工具来实现推广引流，同时还要根据一定的规则付给平台或第三方相应的费用。

### （一）直通车

直通车推广一般指的都是淘宝直通车推广，淘宝直通车是由阿里巴巴集团下的雅虎中国和淘宝网进行资源整合推出的一种全新的搜索竞价广告推广模式。直通车推广竞价结果不仅可以在雅虎搜索引擎上显示，最主要的是可以在淘宝网上以全新的"图片＋文字"的形式按照一定的搜索排序规则展示。在直通车推广中，推广的每件商品可以设置 200 个竞价关键词，卖家可以针对每个竞价词自由出价，还可以看到该商品在雅虎中国和淘宝网上的排名位置，并按实际被点击次数付费。直通车推广的产品一般是在淘宝首页最右侧竖排和首页横排最后一排显示，淘宝直通车推广展示位如图 4-41 所示。

站内推广引流

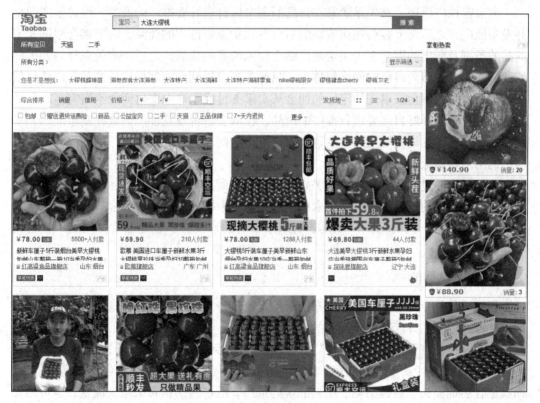

图 4-41 淘宝直通车推广展示位

淘宝直通车推广原理：首先访客输入搜索关键词，平台根据推广商品设置的关键词及竞价情况，将相关的商品进行排序展示，并按照买家实际的点击次数进行扣费。

（1）如果卖家想推广一个商品，首先为该商品设置相应的关键词（同时设置好竞价）及商品标题。

（2）当买家在淘宝网通过输入关键词搜索商品或按照商品分类进行搜索时,平台（系统）就会展现卖家推广中的相关商品。

（3）如果买家通过关键词或商品分类搜索后,在直通车推广位上点击了卖家推广的商品,系统就会根据卖家设置的关键词或类目的出价进行扣费。

## （二）淘宝客

淘宝客就是推广淘宝商品拿佣金的一些网络达人。淘宝客推广主要的工作平台是淘宝联盟。淘宝客需要首先通过平台获取淘宝商品的推广链接（淘宝卖家发布并设置）,之后通过自己的网络媒体进行推广,让买家通过他的推广链接进入淘宝店铺购买商品并确认付款,之后淘宝客就能赚取由卖家支付的佣金。淘宝客无须投入直接成本,也基本不需要承担什么风险,最高佣金可以达到成交额的50%。这种卖家通过淘宝客进行的先推广后付佣金,按推广效果付费的推广方式,称为淘宝客推广。与其他推广方式相比,淘宝客推广因为是不成交不付款,所以具有较高的投入产出比,真正实现了少花钱、多办事,尤其适用于一些没有基础销量和信誉的新开设的网店使用。

淘宝客推广原理：首先是卖家在自己的淘宝后台选好要推广的商品,设置推广佣金并发布推广,之后淘宝客会在淘宝联盟后台看到卖家要推广的商品,淘宝客会根据卖家商品的类别及所出的佣金多少决定推广哪个商家的哪些商品,之后获取他选择好要推广的商品链接并发布到自己的网络媒体上,只要有买家看到淘宝客推广的商品并确认付款和收货后,平台就会按事先约定好的佣金从卖家支付宝账户中支付佣金给淘宝客。

（1）卖家选择好自己要进行推广的商品,在淘宝后台设置推广佣金并发布推广。

（2）淘宝客在淘宝联盟后台发现卖家要推广的商品,选择他要推广的商品并发布到自己的网络媒体上进行推广。

（3）买家通过淘宝客推广的相关媒体看到推广商品,并下单付款,确认收货后,淘宝联盟根据事先约定的佣金,从卖家的支付宝账号中拨付佣金给淘宝客。

和淘宝客推广同类的推广工具还有京东平台的京挑客,也是非常好用的一款营销利器。

## （三）智钻展位

智钻展位是专为有较高信息发布需求的卖家量身定做的产品,精选了淘宝最优质的展示位置,适合品牌店铺爆款商品的推广使用。

智钻展位是按照流量竞价进行广告位的租售的,计费单位是“每千次浏览单价”（广告所在的页面被打开1 000次所需要收取的费用）。智钻展位不仅适合发布商品信息,而且适合店铺促销、店铺活动、店铺品牌的推广,既可为店铺带来巨大流量,也可增加买家对店铺的好感,增强买家黏性。

智钻展位的基本工作原理：卖家租赁淘宝平台首页或分类页较好的广告位（如首页的焦点广告位）进行产品或活动推广,获取流量,之后卖家按照事先约定好的每千次浏览量向淘宝平台支付推广费用。

（1）卖家进入淘宝推广后台选择好智钻展位,之后设定好购买期限并确认购买。

（2）卖家制作自己的推广海报（图片或 flash），并发布到对应的广告位上。

（3）买家通过淘宝平台访问广告位所在页面，最后卖家按照事先约定好的每千次浏览量支付推广费用。

除以上几种付费推广的方式外，常见的一些付费推广方式还有如京东平台的京选展位、京东直投，以及淘宝的超级推荐等，它们推广的基本原理和以上介绍的三种推广方式基本相似，这里就不再一一赘述。

## 三、 任务分析

如何选用付费推广方式来获取流量？从各大电商平台卖家的实践的经验总结来看，一般新开设的店铺刚开始推广时都采用淘宝客（京东平台用京挑客）进行付费推广引流，因为刚开设的网店没有基础销量和信誉积累，网店的转化率较低，所以采用按推广效果付费的淘宝客推广方式是再好不过的了，这种推广方式既可提升流量，又可避免网店开设初期由于转化率低拉低引流的投入产出比的严峻问题。另外对于那些已经运营了一段时间而且有了一定销量和信誉积累的网店，主要采用的推广方式就是直通车（京东使用的是京东快车），因为直通车推广是按照点击量付费，也就是只要访客点击了直通车的推广广告位，卖家就要支付平台推广费用，而点击直通车广告位的买家由于各种因素（卖家的原因或是买家的原因都可能）可能并不会最后支付购买商品，所以卖家在进行直通车推广时，一定要保证自己产品的质量（主要以主图、详情、销量以及评价的指标为评定标准）是可以打动买家的，以保证较好的支付转化效果，如支付转化效果不好，就会产生投入产出比的失调，也就是说花费了大量的直通车推广费，但是实现的支付转化效果却不好，最后严重影响网店的正常运营。所以，一般建议网店产品在积累一段时间的销量和好评，并基本可以确定产品质量得到买家认可的情况下，再使用直通车推广比较理性。智钻展位推广一般主要用于品牌商家的品牌推广和活动促销，因为这种推广方式可以获取更多的流量，但需要具有一定的前期投入，也就是前期需要较大的推广成本，所以更适合大商家选用。

综上分析，在网店运营过程中要进行付费推广来补充自然搜索流量的不足，需要根据所开设网店的具体情况而定，淘宝客（或京挑客）和直通车（或京东快车）会在网店运营过程的不同阶段中被使用。下面以具体网店的付费引流来演示这两种推广方式的使用。

## 四、 任务实施

### （一）淘宝客推广

淘宝客推广是淘宝平台的主要付费推广方式之一，使用淘宝客进行推广时，卖家选择自己要进行推广的商品，之后根据具体情况设置推广佣金，最后发布要推广的商品就可以了。

**1. 进入淘宝客推广页**

卖家进入淘宝后台登录淘宝，进入"卖家中心"，之后在左侧导航菜单中选择"营销中心"→"我要推广"进入"我要推广"页面，单击"淘宝客"图标，如图 4-42 所示。进入淘宝客推广设置页面，如图 4-43 所示。

图 4-42　选择淘宝客推广图标

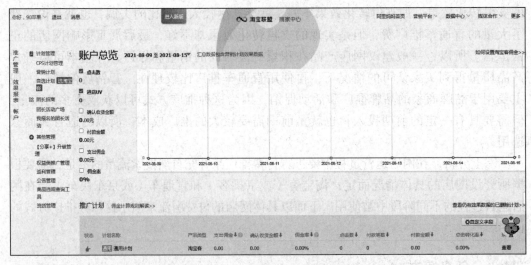

图 4-43　淘宝客推广设置页面

**2. 选择设定推广计划**

淘宝客推广主要有两种推广计划，分别是营销计划和自选计划。营销计划是淘宝客推广比较传统的推广方式，卖家和推广者不能直接联系，都是在匿名的情况下进行的。而自选计划是为商家管理淘宝客而量身定制的新计划，除提供淘宝客推广店铺效果数据、淘宝客推广能力评估外，商家还可根据各淘宝客的推广情况选择同淘宝客建立具体的推广关系，如为某淘宝客开设人工审核的定向计划等。对新手卖家来说主要先掌握如何进行淘宝客推广设置，所以可以随意选择其一即可，这里我们选择如图4-44的计划管理中的"营销计划"进行推广。单击营销计划后，进入推广商品设置页面，如图4-45所示。

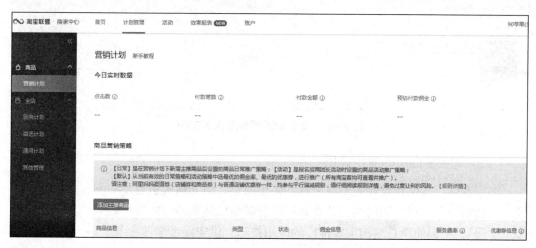

图 4-44　淘宝客选择推广计划

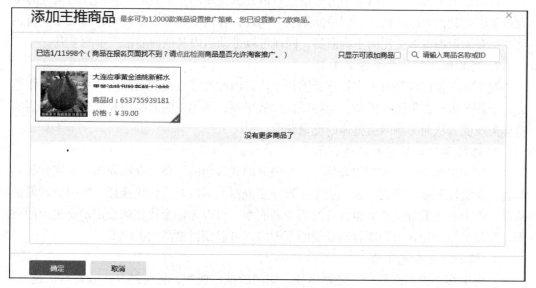

图 4-45　淘宝客主推商品设置

### 3. 添加主推商品，设定推广佣金

在图4-44中，单击左下方的按钮"添加主推商品"，进入如图4-45所示的主推商品设置页面，选择要推广的商品，单击"确定"按钮，进入如图4-46所示的佣金设置页面。在佣金处设置要求范围内的百分比佣金即可。这样，我们就完成了单个商品的淘宝客推广设置。

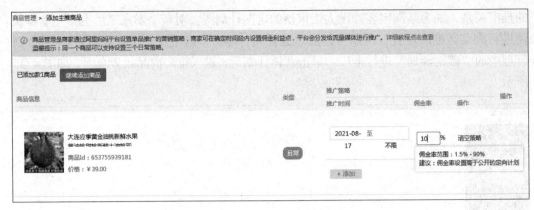

图 4-46 淘宝客商品佣金设置页面

### （二）淘宝客推广的应用技巧

淘宝客推广从操作设置的步骤来看其实很简单，但如何吸引更多的淘宝客来给推广商品，如何设置计划、如何选商品及如何设置佣金以达到最好的推广效果，其实还有很多"学问"，下面简单总结淘宝客推广的应用技巧，供实践者学习参考。

#### 1. 重点推广优质商品

在商品的销售中，可以集中力量重点打造几款优质的主推商品，利用其高人气的特点带动店内其他商品的销售，即单品制胜。同理，在淘宝客中也存在同样的现象，通过几款拥有大量淘宝客关注的主推商品，同样可以带动店内其他商品推广量的上升。

#### 2. 商品图片制作要求精致美观

淘宝客在推广商品时大多数选择图片推广，因此卖家提交的商品图片一定要制作精美、清新美观，如果图片模糊，会导致推广效果差，不美观的商品图片也会降低网店的整体美观度，从而影响网店整体的流量获取。

#### 3. 选择单价较低的商品进行推广

卖家在选择淘宝客推广的商品时，要做好薄利多销的准备。众所周知，卖家购买商品肯定要货比三家，价比三家。卖家在选择主推商品的时候，应该选择一些单价较低的商品，因为有些低价位商品也具有较高的利润率，可以为佣金比例的设定留有更大的空间。商品价格设置在人们能普遍接受的范围内，可以获得更高的关注度。

#### 4. 佣金比例有竞争力

对淘宝客来说，高佣金才是硬道理。相同的推广成本，佣金越高，收益自然越好。淘宝客在挑选商品时往往会较多关注佣金比例，因此建议主推商品应当在低价的同时保持较高的佣金比例。佣金越高，推广人数越多，获取的流量和成交转化率就越高。

#### 5. 经常更新主推商品

针对一些季节性较强的商品，淘宝客主推商品的更新速度要跟得上店铺更新的速度，才能更加吸引新淘宝客并留住老淘宝客。

#### 6. 给淘宝客额外奖励刺激

对于推广做得好的淘宝客，卖家还可以指定一些额外的奖励机制，让他们长期保持高昂的斗志，更加努力地为自己工作。例如，本月推广的前三名可以适当地给予现金奖励，在佣金之外还有奖励，对于一些新的淘宝客也是非常有吸引力的。

### （三）直通车推广

使用直通车进行推广，要做的工作主要有选择要推广的商品、设置商品推广的关键词、设置关键词竞价，以及确定精准推广人群的相关设置，和淘宝客推广相比其使用方法要复杂一些。

#### 1. 进入直通车推广页

卖家进入淘宝后台登录淘宝，进入"卖家中心"，之后在左侧导航菜单中选择"营销中心"→"我要推广"，进入"我要推广"页面，单击"直通车"图标，如图4-47所示。之后进入直通车推广页面，如图4-48所示。

图 4-47 直通车推广入口图标

图 4-48 直通车推广页面

## 2. 进行直通车账户充值

在进行直通车推广之前需要进行直通车账户充值，单击如图 4-48 所示图片上面的菜单项"账户"，进入如图 4-49 所示的直通车充值页面，第一次开通直通车账户需要预存 500 元及以上的费用；如果不是第一次，可以自己选择充值金额，也可以输入自定义的充值金额，但最少充值金额是 200 元，并且充值金额需是 100 元的整数倍，这里我们使用自定义金额，充值 200 元。之后，单击左下方的"立即充值"按钮，通过支付宝支付即可。完成账户充值后，在进行直通车推广过程中，一旦卖家推广的商品的广告位有访客单击，淘宝联盟后台就会自动从直通车推广的账户中按照事先约定的佣金及算法自动扣除相应费用，只要账户余额大于零（且当日扣款没有达到日限额），淘宝联盟后台就会在直通车展位产生单击时扣款，直到达到日限额或账户余额小于零为止。

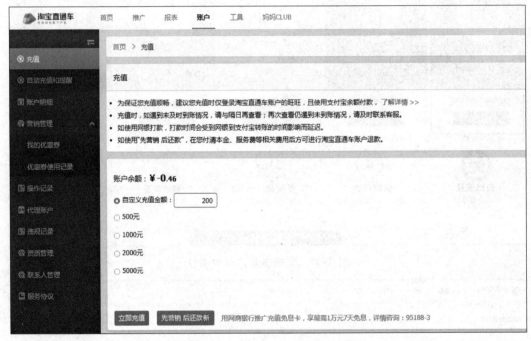

图 4-49    直通车推广账户充值

## 3. 进行推广计划设置

完成账户充值后，就可以进行直通车推广计划的设置。单击如图 4-49 所示图片上面的菜单项"推广"，进入直通车推广计划设置页面，如图 4-50 所示。"推广计划"是淘宝直通车根据卖家的推广需求专门研发的功能，卖家可以把采用相同推广策略的一组商品加入同一个推广计划下进行统一管理。卖家可以根据具体情况设置多个推广计划，同一商品可以分配到不同的推广计划中进行，采用不同的推广策略同时推广。

## 4. 进行推广计划的内容设置

在如图 4-50 所示页面中单击左下方的"新建推广计划"按钮，进入推广计划的内容设置页面,如图 4-51 所示。首先选择推广方式,一般初次使用直通车推广工具建议选择"标准推广",因为标准推广过程都是手动完成的,而"智能推广"大部分推广步骤会被省略,所以不利于初学者更好地掌握直通车推广的使用方法。这里我们选择"标准推广",之后出现"投放设置"的内容,进行计划名称、日限额、投放方式等的设置:卖家一般要根据推广计划的关键词或时间节点确定计划名称;日限额一般根据营销推广的预算进行设置;投放方式也是新手推广使用者多采用"标准投放";"高级设置"涉及的内容较多,我们会在后面进行具体讲解,这里不做说明,具体的设置内容如图 4-52所示,这样就基本完成了推广计划的基本设置。

5. 添加推广商品设置

完成推广计划的基本设置后,单击图 4-52 下面的"添加宝贝"按钮,进入推广产品的选择和设置页面,如图 4-53 所示。在该页面就可以单击商品左侧的"复选按钮"选中商品进行推广,选中的商品会出现在右侧。当网店商品较多时,在左侧也可以根据商品的类别或标题关键词搜索要推广的商品选择推广。这里我们只选了一个商品进行推广,

图 4-50 直通车推广计划设置

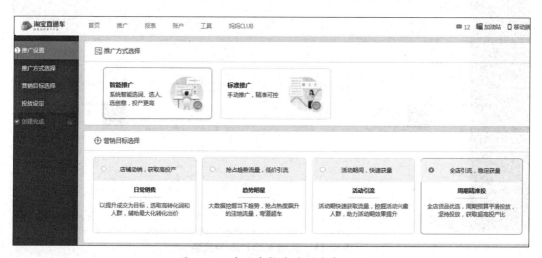

图 4-51 直通车推广计划内容设置

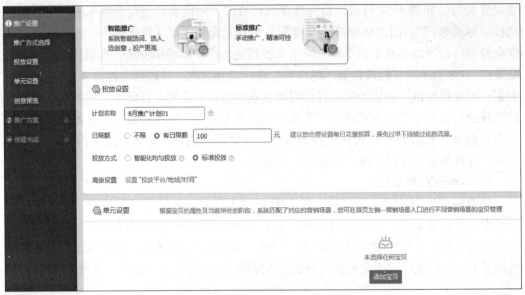

图 4-52　直通车推广计划投放设置

选好后单击如图 4-53 左下方的"确定"按钮，进入推广商品的创意预览与关键词等的设置入口页面，如图 4-54 所示。在该页面中，显示刚才所选的直通车推广商品的创意图（默认为原商品的主图图片），该创意还可以在新建完成后在创意板块进行更换设置。单击"进一步添加关键词和人群"按钮，进入商品直通车推广关键词设置页面，如图 4-55 所示。

6. 商品推广关键词设置

如图 4-55 所示，默认情况下系统选定推荐了 20 个关键词和 3 个人群，卖家可以重新进行设置（勾选关键词前的复选按钮），也可以选择更多系统推荐关键词或自定义关键词及人群，这时卖家在该页面可以单击"更多关键词"按钮，进入关键词调整和设置页面，如图 4-56 所示，此处卖家可以重新进行系统推荐词的选择，卖家可以根据系统

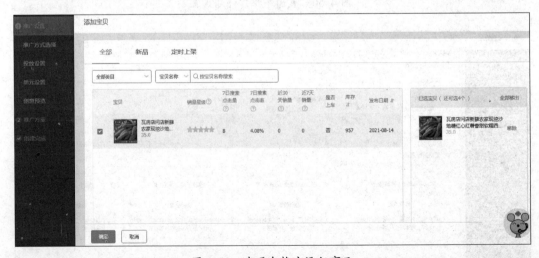

图 4-53　直通车推广添加商品

图 4-54　直通车推广创意预览与关键词设置入口

图 4-55　直通车推广关键词设置

给出的关键词参考数据，包括关键词的相关性、搜索指数及市场平均出价等，决定是否使用推荐的关键词，以及设置多少出价，这里我们选择了一个系统推荐的关键词"西瓜红红薯"，这时这个关键词就会出现在右侧的"已添加关键词"的栏目里，卖家可以在这里根据具体情况调整关键词的出价和匹配模式（包括广泛匹配和精确匹配），也可以在这里随时移除关键词。如果卖家想添加自定义的关键词，可以单击图 4-56 中右侧的"点击此处可以手动输入添加关键词"链接，添加自定义关键词，此处我们自定义添加了"瓦房店闫店地瓜"关键词，同时设置出价（移动出价 0.66 元，计算机出价 0.1 元），并勾选关键词前面的复选按钮。完成关键词的调整后，可单击左下方的"确定"按钮，即可完成关键词的设置。

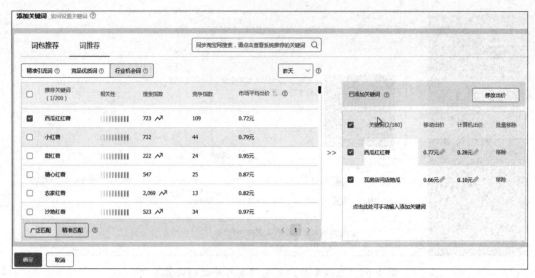

图 4-56　直通车推广关键词设置调整页面

**7. 精准人群设置**

在如图 4-57 所示页面中，单击"更多精选人群"按钮，进入直通车推广精选人群设置页面，如图 4-58 所示。此处包括"行业人群榜单"和"自定义添加"，系统默认进入"行业人群榜单"，在此处淘宝直通车后台，依据大数据统计系统，推荐了 20 个可参考的重点推广的精选人群，包括"喜欢相似宝贝的访客""喜欢店铺新品的访客""购买过店内商品的访客"等，卖家可以根据自己店铺的具体情况来选择，同时视情况确定后面的推广溢价比例（卖家认为越重要的精选访客，溢价比例就要设置得越多）。另外，卖家也可以选择"自定义添加"设置推广人群，单击"自定义添加"按钮进入自定义添加人群设置页面，如图 4-59 所示。在此处卖家可以根据自己网店客户群，从人群的"人口属性""身份属性""天气属性"等多维度设置定位推广的人群，实现更精准的推广，设置好后，单击左下方的"确认添加"按钮完成设置。

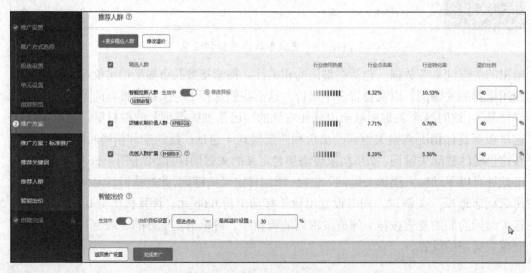

图 4-57　直通车推广推荐人群页

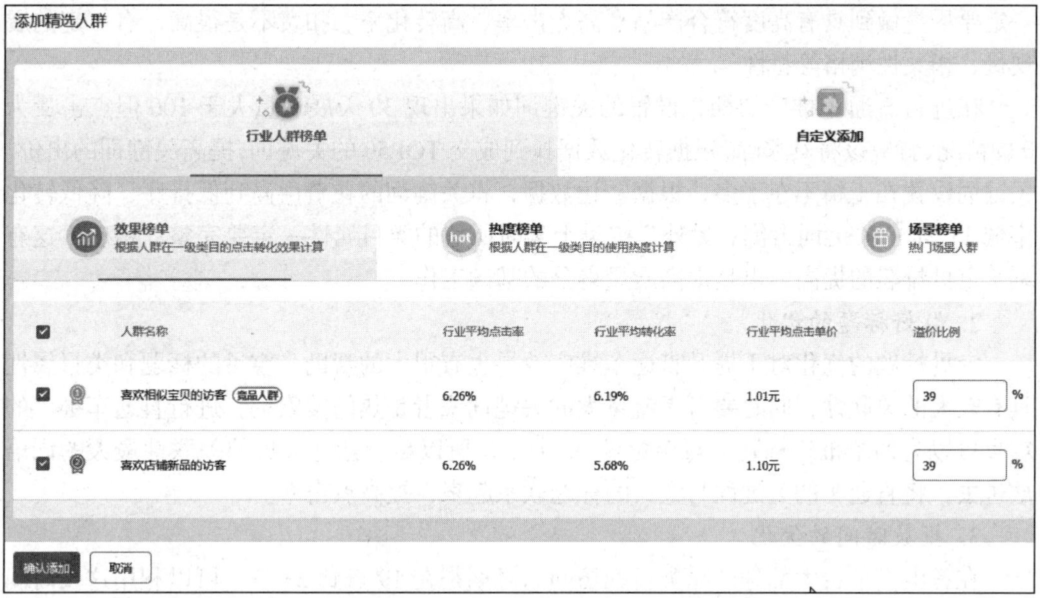

图 4-58　直通车推广精选人群设置

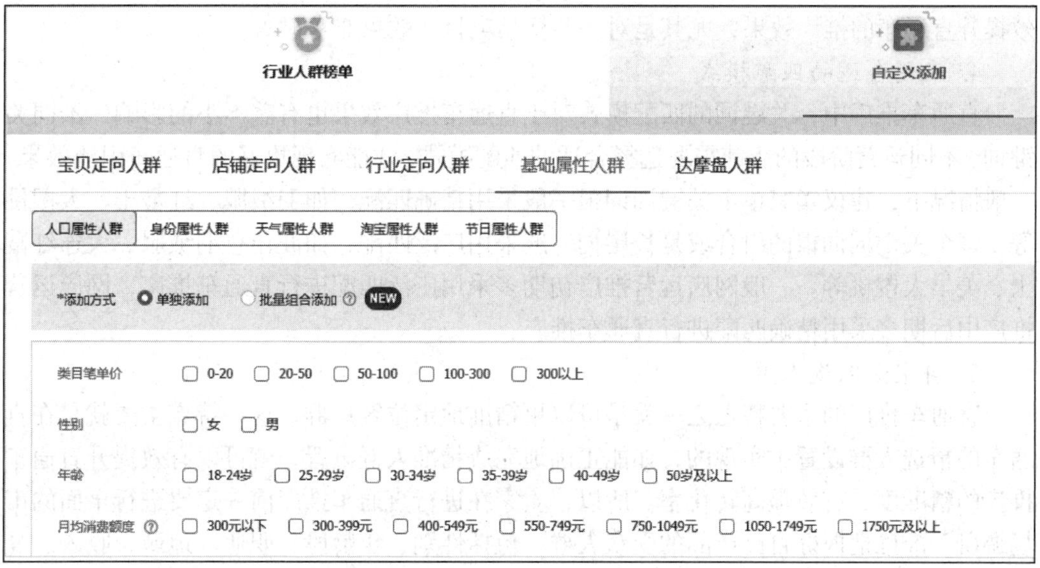

图 4-59　直通车自定义推广人群设置页

## （四）直通车推广的应用技巧

直通车推广的操作设置也不是很复杂，但如何让自己的推广设置既能获得更多的精准流量，又能尽量节约推广成本，也是很有"学问"的，下面介绍几个直通车推广的应用技巧，供读者学习时实践参考。

**1. 控制好推关键词的质量分**

关键词的质量得分对开直通车的淘宝卖家来说很重要，因为质量分越高就意味着直通车的花费就会越少，提高质量分就是做直通车推广的首要的工作，所以设置的关键词一定要尽量做到具有高度符合产品、高点击率、高转化率、扣费不是很高、有一定的展现量、相关性满格等特性。

在进行直通车推广初期，设置的关键词如果出现 30 天展现量大于 100 但点击量为 0 的情况，就应该将其移除，根据转化数据找到成交 TOP50 的关键词，提高关键词的出价。关键词设置在于精不在于多，根据转化数据，将关键词的花费由高到低排序，降低转化率低于 2% 的关键词出价。另外，宝贝上架时所选的类目属性一定要完整、精确，这有利于宝贝排名的提高，也是提高质量得分的基础工作。

2. 做好标题的优化

宝贝标题的优化对于提升直通车推广效果也有很大的帮助。宝贝的标题和类目属性具有较大的关联性，同时要考虑流量大的关键词或者是热门搜索词，进行直通车推广的宝贝可以有两个推广标题，每个标题 20 个字，所以尽量把与宝贝的关联性最大的词语放进去，将直通车的关键词与宝贝的标题联系起来，提高点击率。

3. 投放时间的优化

在各电商平台大部分产品类目的访问高峰期是在 19 点到 23 点，可以利用这段时间提高直通车的点击量。所以可以在 0 点到 8 点这个时间段设置按照比例来进行投放，这样就不会影响关键词质量分点击量。对于直通车来说点击量的上升无疑是加分项，可有效提升直通车的推广效果，尤其是对一些标品类目，效果非常显著。

4. 采用合适的匹配模式

直通车推广中，关键词的匹配模式对于直通车推广效果也有着不小的影响，不同关键词、不同运营阶段的店铺需要选择合适的匹配模式，才能实现更好的直通车引流效果。一般情况下，建议卖家单个关键词词根一般采用精确匹配，如羽绒服、红富士、大樱桃等；多个关键词词根的组合或是长尾词一般采用广泛匹配，如波司登羽绒服、大连红富士、美早大樱桃等。一般网店运营推广初期多采用广泛匹配进行直通车推广，网店运营推广中后期多采用精确匹配进行直通车推广。

5. 自定义精选人群

直通车推广的主要特点之一就是可以更精准地定位客户群，这一特点主要就是在直通车的精选人群设置中实现的，如能正确地完成精准人群设置，就可以有效提升直通车推广的精准度，有效提高转化率。所以，卖家在进行直通车推广前一定要进行全面的市场调研，准确把握好自己产品的受众人群，包括性别、年龄段、职业、地域、收入、爱好、购物习惯等，这样就可以在直通车"自定义人群"处按照事先确定的人群，精确地定义推广人群。

## 五、 任务小结

本任务主要讲述了电商平台内的流量获取的主要补充方式——付费推广，包括淘宝客和直通车，重点讲解了两类推广方式的实现原理、操作方法及应用技巧，对于新手卖家拓展流量获取的方法具有很好的参考价值。

# 任务三 第三方平台的推广与引流

## 一、任务导入

前面两个任务已完成网店自然搜索流量和付费推广流量的获取，可以说基本上完成了网店的推广与引流，但有的网店会加大产品的推广力度，为获取更多的流量，会利用其所在电商平台以外的其他推广平台进行推广与引流，即利用第三方平台获取更多优质流量，实现对前面两种流量的有力补充，以提高产品推广的效果。

## 二、相关知识

第三方平台推广一般是指除了电商平台本身之外的其他推广平台，而利用第三方平台推广基本都是要付费的，所以第三方平台推广一般也属于付费推广。常见的第三方付费推广平台有折800、一淘网、返利网等。第三方平台推广收费方式比较灵活，一般是按照不同的广告位的推广时间来付费，比如说折800首页焦点广告位单个商品推广一周需要1 000元推广费用，而且不承诺推广效果。所以利用第三方平台推广，卖家需要更谨慎地考察平台是否适合你要推广的产品，也要充分评估推广的投入产出比。此外，还有一些免费的推广平台可用，如各大论坛、博客、微信、微博等。

1. 折800平台

折800作为第三方活动推广平台，其最大的特点是巨大的流量和超低的折扣，因此一直深受买家和卖家的喜欢。对买家来说，折扣越大，买到的商品就越便宜；对卖家来说，买家越集中的地方蕴藏的商机和流量就越大，自然推广转化率也就越高。折800是与淘宝合作的较知名的第三方活动平台，主要以特卖为主，卖家可以通过该平台向买家

站外推广引流

推荐淘宝上的一些优惠商品，实现营销与推广引流的目的。折800的网址为http://www.zhe800.com，卖家可以直接进入网站和客服沟通推广事宜。只要是性价比高的商品，在折800上推广，一般情况下销量都会有所提高，是值得信赖的第三方推广平台。

2. 一淘网平台

一淘网是阿里巴巴集团旗下促销类导购平台，成立于2010年。一淘网基于淘宝网、天猫、飞猪等阿里巴巴平台，通过超级返利、超值优惠券、大额红包等丰富的促销利益点，为买家提供高性价比的品牌商品，是买家必不可少的网购省钱利器，也是卖家很好地进行促销推广的平台。一淘网首页如图4-60所示。

3. 返利网平台

购物返利就是买家通过返利网站到其他电商平台购买商品，从而获得购物返利。卖家通过返利网站提供的链接，到淘宝网、天猫商城、京东商城等平台上购物，一般都会有几个到几十个百分点的返现。例如，在返利网上，通过该网站的链接到淘宝上购买了

某商品，最多能有 48% 的额度返还，即买了 100 元商品，返利网将返还最多 48 元。返利网首页如图 4-61 所示。

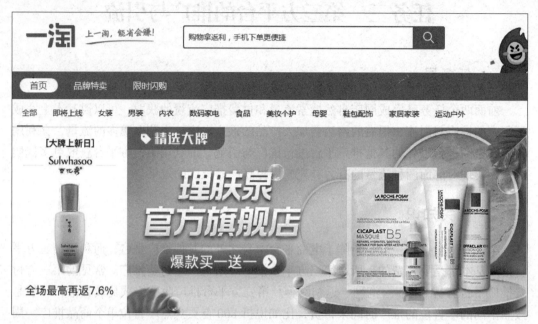

图 4-60　一淘网首页

图 4-61　返利网首页

**4. 其他可用的免费推广平台或媒介**

除自身电商平台和以上付费的第三方推广平台以外，还有一些可以提供或发布交易信息的平台或媒介，如各大论坛、博客、微博、微信、QQ 空间、社群等。卖家可以通过这些平台或媒介发布自己产品的销售信息或是进行活动推广。如卖家可以在各大论坛注册会员，之后发布自己的产品或品牌信息的相关软文，积累积分、聚集人气，进而实现推广引流的目的，常用的推广论坛有知乎、百度贴吧、购物吧等。各地都有本地论坛，卖家可以直接在这些论坛发帖推广自己的商品，以提升同城交易量；卖家还可以利用自己的微博、微信、QQ 空间等自媒体媒介，实时地发布品牌或产品推广信息，获取更多的移动端流量，这种推广方式也越来越多地被一些网店店主采用，并取得了很好的推广效果；卖家还可以利用一些社群进行推广，如 QQ 群、微信群或是其他网络社交软件形成的社群，由于自媒体时代与社群电商的兴起，通过社群推广引流的方式也越来越多地为一些网店店主所青睐。

## 三、 任务分析

基于前面介绍的几种第三方平台推广与引流方法，卖家可以根据自己网店的具体情况选择使用。对网店运营的新手来说，更希望使用推广的第三方平台在推广商品时操作简单，收费合理，这样新手卖家可以很容易入手，我们前面介绍的折 800 平台基本符合这个特点。下面我们就以折 800 平台的使用为例，演示如何使用第三方平台进行推广与引流。

## 四、 任务实施

### （一）进入折 800 首页

输入网址 http://www.zhe800.com，进入折 800 平台首页，如图 4-62 所示。目前折800 平台主要以移动端为主推方向，已经不再开设计算机端商品推广销售页面，而是在首页设置移动端 App 的下载图片，买家可以扫描二维码下载 App，访问购买折 800 平台上的推广商品。

图 4-62 折 800 平台首页

## （二）进入卖家推广后台

在图 4-62 中单击"卖家中心 >"进入卖家推广后台，如图 4-63 所示。进入后台后，卖家需要首先进行手机号注册，并设置登录密码，之后就可以登录进入后台，如图 4-64 所示，我们可以看到有两种推广模式可选择，分别是入驻特卖商城和淘宝天猫合作。特卖商城秉承"好货、好价、好服务"的理念，致力于和广大商家一起为用户提供超值商品，打造成为值得消费者天天来逛的折扣特卖平台，所以特卖商城一般是品牌商家最好的推广合作模式，而对于一些小卖家，一般可采用淘宝天猫合作推广模式。下面以淘宝天猫合作推广模式为例来简要介绍主要推广操作步骤。

图 4-63　折 800 推广后台页面

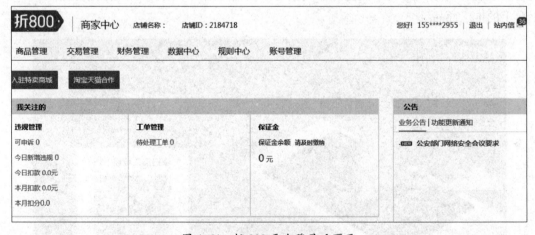

图 4-64　折 800 平台登录后页面

## （三）绑定淘宝或天猫店铺

单击图 4-64 页面中的"淘宝天猫合作"按钮，进入店铺绑定与验证页面，如图 4-65 所示。店铺绑定需要先进行网店的认证店铺，认证店铺时需要在店铺任意一件商品标题后面添加验证码，确认发布后将该商品的链接填写到图 4-65 下面的商品链接输入框内进行认证，完成认证后再删除商品标题后的验证码。完成后单击"下一步"按钮，进入认证联系人信息填写页面，如图 4-66 所示。按照信息的填写要求填写联系人的信息，之后单击"下一步"按钮，进入身份认证页面，如图 4-67 所示。在该页面，卖家需要进行个人实名信息认证或企业认证，如果店铺是个人店铺就需要进行开店个人的实名认证，如果是企业店铺需要进行企业认证，我们这里选择"个人认证"，个人认证需要提交开店者个人身份证信息和身份证头像正面扫描图片、身份证国徽背面扫面图片、手持身份证证正面图片及手持身份证上半身图片，填写完相关信息、提交所需要的图片后，单击下面的"提交"按钮。之后进入认证审核页面，如图 4-68 所示，平台审核需要等待 2 ～ 3 个工作日。

（四）提交商品推广

身份认证通过后即可完成店铺绑定，之后进入后台就可以进行商品提交并推广。具体的推广费用要根据推广广告位和推广时间来定，也需要和客服进行充分沟通，这里不再赘述。推广发布后，卖家还需要实时关注推广效果，根据推广效果适当调整推广设置。

图 4-65 折 800 网店绑定页面

图 4-66　折 800 店铺认证联系人信息填写

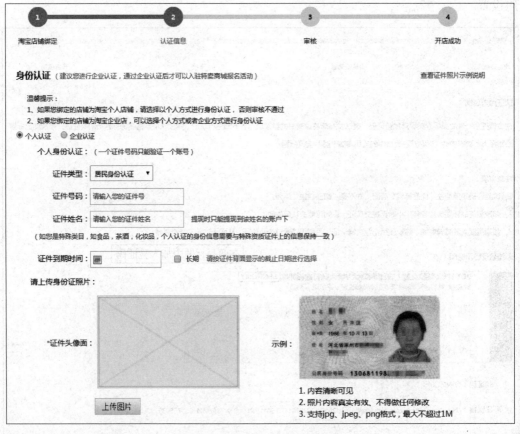

图 4-67　折 800 身份认证页面

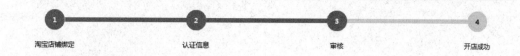

1
2
3
4
淘宝店铺绑定
认证信息
审核
开店成功
您的信息已提交成功，专员会在2~3个工作日进行审核。请及时查看审核进度。

图 4-68　折 800 认证审核页面

## 五、任务小结

本任务主要讲述了通过电商平台之外的第三方平台进行推广获取流量的方法，包括第三方付费平台、论坛、微信微博、社群等，重点讲解了通过第三方付费平台推广的原理、操作与方法，对于拓展卖家获取流量的工作思路很有意义。

## 习　题

**一、简答题**

1. 简述网店主要流量的来源途径。
2. 简述网店主要免费流量的获取方式。
3. 简述网店主要付费推广流量的获取方式。
4. 简述使用第三方平台进行流量获取时可用的平台类型。

**二、实操题**

1. 尝试淘宝开店并发布产品。
2. 尝试自然搜索流量的优化。
3. 尝试付费推广，获取更多的流量。
4. 尝试使用第三方平台进行网店产品的推广与引流，实现流量获取途径的有效拓展。

# 网店产品营销

## 知识目标

☑ 掌握网店产品营销的基础知识。

☑ 掌握常见的网店产品营销的方法。

☑ 掌握网店产品营销的技术技巧。

## 技能目标

☑ 掌握网店活动营销的操作技术与要领。

☑ 掌握网店产品关联、会员、社群营销的操作技术。

☑ 掌握网店内容营销的操作技术与方法。

☑ 掌握网店爆款打造的操作技术与方法。

## 课程思政

☑ 培养数字经济时代互联网+思维与创新发展精神。

# 任务一　店铺的活动营销

## 一、　任务导入

在本任务中我们需要进一步开展营销工作，策划促销、打折等活动，让买家切实感受到产品的优势，最后决定是否购买。

## 二、　相关知识

很多人觉得活动流量是集中爆发的，不具持续性，活动进行时会有暂时的高流量，一旦活动结束，流量也就不复存在。但这只是看到了活动营销的引流的表面现象，却没有分析出它后期的附加价值：产品曝光及爆款打造。活动营销的产品曝光量会在短时间内快速提升，会形成一定的品牌效应，而这样的品牌效应和爆款搜索又能大幅促进搜索流量的引入。利用好活动营销流量，或将开启一个良性循环的流量池。

（一）活动营销概述

1. 活动营销的概念

活动营销是指企业通过介入重大的社会活动或整合有效的资源策划大型活动而迅速提高企业及其品牌知名度、美誉度和影响力，促进产品销售的一种营销方式。

简单地说，活动营销是围绕活动而展开的营销，以活动为载体，使企业获得品牌的提升或是销量的增长。在电子商务运营中，活动营销其实就是围绕产品的促销活动而展开的营销，以平台或店铺的促销活动为载体，使网店的产品曝光量、品牌效应，甚至销量得到提升或增长。

2. 活动营销的意义与作用

（1）增加产品的曝光量，提升产品品牌的影响力。好的活动营销不仅能够吸引消费者的注意力，增加产品的曝光量，获取更多的流量，提升产品销量，还能够传递品牌的核心价值，进而提升品牌的影响力。那么，如何既提升商品的销量，又让产品品牌的核心价值为消费者所认同呢？关键就是要将产品品牌的核心价值融入活动营销的主题中，让消费者在接触活动营销时自然而然地受到品牌核心价值的感染，并引起消费者的情感共鸣，进而提升品牌的影响力。

（2）提升消费者的忠诚度，提升产品复购率。活动营销吸引消费者的参与和大众的关注，使产品和品牌形象深度影响消费者，能够提升消费者对产品和品牌的美誉度，进而提升消费者的忠诚度，增强消费者的黏性，实现复购率的提升。

（3）吸引媒体的关注度，扩大产品与品牌影响。活动营销是近年来国内外十分流行的一种公关传播与市场推广手段，集新闻效应、广告效应、公共关系、形象传播、客户关系于一体，并为新产品推介、品牌展示创造机会，建立品牌识别和品牌定位，形成一种快速提升品牌知名度与美誉度的营销手段。20 世纪 90 年代后期，互联网的飞速发展给活动营销带来了巨大契机。通过网络，一个事件或者一个话题可以更轻松地进行传播和引起关注，成功的活动营销案例开始大量出现，大幅提升了产品与品牌的推广效率。

3. 活动营销的实施步骤

（1）活动准备。进行活动前要获取活动资源，如可以自己策划一个店铺的促销活动，也可报名平台举办的营销活动，选好参加活动的产品，准备好活动素材，进行活动提报等。

（2）活动实施与监控。按时开始活动营销，之后要实时地监测活动营销的效果，随时查阅活动营销产品的曝光量、点击率、转化率等数据指标，根据监控数据的表现及时调整策略。

（3）活动后跟踪与总结。活动营销结束后，要汇总统计活动营销带来的各种数据指标，如浏览量、订单量、销售额等，是否达到了预定目标，总结分析本次活动营销的成功做法或不足与教训，为以后的活动营销积累经验。

## （二）电商平台常见活动营销

### 1. 淘宝天猫主要的活动营销

淘宝天猫网店的活动营销可分为四类。第一类是平台的日常付费活动，如天天特价、淘金币、淘抢购、聚划算等。第二类是官方大促活动，比如，S 级活动有 38 女王节，618 购物节、双 11 网购狂欢节、年货节等；A 级活动有 3 月家装节、9 月家装节，新风尚和开学季是 A+ 活动；B 级活动有 88 狂欢节、睡眠节、金秋出游季；C 级活动一般是单个小二发起的个性化主题活动。第三类是节日主题活动，比如天猫端午节、中秋节、天猫父亲节、母亲节、七夕情人节、添加家装五一节等。第四类是店铺日常活动，比如店铺周年庆、店铺感恩节等。

### 2. 京东商城主要的活动营销

京东商城活动营销按照活动类型可以分为三种。第一种是频道常规活动，京东频道活动的资源比较固定，主要包括首页各楼层、二 / 三级类目频道、品牌街频、品牌街频道、预售频道、今日抄底频道、京选频道、京东团购、京东闪购、值得买频道、移动端频道等。第二种是类目日常活动，主要分为日常活动和大型品牌活动，如开学季促销活动、9 月的家装节等。这些活动是各类目进行策划组织的，各类目商家可以根据具体情况提报商品。第三种是全站的大促活动，这是京东全站各类目店铺共同参与的大型活动，在每年不同时期京东都会为全民准备大型促销活动，典型的活动如 6·18 店庆活动、双 11 活动、双 12 活动、年货节等。

## 三、 任务分析

大的电商平台每天都会有各种大大小小的活动来增强用户的购物愉悦感。不同类型的活动面对的是不同的消费者群体，了解这类消费者群体的消费习惯及消费点，找到店铺内符合这些消费点的商品及促销点，可以使我们的流量获取事半功倍。

另外，每种活动营销在不同的时间会针对不同的用户设置不同的活动主题。而这所有的活动资源中，除了个别活动的特殊资源位有需求收费竞拍外，大部分的活动资源都是免费的。商家可以针对活动要求和店铺情况申请提报。

不管是大型的店庆活动，还是小型的类目日常活动，或者资源固定的频道类活动，都需要商家积极配合，用心参与。活动带来的每一份流量都承接着用户对平台、对商家、对品牌的期望，那么怎么才能很好地利用活动流量，将流量价值发挥到最大呢？需要读者按照活动营销规律与规则，严格按照活动营销的实施步骤进行有效实践。

## 四、 任务实施

活动营销资源总归是有限的，这就意味着活动营销带来的流量必然也是有限的，商家需要在活动营销的每个环节做好充分准备，争取在有限活动资源中获取最大化的流量。下面以商家报名参加一般电商平台大促类活动为例，梳理活动营销的实施过程及怎样做好活动营销。

### （一）活动营销的实施规划

前文已经总体介绍了淘宝和京东两大电商平台的活动营销资源，对于每个商家还应该针对自己所属类目的情况，对所有活动营销资源进行统一的整理规划，对活动营销的目标用户、选品策略、收品周期、素材类型等信息都了如指掌，并针对这些活动营销资源和运营策略规划店铺的活动力度和周期，这样才能有效实施活动营销。

### （二）活动营销实施前的准备

#### 1. 分析活动力度，制定活动营销目标

很多商家在获取活动资源后都盲目地投入具体活动营销的实施工作中，这是不可取的。制定恰当的活动目标能引导我们去更深入地分析活动信息，进而使后面的每一步工作都比较清晰，有的放矢。在制定活动目标时，可以借鉴历史同类型、同力度的活动经验，要制定可实现、有压力和挑战的目标，同时将目标进行更为细化的数据分析，活动营销目标分解图表如图 5-1 所示。

| 活动时间 | 预计PV | 预计UV | 转化率 | 销售额目标（元） | 订单数 | 客单价（元） |
|---|---|---|---|---|---|---|
| x月x日 | | | | | | |
| 09:00-10:00 | | | | | | |
| 10:00-11:00 | | | | | | |
| 11:00-12:00 | | | | | | |

图 5-1 活动营销目标分解图表

#### 2. 货品选择，素材提报

在进行货品选择和素材提报之前，商家一定要分析自己店铺的商品特性，每个店铺都有自己的商品结构，每个商品都有一定的特性，不同特性的商品在活动中起到不同的效果。商家一般进行商品功能分类时比较常规的方法是将商品分为四个特性类别：低价引流款、高价品牌款、高利润款、清仓甩卖款。活动营销可以按图 5-2 所示的货品选择分析图进行分析选品。

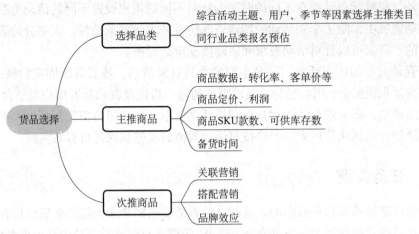

图 5-2 活动营销货品选择分析图

商品选择好后，就可以准备活动所需要的素材了。一定要按照活动要求去准备，图片的尺寸、格式、文字类型、推荐力度等信息都直接影响是否能最终获得此活动的资源。如果能提报营销活动链接，那就会有更多的流量转化，需要好好地准备活动页面，具体的活动营销策划分析如图 5-3 所示。

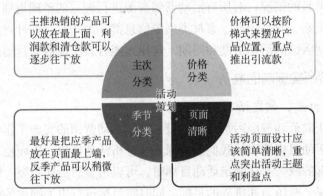

图 5-3 活动营销策划分析图解

3. 积极备货，做好关联营销

一旦确定了活动营销资源，在积极备货的同时，为了能最大化获取活动营销流量，更需要做好活动的关联营销，这里有两个要点。

（1）在活动商品详情页介绍的描述中增加关联商品与活动推荐，如图 5-4 所示。在毛利润允许的情况下，可以利用商品详情页"商品促销"的推荐区，创建添加一个与此商品相关的促销活动，也可推荐其他关联商品，这样引流及转化效果都会非常明显。

（2）在进行店铺页面装修时，头部可以重点推荐活动营销产品，与店铺整体活动相关联，如图 5-5 所示。

图 5-4 详情页内关联商品与活动推荐

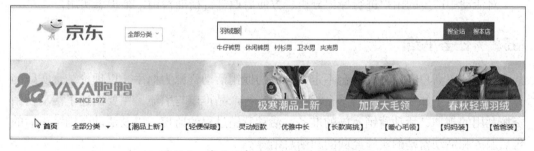

图 5-5 店铺头部店招推荐关联营销产品

　　总之，跟活动营销相关的页面的所有资源都要好好把握，因为每个地方都可能提高商家的流量转化率。关于关联营销销售的具体分析，可参阅本项目的任务二。

（三）活动营销进行中的监控

　　在活动进行中，要实时监控活动数据情况，商家可以通过电商平台的大数据统计工具（如淘宝的"生意参谋"和京东的"京东商智"）中的实时流量统计模块查看实时活动流量的数据表现，同时，通过实时访客模块查看活动来源的实时访客数据，并通过实时榜单模块查看主推商品的实时浏览量、实时销量及商品页转化率等数据。根据监控数据的表现，及时调整策略。

活动中需要重点监控的内容总结如下。

（1）流量变化，及时调整推广策略。

（2）转化率变化，追踪商品详情页，客户咨询应答。

（3）库存变化，更新库存，避免无货、超卖。

（4）客单价变化，调整商品、促销方式的组合。

例如，一旦发现主图商品库存不足，需要及时备货，对于断货且需要补货的商品，如售罄预售，需要在店铺明显位置说明发货时间，避免产生不必要的投诉拉低 DSR。如果活动时间较长，还需要对关联销售商品进行分析，一旦发现效果不明显，要及时更换调整。

### （四）活动营销后的跟进总结

这里说的活动营销后指的是线上的活动结束了，但这场活动资源的利用仍未结束。商家还需要做好如下几项跟进总结。

（1）做好发货、退换货等服务，保证活动营销后的售后服务要及时跟进，以保证活动后的店铺服务评分和时效评分。

（2）对比活动预估效果，统一汇总活动带来的订单量及销售金额是否达到预期目标，着重分析每个时间段的差异，为下次同类型活动营销积累经验，可参照图 5-1 进行总结分析。

（3）分析活动边际效应，挖掘活动商品特性：分析主推商品的引流潜力及次推商品的关联销售情况，验证、调整商品选款。

### （五）活动营销用户精准营销

对活动中产生的用户进行标记分析，方便后期进行精准营销，维护忠实用户。

## 五、 任务小结

本任务以商户利用电商平台不定期开展的促销活动资源为抓手，以理论结合实践的方式主要讲解了如何利用电商平台活动资源进行产品推广与引流，主要阐述了活动营销资源利用的规划、活动营销实施的准备、活动营销过程的监控，以及活动营销结束后的售后服务和活动营销的实施经验的归纳总结等。

# 任务二　关联营销

## 一、 任务导入

在实施活动营销时，商家一般会在活动推广的商品详情中加入相关联的商品，进行关联营销，关联营销可以把活动获取的流量效果放到最大，有效提升客单价。本任务将系统地讲解关联营销的相关理论及商家进行关联营销的具体实施过程。

## 二、 相关知识

关联营销实施的形式很多，如果商家能有效利用，可以有效提升店铺的商品转化率和客单价，对于店铺后期的营销推广与稳定运营意义重大。

（一）关联营销概述

1. 关联营销的概念

关联营销也叫作关联销售，是指在双方互利的前提下，在事务、商品、所要营销的东西上有需求相关性，通过某种形式的提示和推荐，如在一个商品的详情页添加其他上商品的图片及链接，来实现深层次的多面引导，从而使用户在一次购买活动中同时购买两种或两种以上的商品。

2. 关联营销的目的

关联营销的目的是把引流效果放到最大，提升客单价。就好像用户想买蚊帐，你向他推荐挂钩；用户想买乒乓球拍，你为他搭配乒乓球。做爆款营销的商家往往有一个误区，就是打造爆款，只要爆款的销量增加了，活动就算是成功了，其实不然，真正成功的爆款活动，很重要的一点是通过爆款引流将店铺中的其他商品销量带动起来，形成一超带多强的阵势。

同时，由于关联营销为用户提供了更多的商品选择，引导用户进店逛逛，在提升客单价的同时，还可以提升店铺的访问深度，对店铺的转化率也会有积极的作用。对于用户来说，提供正确的关联商品也会提升店铺的用户体验，让用户觉得这个店铺的好多东西都符合自己的喜好，进而培养一批忠实用户。

（二）关联营销的实施理论

1. 关联营销的区分

（1）关联营销的类目区分。不同类目的商品，关联的效果也是不同的，如母婴用品、食品、小配件、家居用品等，用户在买此类商品的同时，会对同种类的其他商品有需求，因为用户在购买家居类商品时会同时购买很多相关商品。比如，一个购买挂钩的用户很可能还需要购买置物架、晾衣杆等，这类商品搭配上满减或免邮活动，可以引导用户在同一家店铺进行消费来提高客单价。

对于男女装、童装、饰品、化妆品等类目，用户购物意图很明确，而用户进入此商品页面一般是喜欢此商品的风格款式或品牌，在这种情况下就比较适合推荐一些和主推商品相似款式的商品。对于一些服装或化妆品等类目，也可以推荐一些和主推商品风格或品牌相似，但类目不同的商品。比如，卖T恤可以推荐同风格的短裤，卖乳液可以推荐同品牌的洗面奶等，这类商品适合做套装优惠出售。

而对于家电、数码产品、家具等单价高且耐用的商品，用户在购买此类商品时往往非常慎重，此时可以推荐一些搭配商品或同功能商品，为想购买此商品的用户提供方便或者是更多选择。比如，卖单反相机推荐一些同等档次的镜头及三脚架，或者卖手机推荐同价位的其他手机，相似功能商品推荐时要注意价格和主推商品可以是阶梯式的，辅助类的商品推荐可以适当做套装优惠。

（2）关联营销的方法区分。关联营销的方法要根据关联营销的目的来确立，关联营销的目的有很多种，在做关联营销之前，要明确销售目的。如果主要的目的是清仓处理、打造爆款、促销活动，那么这一类的关联营销要把优惠信息放置到最醒目的位置；如果主要的目的是减少主推商品跳失率，则建议关联一些跳失率低的商品或爆款；如果主要的目的是增加主商品转化率，则可以关联一些转化率高的商品或爆款；如果主要的目的是增加商品的流量，则可以将此商品关联到流量高的爆款商品下。

2. 关联营销实施的位置设置

（1）免邮。邮费对于购物车的转化率有着一定的影响，设定合理的免邮标准可以刺激用户消费，起到提高客单价的目的，用户往往为了凑够免邮的费用而在店铺中买一些非必需品，这时候就需要你来提供一些价格实惠的凑单商品了。

（2）满减、满赠、多买优惠、满就送。这几种促销都是用户购买达到一定标准后可以得到优惠的方式，效果和免邮是一样的，都是为了刺激用户消费。在设定这个价格标准的过程中，商家可以通过数据分析工具看店铺以往的客单价，再结合行业的平均水平，以及邮费成本制定一个合理的满减价格。

（3）套装。商家后台的营销中心可以设置套装。套装是最能体现关联营销的方法，套装的选择不宜过多，仅三四个有竞争力的套装就可以达到效果，可以引导用户在单品的基础上购买套装。

（4）商品详情页的关联营销。目前在各大电商平台上，商家后台或相应的营销工具中都有做关联营销的位置，一般可以选择相应的"关联版式设置"模块，关联版式的设置是多种多样的，主要是分布在详情页的开头和结尾。

（5）其他关联营销改置。客服咨询是用户与商家最直接的互动方式，也考查一个客服的专业程度。在客服推荐时，首先要了解用户需求，并向用户推荐符合用户需求的商品。在用户下单之后，将商品快递到用户手中，也可以通过在包惠中夹带传单来进行品牌推广和关联商品的销售。

3. 关联营销实施的商品选择

关联营销实施的商品选择主要有以下几种。

（1）同类替代。同类替代商品主要是产生于商品的品牌相同或者相同档次，价格相差不多，风格相似的情况下的关联方式。从用户的角度来思考，当他进入一个商品页面时，可以断定这个商品有吸引他的一些特质，但在查看这个商品的详情时，可能会对某些细节感到不满意，这时如果可以看到一些款式相似、价格相近且细节满足需求的商品，用户点进去的概率就会非常大。服饰和鞋包，以及一些风格多样的商品，适合同类替代的关联营销，在价格上要选择阶梯式的价格，通过同类的推荐来为用户提供更多的购买选择。同类替代也可以推荐一些热销商品，热销商品推荐要重点表现的是商品的销量，利用羊群效应来引导用户进行购买。如图5-6所示，就是一款黑色手提包，关联的商品有同样颜色的手提包、相似款式的手提包，并且在价格上也是呈阶梯式的。这样的设置比较符合同类替代型的关联营销。

图 5-6　同类替代产品关联营销

（2）异类相关。像化妆品这类商品就很适合做异类相关的关联推荐，比如购买一款洁面乳，可推荐一些同品牌的保湿霜、面膜等商品。异类相关的商品搭配减价、折扣来做关联销售，采用阶梯式的价格分布，通过对比之前商品的销售情况，参考用户评论和订单数据，抓住用户的需求点，为用户推荐合适的商品。

如图 5-7 所示，这是一款儿童餐椅餐桌，商家关联了本品牌的其他用途的儿童用品，如手推车、学步车等，刺激用户购买多件商品。

（3）商品功能型互补。商品功能型互补关联营销就是主推品和搭配品需要配齐后一起使用，比如乒乓球和乒乓球拍、蚊帐和挂钩都是属于商品功能型互补的关联推荐。商品功能型商品的关联商品设置需要商家对自己店铺中的商品十分了解，推荐主商品在使用时必不可少的工具，也可以设置为套餐，引导用户购买。

图 5-8 中是一款乒乓球拍，与之搭配的关联推荐商品是一些相同品牌的乒乓球拍、乒乓球、乒乓球台等，都是一些需要和乒乓球组合使用的商品。

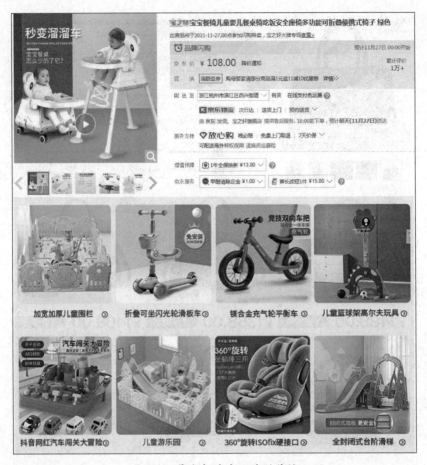

图 5-7　异类相关产品关联营销

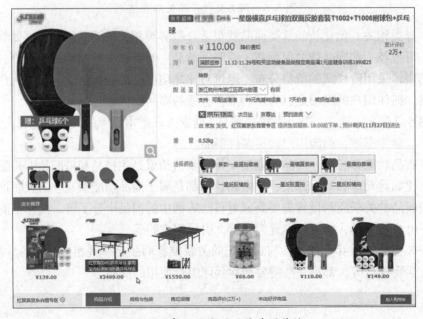

图 5-8　商品功能型互补关联营销

（4）解决方案型互补。解决方案型互补的关联商品推荐是商品之间功能上可能没有很大的关联性，但是搭配在一起可以放大商品组合的价值，搭配之后的商品组合更具功能性或审美的格调。比如，在家具装修上，通过商家对家具在颜色和形状上的搭配，可以提升整体装修效果，为用户提供简单、快捷且效果出色的一次性装修服务。在服装上也存在同样的形式，通过模特的展示来刺激用户购买整套服装，达到关联销售的效果。

图 5-9 中是一款实木风格的三人沙发，在关联商品处关联了实木风格的茶几、餐桌、衣柜等，在图片中可以看到相同风格的沙发和茶几搭配起到了较好的效果。

图 5-9　商品解决方案型互补关联营销

（5）情感嫁接型。通过利用用户和关联商品的使用者之间情感的需求进行商品关联推荐。在购买某件商品时，通过图片、语言的引导，刺激用户在购买所需商品时，一并购买自己亲人需要的商品，这就是情感嫁接型的关联营销。比如，当用户购买毛巾、浴巾时，可以通过语言来提示，给您的宝宝和父母也购买一条舒适的毛巾吧，通过这种提示来推销店内的商品。

如图 5-10 所示，主推商品是一款保健枕头，在商品详情页的结尾，商家做了情感推销，暗示用户在购买的时候也可以为自己的父母长辈、亲朋好友、同事领导等购买，从而提高用户购买欲望。

图 5-10　情感嫁接型关联营销

（6）活动类目推广型。在各大电商平台做活动和类目推广的商家不在少数，关联活动页面的好处就是可以将流量引到店铺中正在做的活动和更多的商品中。活动和类目的链接一般都设置在商品详情页的页头，活动关联可以和店铺内优惠券的领取放在一起，通过向用户发放优惠券来刺激他们购买。对于店内类目丰富的店铺，类目上的关联可以突出店内的优势。活动页面由于包含特定的主题及优惠形式，吸引用户进行组合购买的力度更大些。

如图 5-11 所示，商家为店铺中的商品详情页设置了店铺内的类目链接，分类明确，可以指导用户挑选符合自己需求的商品。

如图 5-12 所示，商家在商品详情页中重点突出的位置放置了当前店铺的满减活动链接，主题鲜明，卖点突出，可有效吸引有需求客户的注意力，促进买家的进一步购买行为。如果这家运动鞋类店铺也放置了优惠券链接，通过展示不同的优惠券信息来刺激用户领取并购买，这也是一种可借鉴的关联活动方式。

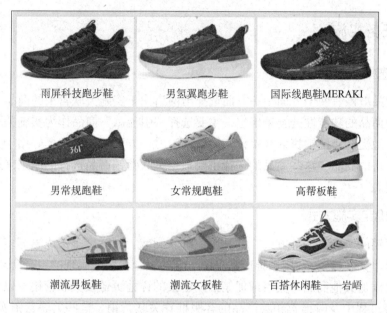

图 5-11　活动类目推广型关联营销

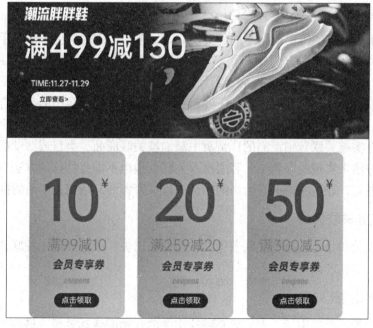

图 5-12　优惠券关联营销

## 三、　任务分析

如何具体实施关联营销，各大电商平台大同小异，基本思路：选择产品→确定实施方式→选用实施工具→实施关联营销→监测关联营销效果。下面我们主要以淘宝平台的关联营销实施过程进行具体说明。

## 四、 任务实施

### （一）选择商品

选择商品应该有两个方面：一方面选择出网店用于实施关联营销的商品，商家一般是根据店铺商品的功能性分类来确定，主要选择"引流款"商品作为实施关联营销的商品，以更好地提升店铺销售的客单价和转化率；另一方面就是要选择好用于关联营销产品被关联销售的商品，这些商品的选择主要根据关联营销产品选择的原则来进行，这里就不再赘述。

### （二）确定实施方式

关联营销的实施有多种方式，如利用免邮、满减、满赠、多买优惠等多种促销凑单来实现的凑单关联营销,利用销售产品主图下方的组合套装来实现的组合套装关联营销,利用详情页添加其他商品、类目或促销活动链接的详情页链接关联营销，以及让客服在与买家交流过程中及时推荐相关产品的客服推荐关联营销。这些关联营销实施的方式，商家可以任选其一进行，也可以应用两种或以上方式的组合来进行。

### （三）选用实施方法与手段

关联营销的具体实施要根据不同的实现方式，选用不用的实施方法或手段：凑单关联营销不需要特殊的实现方法或手段，只需要设计好活动页或页面中的活动说明及凑单商品就可以，这里重点是凑单商品的设计，要能够有效地支撑凑单关联营销实现客单价提升的营销目的；组合套装关联营销需要商家利用电商平台后台中的"组合套装"营销工具来实现，一般电商平台的这个工具是要收费的，操作比较简单；详情页链接关联营销需要商家在实施关联营销商品的详情页中添加被关联商品、类目或活动的图片及对应页面链接的方法来实现关联营销；客服推荐关联营销也不需要特殊的方法与手段，只需要和客服沟通好，让客服把握好恰当的时机进行买家咨询商品相关产品的推荐即可。

### （四）实施关联营销

实施关联营销是将要进行关联营销的产品发布出去，或是进行了关联营销设置后重新发布，正式实施产品销售。

### （五）监测实施效果

关联营销的活动结束后，商家要总结这次关联营销的活动效果，最直观的方法是通过电商平台的大数据分析工具来观察店铺的客单价和访问深度是否有所增加。商家可以通过生意参谋或京东商智中的"流量分析"来查看平均访问深度和平均访问时间。除了对比之前店铺的历史数据外，通过生意参谋或京东商智中的"行业分析→整体趋势"模块还可以查看行业内容的平均客单价，作为店铺关联营销效果评估的参考。针对主推单品，商家还可以在生意参谋或京东商智中的"流量分析→商品页流量分析"模块中查看该商品页的流量转化详情，包括访客的间接转化情况。通过查看主推商品的间接转化访客数可以初步判断此次活动的引流效果，通过关联分析可以查看某款商品流量的来源和去向，方便查看主推商品的流量分散到哪些关联商品中去了，也可以挖掘有关联潜力的商品，更加详细的关联营销效果则可以查看关联商品的流量转化率及订单等数据的变化趋势。

## 五、　任务小结

本任务主要讲述了电商平台入驻商家进行关联营销的相关理论与实施步骤，目的是让商家进一步掌握提高网点客单件与转化率的网店运营营销手段。另外，商家在进行关联营销实施的过程中还要注意如下几个方面：要明确自己做关联营销的目的，不要为了关联而关联；不同类目的商品要需求适合自身特点的关联方式来进行营销；关联商品宜精不宜多，否则会降低主商品的转化率；要时刻跟踪商品的数据表现，替换表现不佳的商品。

# 任务三　会员营销

## 一、　任务导入

消费会员是某一类志趣相同、取向一致的消费人群，商家对其进行归类梳理之后投其所好研发产品、完善服务。这是市场经济充分发展的产物，应个性化需求而衍生的市场供给不断细分再细分。为什么要特别重视会员营销，因为会员是已经购买过我们产品的客户，而且是达到了一定消费金额才能享有会员资格，那么鼓励老客户的重复消费就显得特别重要，这也符合著名的销售法则：开发一名新客户的成本是维护一名老客户的成本的五倍。那么会员营销到底怎样才能把会员价值做到最大化呢？本任务就是和大家一起来探讨在如何在网店运营中实施会员营销，以较低的成本提升店铺的复购率。

## 二、　相关知识

（一）复购率相关概念

1. 复购率

复购率即重复购买率，在业界的统计分析中基本分为两种定义，即用户复购率和订单复购率。用户复购率是指定单位时间内"购买两次及以上的用户数 ÷ 购买的总用户数"。例如，指定 30 天内共有 10 个用户购买了商品，4 个用户购买 2 次及以上，则用户重复购买率为 40%。订单复购率是指定单位时间内"第二次及以上购买的订单个数和 ÷ 单位时间内总订单数"。例如，指定 30 天内共有 10 个订单，中间有 3 个是用户 2 次购买的订单，还有 1 个是用户 3 次购买的订单，则重复购买次数为 4 次，订单重复购买率为 40%。但是大部分电商平台或运营者在进行复购率数据分析或优化时，多数主要以用户复购率为主来进行，所以一般在不做具体说明或区分时，复购率一般指的是用户复购率。

### 2. 客户关系管理

客户关系管理（customer relationship management，CRM）是指企业为提高核心竞争力，利用相应的信息技术及互联网技术协调企业与用户间在销售、营销和服务上的交互，从而提升其管理方式，向客户提供创新式的个性化的客户交互和服务的过程。其最终目标是吸引新客户、保留老客户及将已有客户转为忠实客户，增加市场，提高客户的复购率，从而提高企业的利润。

### 3. RFM 模型

RFM 模型是衡量客户价值和客户创利能力的重要工具与手段。在众多的客户关系管理分析模式中，RFM 模型是被广泛提到的。该模型通过一个客户的最近一次购买行为（recency）、购买的总体频率（frequency）及消费金额（monetary）3 项指标来描述该客户的价值状况。商家经常使用该模型来对用户进行分析，之后采取相应的措施提升客户的复购率。

### （二）复购率的重要性

目前各大电商平台在进行复购率优化时，都是将用户纳入自己的会员管理体系，即用户在某个网店购买过产品后，商家就把用户确定为会员，这样在商家的后台管理系统上，用户复购实际上就是会员复购，而会员复购是各商家利润的重要来源。

如自营电商的鼻祖亚马逊在对它的付费会员（Prime 会员）进行总结分析时发现了数据中隐藏的规律，Prime 会员大概占全站总活跃用户数的 4%，但是他们的消费额却差不多占了总额的 10%。他们的人均消费金额几乎是非会员的两倍，会员是 1 224 美元，非会员是 505 美元。

付费会员是商家最忠诚的用户，他们持续复购，为商家带来源源不断的收入和利润。复购率直接影响商家的利润，复购率越高，利润也越高，原因是复购带来的收入不再需要摊付拉新的成本，因此订单收入自然有更多转化为商家的纯利润。

若新用户的拉新成本居高不下，目前各大电商平台已经达到 200 ~ 400 元 / 人，那么对于商家而言，他们让出自己丰厚的利润空间，辛苦推广拉来的新用户必须维护好，未来从他们身上获得更多的收益。

商家花费成本与新用户成功地建立起联系，精心培养，建立感情，让会员对品牌和商家产生信任，会员的忠诚度逐渐提高，会员能够更及时便利地获知商家的活动和新品信息。信任使会员会再次购买并且持续购买，而这才是商家放弃短期利润、追寻长期收益的根本原因。

复购率与黏性、利润的重要关联关系使电商的从业者，无论是平台还是商家，开始审视自己的会员管理，重新认知会员的价值。电商作为新兴的行业，不断向传统领域探索其会员管理的核心思想和管理知识，以此寻找共同点和突破点，做好会员关系管理。

### （三）影响复购率的要素

我们研究复购率的终极目标是提高复购率，那就必须清楚哪些是影响复购率的要素。经过与多名商家的调研，我们发现影响复购率的基础要素主要是商品质量、服务质量、物流满意度，还有商家的运营方法和营销触达。

#### 1. 商品质量

调查报告表明，影响会员复购率的最主要要素是商品质量。广州某女性营销有限公司董事长说：商品才是复购率的核心因素，其实品牌哪里分线上线下，用户愿意从哪里购买，我们的商品和宣传就应该出现在哪里，现有的很多品牌过于热衷运营细节及销售推广，最后变成依赖。做企业不要急，不要卖"穿"价格，如果你可以少打折扣甚至以原价卖出去，才代表你的品牌是用户需要的、喜欢的、不可或缺的。

反过来讲，如果你的商品质量问题较大，使用再多的策略、手段、工具均不可能带来复购率，对用户而言，由于电商的退换货机制，可能连一次购买都未最终完成。

所以商品是命脉，所有的手段均是在商品质量过关且都是在商品同质化基础之上而言的。

#### 2. 服务质量

电子商务交易平台的买卖双方隔着计算机，隔着网络光纤，隔着地域上的千里万里，唯一的联系便是与客服在及时通信软件上的交流，所以我们看到网络上超现实的亲切用语均从电商平台发起。在这个交流的渠道上无论如何也不能怠慢用户，对于用户发起的疑问、请求均要快速、专业、客气，这样用户满意度可以保持在一个较高的水平，好的情绪是产生复购率的强大动力。

#### 3. 物流满意度

用户在评价物流快递服务时，物流服务速度是最重要的因素，其次是服务质量、服务态度等。由此可以看出，用户在评价物流满意度时感性因素占有重大比例。

前述三个基础要素均为会员对已经发生的交易的感性记忆，影响最大。在前述基础要素没有硬伤的基础上，如果商家可以对这些会员进行有效的营销刺激和触达，才会实现复购率的提升。

## 三、 任务分析

要做好会员营销，实际上就是要提高复购率，让更多的用户在评估周期内产生多次购买。随着我国经济的快速发展，商家开始关注购买自己商品的用户是谁，并期望这些用户能持续购买，并按已经买过的用户特征同理推导出哪些人还可能购买自己的商品，这奠定了商家以用户为中心的运营理念。随着互联网及移动互联网的发展，电子商务形成了新兴的虚拟"市场"，这个市场有新的销售方式，有新的交易规则，但它具有商业所有的本质，因此用户管理的概念也被引入电商领域。下面我们将重点从用户管理的角度，分析探讨会员管理体系，提高复购率的具体实施方法与步骤。

## 四、 任务实施

### （一）建立会员管理体系

想要提高复购率，必须要启用会员管理，有准确的会员档案，能识别出哪些会员是可以产生复购行为的，以便对其进行精准的营销刺激和用户关怀。目前，各大电商平台如淘宝和京东商城，都有自己免费的会员关系管理模块，电商平台的"会员管理管理系统"可以帮助商家进行会员的自动提取和存储，会员信息内容丰富，包括店铺会员等级、上次交易时间、下单终端、入会时间、平均客单价、交易笔数等字段。商家要了解店铺会员的等级，就需要构建会员管理体系，在"会员管理系统中"只需要将会员等级的指标条件设定好，系统会自动算出不同会员的当前等级，并每日更新。图 5-13 为淘宝平台中，会员管理系统"客户运营系统"的会员管理体系设置页面。

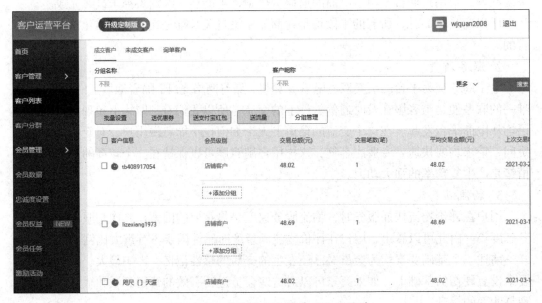

图 5-13 淘宝平台会员管理体系构建

### （二）设置优惠券进行精准营销

要提高会员复购率，只记录会员数据是不够的，必须对会员进行精准的营销和触达。在商家后台的"会员关系管理"系统中，商家可以对自己的会员发放优惠券，进行会员的营销触达。商家需要做的主要事情是，经过分析确定优惠券要发给哪些会员、要发多大额度的优惠券。一般优惠券发放的主要依据包括按店铺会员的等级发放，等级越高发放的额度越大；按会员下单的渠道发放，针对手机端用户发放的额度要更优惠些；按会员的活跃度进行发放，要选择最近活跃度不高的会员多发放；按平均客单价进行会员发放，选择平均客单价高的会员发放时，优惠券的门槛也要设置得高一些。图 5-14 为淘宝"客户运营平台"上会员优惠券的发放。

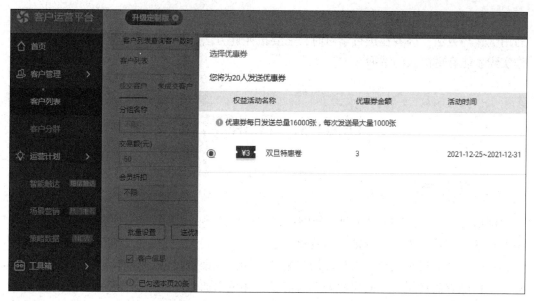

图 5-14　淘宝平台优惠券发放实施精准营销

## （三）赋予会员专享的权益

从另一个角度看，提升会员黏性就是要提高会员的尊崇感和荣誉感。如果一个店让会员尤其是高等级会员感觉不到自己受到的是更优越的待遇，很可能就没有荣誉感和归属感，那么会员流失的发生概率就会增加，就像银行的高端用户服务专区和服务条款，机场提供的航空 VIP 会员通道等服务。这些都表明专属服务是留住高等级会员的有效方法。在各大电商平台，商家可利用平台提供的"会员管理系统"建立会员等级商品折扣，在新用户不具备商品促销价或促销价幅度较小时，会员仍然能以绝对优势的价格购买商品；建立会员专享活动，活动仅限会员参加，活动商品价格是独享的一口价；让会员可享有购物多倍积分的特权，级别越高，积分倍数越高等。在各电商平台商家后台基本都可以实现，具体操作区别不大，这里就不再赘述。

## （四）与会员进行娱乐式互动

移动互联网的发展给电商注入了新的生机，电商不再仅仅是为了购物，越来越多地成为生活的一部分。如果我们怀着为用户提供悠闲生活的心态来运营一个店铺，尤其是为店铺会员提供更多的娱乐式的轻松愉悦的关怀与互动，比如游戏、任务、签到、互动面板，会员的黏性会大幅上升，而复购率也会水到渠成地得以提升。目前各电商平台更多的互动功能集中在 App 端及小程序上，如京东的店铺签到、淘宝的红包签到、淘金币、淘有圈等多种互动功能，未来各大电商平台还会为商家服务增加大量的娱乐性道具，让商家和用户的互动玩法可以有更多的创造空间。

## 五、　任务小结

本任务首先介绍会员营销的基本概念，以及会员营销的理论与基础知识，之后较全面地重点阐述了各电商平台商家利用平台提供的"会员关系管理系统"实施会员营销的通用步骤与方法，读者在进行学习时，需要按照此方法，进入具体电商后台进行具体操作实践才能有更深入的掌握。

# 任务四　社群营销

## 一、　任务导入

网络社交平台的普及和发展，使网络营销与运营逐渐走向平台化、互动化、社群化、体验化和社交化，为社群营销与运营提供了宽广的发展天地。个人和群体通过网络平台聚集特征相似的目标用户，为目标用户创造长期沟通渠道，创建基于社群成员的商业生态，不仅能够满足用户不同层次的个人需求，还可以通过社群口碑将品牌和产品推广出去，从而循环往复获得逐渐扩大的营销优势。随着网络服务的逐渐演进，最初的群居社群模式开始逐渐向个人模式转变，微博、微信等社交媒体的发展更是将社群营销推进到一个新时代，目前的电商运营无法绕开这种营销方式，也在想方设法地基于自己的用户做好社群营销。

## 二、　相关知识

（一）社群营销相关概念

### 1. 社群

社群以社交文化为基础，拥有自己特定的表现形式，一个完整且典型的社群通常有稳定的群体结构、一致的群体意识、一致的成员行为规范和持续的互动关系，同时社群的成员之间能够保持分工协作，具有一致行动的能力。

社群是一种关系连接的产物，是一群由有关系的人形成的网络区域，成员之间可以在这个网络中交流互动，互相了解，培养情感，共同进步。互联网的便利性让社群成员的沟通和信息的传达可以不受任何空间和距离的限制，这不仅方便了社群成员之间的沟通，也方便了运营者的管理。近几年，很多社群都随着微信群的应用而逐渐兴起和发展，比如罗辑思维、趁早、Better Me 等。以前的线下俱乐部、同好会，甚至基于同一地理位置而集结的人群也可以称为社群。对社群的特点进行总结，会发现它们具有几个相同的特征。

（1）同好。同好是指具有共同的价值观、共同的爱好、共同的兴趣。同好可以是对某件事产生共同的认知，能够一起行动，它是社群成立的基本前提。同好分为很多类型，比如对科技、技术感兴趣的同好，对情感、自我感兴趣的同好，对运动、体育感兴趣的同好，对阅读、旅行感兴趣的同好等。每一个不同的同好类型都可能形成一个与之对应的社群。

（2）结构。根据同好建立的社群非常多，但是可以真正存活下来并运营下去的社群却很少，影响一个社群成功运营的重要因素是社群的结构。一个成熟的社群不仅要有发起人、社群成员，还必须细分出管理人员、组织人员，制定完整的社群原则和规范，控制社群的秩序和群成员的质量，同时为社群成员提供必要的联系平台，以便加深成员之间的联系。

（3）创造。创造是指一个能够持续发展的社群必须能够为社群成员创造价值。很多社群在最初虽然可以吸引同好，也进行了完善的管理，但由于无法持续为成员输出价值，结果造成成员流失或社群日渐沉寂的情况。为了让成员可以通过社群得到价值、产生价值，社群内必须有持续的输出分享，能够引导群内成员互相分享，培养社群内的领袖人物，分享不同层次、不同领域的价值，激励群内的普通成员，壮大社群的整体力量。

（4）运营。运营决定社群是否可以长期持续地发展下去。一个保持活跃、具有凝聚力的社群，群内的每一位成员通常都会有很强的归属感，都能够自发地发扬主人翁精神，自主维护社群的发展和成长。要做到这一点，群主就必须对社群进行运营，比如规范成员加入准则，用群规控制成员的行为，有一定的奖惩措施，让每一位成员都能够珍惜社群。群主还要经常在群内进行讨论和分享，保证群内有话题、有任务，可以根据实际情况进行分工，保证成员有收获、有感悟。此外，为了增加群内成员之间的联系，还可以组织一些线上或线下活动，通过活动加深成员之间的感情，增加社群的整体凝聚力。

2．社群经济

社群经济是社群发展到一定程度的产物。在互联网时代，企业与用户之间不再是简单的买卖双方的关系，除了对产品功能本身的要求外，附着在产品功能之上的口碑、文化、个人魅力、情怀等成为用户更注重的价值。这种软性的产品内涵象征用户精神层面的需求，企业通过对这些内容的营销获得用户的信任，吸引一群有共同兴趣、认知、价值观的用户形成社群，进而引发后续的群蜂效应。社群成员通过在一起互动、交流、协作，互相感染，建立情感上的无缝信任，从而对产品品牌本身产生反哺价值。

社群营销实际上就是对社群经济的一种培养和利用，社群经济基于社群而存在，将社群与交易相结合，在产品与粉丝群体之间建立起情感信任，共同作用形成自运转、自循环的运营系统。

社群经济时代，粉丝是产生价值的关键性因素，而促成粉丝消费行为的关键则是基于对品牌的信任和感情基础。因此，企业要重视将用户转化为粉丝，将粉丝转化为实际的用户。这就要求社群的内容对用户具有吸引力，能够让用户自愿成为社群的成员，并支付会员费用，进而参与社群发布的一系列商业活动，甚至社群成员也会慢慢转变为社群产品的"生产者"。这就是社群经济时代用户到粉丝的转变，也是具有大量粉丝的个人或企业更容易开展社群的原因。

3．社群营销

在社群和社群经济发展的基础上自然而然发展出了社群营销。社群营销是指商家或企业为满足用户需求通过微博、微信、社区等各种社群推销自身产品或服务，而形成的一种商业形态。它主要依赖于社群关系，通过社群成员之间的多向互动交流，让信息和数据以平等互换的方式进行营销。社群中的每一个成员都能够成为信息的主动传播者，他们可以进行各种信息的分享与交流，通过互动的方式创建生态环境更加健康的社群，并使社群朝着稳定的方向发展，从而吸引更多具有相同兴趣、价值、主张和爱好的人员，扩大社群规模，最终提高社群营销效果。

社群营销与其他营销方式不同的是，它是一个通过社群成员的信息分享进行自我创造，进而实现社群自我运营的营销方式。社群成员的参与度和创造力是促进社群运转的前提条件，因此社群要想长久地生存下去，还要进行社群成员的更替，替换掉那些不能为社群产生价值的成员，加入更多愿意并能够为社群创造价值的成员，以保持社群的活力，同时也使社群的组织结构更加完整，保证社群营销效果的最大化。社群具有非常丰富的资源与多样性，可以激发社群成员展开创造，发挥组织能力，促使社群产品、服务、功能等更加完善，促进社群经济的发展。也可以说社群营销是通过社群的自生长、自消化、自复制能力来实现运转，并以社群成员的创造机制为链条进行发展并打造营销效果的。

### （二）社群营销的必要条件

社会要素组织形式和专业模式的创新再造，让社群经济成为改变未来趋势的新经济模式，同时，众多社群的成功营销案例也为企业和个人提供了更加明确的营销方向。建立社群并不难，但要成功运营社群必须具备以下几个条件。

#### 1. 社群定位

社群是由一群有共同兴趣、认知、价值观的成员组成的。社群成员在某方面的特点越相似，就越容易建立起互相之间的感情联系。因此在建立社群之前，必须先做好社群定位，明确社群要吸引哪一类人群。比如，小米手机的社群吸引的是追求科技与前卫的人群；"罗辑思维"的社群吸引的是具有独立和思考标签的人群；豆瓣的社群吸引的是追求文艺和情怀的人群。社群有了精准定位，才能推出契合粉丝兴趣的活动和内容，不断强化社群的兴趣标签，给社群用户带来共鸣。

一般来说，社群定位要基于社群的类型和企业的性质。按照产品形式，可以将社群划分为产品型社群、服务型社群和自媒体社群等；按照划分范围，可以将社群划分为品牌社群、用户社群和产品社群。当然，不管如何对社群进行划分，都是为了确定社群的定位，保证社群既能满足成员特定的价值需求，也能为社群运营人员带来回报，形成良好的自运行经济系统。

为了更好地进行社群的定位，在建立社群之前，运营者首先要明确建立社群的目的。每一个社群可能有不同的价值，但其目的大多比较类似，如销售产品、提供服务、拓展人脉、打造品牌、提升影响力等，确定了建立社群的目的，也可以更方便地对社群进行定位。

#### 2. 吸引精准用户

企业要想进行精准的营销，就必须拥有精准的用户，因此任何营销推广的前提都是对精准用户的细致分析，了解目标用户的消费观念、地域分布、工作收入、年龄范围、兴趣爱好和工作环境等。因此了解用户是与社群定位相辅相成的，了解用户可以更方便地对社群进行定位，而准确的社群定位更有利于吸引精准的用户人群。

### 3. 维护用户活跃度

社群成员之间的在线沟通大多通过微信、QQ、YY 等社交群，也可以通过微信公众号、自建 App 或网站。对于社群运营而言，能否建立更加紧密的成员关系直接影响社群最终的发展，因此社群活跃度也是衡量社群价值的一个重要指标。现在大多数成功的社群运营已经从线上延伸到线下，从线上资源信息的输出共享、社群成员之间的优惠福利，到线下组织社群成员的聚会和活动，其目的都是增加社群的凝聚力，提高用户活跃度。

### 4. 打造社群口碑

口碑是社群最好的宣传工具，社群口碑与品牌口碑一样，都必须依靠好产品、好内容、好服务进行支撑，并经过不断的积累和沉淀才能逐渐形成。一个社群要打造良好的口碑影响力，必须先从基础做起，抓好社群服务，为成员提供价值，然后逐渐形成口碑，带动会员自发传播并扩大社群，逐渐建立以社群为基础的圈子，社群才能真正得到扩大和发展。

## 三、 任务分析

随着社群营销的广泛应用，各种各样的社群不断涌现出来，甚至出现了很多类型相似、定位相同的社群。在这种环境下进行社群营销时，尤其是电商社群营销，一定要为社群贴上个性标签，以便与其他同类社群进行区分，同时将标签打造成社群的个性化特色，这样才能使社群从众多社群中脱颖而出。下面我们将系统阐述进行个性化电商社群营销的全过程。

## 四、 任务实施

### （一）创建社群

社群营销需要通过原有的卖家会员建立一个完整的电商社群，以此聚集一群有共同兴趣、购物认知取向的用户。在拥有同好的基础上，进一步完善社群的结构，进行合理的管理和运营，同时保证社群有持续的输出能力，能够不断为成员创造价值，建立成员之间坚实的感情联系和信任关系，形成自运转、自循环的经济系统，才能让社群持续壮大，并且复制分化出更多的社群。

### 1. 设置群名称

名称是社群的标识符号，是用户对社群的第一印象。社群成员可以通过社群名称进行品牌的传播和宣传，吸引更多具有相同爱好和价值观的用户成为社群的新成员，这是建设社群时的首要任务。

社群名称的命名方法主要有以下两种。

（1）从构建社群的核心点命名。构建社群的核心点是形成社群的主要因素，也是社群区别于其他社群的核心竞争力，如以社群灵魂人物构建的社群就常以社群灵魂人物为延伸取名，如罗辑思维的罗友会；以产品延伸命名，如小米手机的米粉群等；以服务延伸命名，如定位为好友聚合的 K 友汇等。这种以社群核心竞争力命名的方法不容易让新用户识别，适合已经拥有大量粉丝群体的社群命名。

（2）从目标用户的需求命名。根据目标用户群体的需求，在社群名称中包含能够吸引用户的关键点，方便用户辨认和识别，如爱跑团、干货帮、趁早等。

两种取名方法各有优缺点，可以结合这两种方法取名，既方便用户辨认，又能够突出其核心竞争力，如吴晓波书友会、秋叶 PPT 等。此外，还要注意不要使用生僻不易识别的词语。

2. 确定社群口号

社群口号就是社群的广告口号，或者说是广告标语，可以是令人记忆深刻、具有特殊意义、特别重要的一句话或一个短语。社群口号对一个社群而言非常重要，可以起到宣传品牌精神、反映社群定位、丰富成员联想、清晰社群名称和标识等作用。好的社群口号不仅可以向用户传达社群的核心竞争力，展现社群的个性魅力，激发用户的兴趣，还能够引起用户的共鸣和认同，吸引更多认同该口号的用户加入社群，成为社群的忠实成员，并以此作为社群的精神追求。社群口号可以从以下 3 个方面予以确定。

（1）功能特点。通过一句话描述社群的功能或特点，这种方式简洁且直观，非常容易让用户理解，如"读好书，写好文""理财交流、监督，一起走向成功""和你喜欢的人一起学习绘画"等。

（2）利益获得。直接以社群能够带给用户的利益作为口号，这种方式可以吸引对该利益感兴趣的用户，并使用户为了该利益而不断为社群作出贡献，如行动派社群的口号为"做行动派，发现更好的自己"。

（3）情感价值。以精神层面的感情价值作为社群口号，可以吸引认可社群价值观、世界观的用户群体。这种精神层面的追求往往具有一定的延伸性，不仅能够吸引更多志同道合的社群成员，还能对社群品牌和定位进行宣传，是社群口号更高层次的需求，如趁早社群的口号为"女性自己的活法"。

社群口号并不是一成不变的，在社群发展的不同阶段，可以根据社群成员、社群定位和社群规模的变化进行修改。一般地，在社群建立的初期通常以功能特点、利益获得作为社群口号的出发点，以便快速吸引用户加入社群，占据市场，取得领先地位；发展到一定阶段的社群或具有一定成熟度的社群已经具有一定的知名度，社群口号可以向情感价值的方向进行定位，以便在市场竞争中处于优势地位，增强自己的核心竞争力。

3. 设计社群视觉标签

社群一般拥有庞大的社群成员，社群成员通过统一的、具有仪式感的元素进行彼此区分。它与明星互动类似，粉丝群通常通过手持的印有明星头像、卡通、名字的各种灯牌、旗帜进行区分与分类，这些围绕明星中心而设计的各种物件是粉丝成员对明星的另一种认知。社群中也不例外，围绕社群名称、社群口号设计的各种视觉形象就是社群成员对社群的一种直观归属，可以作为社群线上线下活动的标识元素，如社群 logo 就是社群视觉设计中最具代表性的元素，图 5-15

图 5-15 逻辑思维社群
标签 logo

为逻辑思维社群的 logo，是一个比较有代表性社群标签。

社群标签的设计根据社群的成熟度有不同的设计方法。对于新建的没有自己品牌的社群，需要从头开始进行社群标签的设计，可以将社群的核心人物、社群理念的卡通图形、文字等作为 logo 设计的素材。对于成熟度较高的已经拥有自己品牌标签的社群，可直接沿用当前标签或在此基础上进行修改、优化。

**4. 健全社群结构**

社群中的成员虽然拥有相同的兴趣或价值情感，但不同个体成员之间的特质是不同的。正是由于这些不同的成员特性才创造了社群的多样性和趣味性，才会让社群朝着更好的生态环境进化，保证社群的健康成长。所以一定要在社群发展壮大的过程中规范和健全社群的组织结构，一般来说，一个结构良好的社群主要包括社群创建者、社群管理者、社群参与者、社群开拓者、社群分化者、社群合作者、社群付费者 7 种角色的成员结构，而且作为社群的创建者或是管理者一定要规范管理，让各结构角色各司其职，这样才能让社群发展更加顺畅，进入良性运转。

**5. 制定规则规范社群管理**

俗话说"没有规矩不成方圆"。社群运营要制定与社群定位相符的规则，通过规则约束社群成员的行为，更好地与社群文化、定位相符，保证社群长期发展，并进行大规模的复制，尤其是电商类社群。当然，社群规则在运行过程中可能会出现一些问题，此时就需要进行规则的验证与完善。社群规则根据社群运营的不同阶段分为引入规则、入群规则、交流规则、分享规则和淘汰规则 5 种。社群创建者和管理者一定要根据社群的规模、人员层次、社区理念等具体情况来制定切实可行的管理规则，不可照抄照搬，以保证规则的有效实施，保证社群实务的公平、公正、公开，保证社群的良性运转。

**6. 策划开展群营销活动**

策划并开展社群活动是保持社群活力和生命力的有效途径，也是加强社群成员感情联系、培养社群成员黏性和忠诚度的有效方式。社群活动可以多样化，分享、交流、签到、红包、福利、线下聚会等都是社群活动的常见形式，下面具体介绍各种活动的具体实施细节。

1）社群分享

社群分享是指分享者向社群成员分享一些知识、心得、体会、感悟等，可以是针对某个话题进行的交流讨论。专业的分享通常需要邀请专业的分享者，也可以邀请社群中表现突出的成员进行分享，激发其他成员的参与度和积极性。一般来说，在进行社群分享时需要提前做好相应准备，有序进行，具体如下。

（1）确定分享内容。为了保证分享质量，在进行社群分享之前应该确定分享内容、分享模式，特别是对于没有经验的新手分享者而言，确定内容和流程必不可少。

（2）提前通知。确定分享时间后，应该在社群内提前反复通知分享信息，保证更多社群成员能够参与进来。

（3）分享暖场。在分享活动开始前的一段时间里，最好由分享主持人对分享活动进行暖场，营造一种良好的分享氛围，同时对分享内容和分享嘉宾进行介绍，引导成员提前做好倾听准备。

（4）分享控制。为了保证分享活动的秩序，在分享活动开始之前，应该制定相关的分享规则，约束社群成员的行为，比如分享期间禁止聊天等。在分享过程中，如果出现干扰嘉宾分享、与分享话题不符的讨论等，控制人员应该及时处理，维护好分享秩序。

（5）分享互动。在分享过程中，如果嘉宾设计了与成员互动的环节，主持人应该积极进行引导，甚至提前安排活跃气氛的人，避免冷场。

（6）提供福利。为了提高社群成员的积极性，在分享结束后，可以设计一些福利环节，为表现出彩的成员赠送一些福利，吸引社群成员的下一次参与。

（7）分享宣传。在分享期间或分享结束后，分享者可以引导社群成员对分享情况进行宣传，社群运营方也应该总结分享内容，在各种社交媒体平台进行分享传播，打造社群的口碑，扩大社群的整体影响力。

2）社群交流

社群交流是发动社群成员共同参与讨论的一种活动形式，可以挑选一个有价值的主题，让社群的每一位成员都参与交流，通过交流输出高质量的内容。与社群分享一样，社群交流也需要经过组织和准备，有序进行，具体如下。

（1）预备工作。对社群交流来说，参与讨论的人和所讨论的话题都是必须首先考虑的问题。一个好的话题往往直接影响讨论效果，通常来说，简单的、方便讨论的、有热度的、有情景感的、与社群相关的话题更容易引起广派的讨论。除了确认参与成员、话题类型之外，安排话题组织者、主特者、控场人员等也非常重要，要合理分配角色，及时沟通，保证社群交流不出现意外事件，同时有良好的秩序和氛围。

（2）预告暖场。在社群交流活动之前，最好有一个预告和暖场阶段。预告是为了告知社群成员活动的相关信息，如时间、讨论人员、主题、流程等，以便邀请更多成员参与活动。暖场是为了保持活动的积极性，让活动在开场时有一个热烈的氛围。

（3）进行讨论。讨论活动在正式开始后，一般依照预先设计好的流程依次开展即可，包括开场白、讨论、过程控制、其他互动和结尾等。需要注意的是，与社群分享一样，当讨论过程中出现讨论重点过于偏离主题，甚至出现与主题无关的刷屏时，控场人员要及时控制和警告。

（4）结束讨论。在社群讨论活动结束后，主持人或组织者需要对活动进行总结，将比较有价值的讨论内容整理出来，总结活动的经验和不足，进行分享和传播，扩大社群影响力。

3）社群福利

社群福利是激发社群活跃度的一个有效工具，一般来说，不同的社群通常会采取不同的福利制度，或者是多种福利形式结合使用。常见的具体福利形式如下。

（1）物质福利。物质福利是对表现好的成员提供物质奖励，奖品一般为实用物品，或者具有社群个性化特色的代表性物品。

（2）现金福利。现金福利是对表现好的成员提供现金奖励，多为奖金的形式。

（3）学习福利。学习福利是对表现好的成员提供学习类课程服务，比如可以免费参与培训、免费报读课程等。

（4）荣誉福利。荣誉福利是对表现好的成员提供相应的荣誉奖励，比如颁发奖状、证书，或设置特定的头衔、称号等。荣誉福利若设置得合理，可以有效地提高社群成员的积极性。

（5）虚拟福利。虚拟福利是指对表现好的成员提供暂时虚拟的奖励，比如积分，当成员积分达到一定程度时，就可以领取相应的奖励。

4）社群打卡

社群打卡是指社群成员为了养成一种良好的习惯，或培养良好的行为而采取的一种方式，它可以监督并激励社群成员完成某项计划，因此打卡型社群通常具有激励成员不断进步的作用。社群打卡的具体实施步骤和内容包括设置打卡规则（包括押金规则、监督规则、激励规则、淘汰规则等）；营造打卡氛围（营造方法有榜样、鼓励、竞争、惊喜、感情等）；打卡活动实施。

5）社群线下活动

在如今的时代，线上线下相结合才是顺应潮流的营销方式，社群营销与运营也不例外，线上交流虽然限制更少，更轻松自由，但线下交流更有质量，也更容易加深感情。一个社群中的成员从线上走到线下的过程，能建立起成员之间的多维联系，让感情联系不再仅限于社交平台和网络，而是进一步连接到生活群、兴趣群、朋友圈、人脉圈，联系越多，关系越牢固。社群线下活动的具体内容和实施步骤如下。

（1）线下活动的类型。对社群而言，线下活动主要包括核心成员聚会、核心成员和外围成员聚会、核心成员地区性聚会等。在这几种聚会方式中，核心成员和外围成员聚会人数更多，组织难度更大；核心成员地区性聚会则组织方便，更容易成功。当然，不论哪一种聚会形式，在聚会过程中都可以实时公布一些聚会实况到社群或社交平台。这样一方面可以增加社群影响力，增加成员对社群的黏性；另一方面也是持续激发和保持社群活跃度的有效方法，也可以刺激更多的人积极加入线下活动。

（2）线下活动的策划。社群的线下活动根据规模的大小，组织难度不同，因此为了保证活动的顺利开展，在活动开始之前必须有一个清晰完整的活动计划和团队分工，方便组织者更好地把控活动全局，做到有计划、有目的、有质量。

① 活动计划。活动计划是指对活动的具体安排，主要内容包括活动名称、活动主题、活动目的、活动日期、活动地点、参与人员、活动策划团队名单、任务分配、宣传方式、报名方式、参与嘉宾、活动流程、费用、奖品、合影及后续推广等。为了更好地对活动全程进行控制，通常在撰写活动计划时，还需要制作一个活动全程的进度表，比如活动总共有几个阶段、每个阶段的主要内容是什么、在什么时间节点进行什么环节等。

② 团队分工。通常社群类型不同、活动目的不同，线下活动的内容和流程就会不一样，团队分工也就不一样。一般来说，社群在策划线下活动时，需要进行团队分工。

③ 策划统筹。策划统筹是指制订活动方案，把控活动方向，统筹活动关排等。

④ 线上宣传推广。线上宣传推广是指在确定活动内容后，组织线上管理人员对活动进行推广，比如在社群、公众号、微博、豆瓣、论坛、知乎等平台进行宣传，参与人员报名安排，活动海报设计和发布，邀请媒体等。此外，也可收集活动参与人员关于活动的建议，反馈给策划统筹人员，以便对活动方案进行优化。在活动开展的过程中，宣传人员还可以针对活动进行直播，发布参与人员的游戏、奖品、分享合影照片等。

⑤ 对外联系。对外联系是指负责筛选和洽谈活动场地、准备活动设备，邀请活动嘉宾的工作。对外联络人员必须确认活动场地，确保设备正常工作，活动嘉宾的邀约和分事文稿无误。为了方便及时沟通，对外联系人员可以制作一份活动重要人员的通讯录。

⑥ 活动支持者。活动支持者是指在活动现场安排与维护活动进程的人员，包括活动接待人员、签到管理人员、设备管理人员、摄影人员、主持人等。

⑦ 总结复盘。总结复盘是指对活动的效果进行总结和反馈，生成复盘报告，为下一次的线下活动总结经验。团队分工可以保证活动的顺利开展，设置了合理的团队分工并明确各分工组的具体任务后，不论在活动筹备期、活动宣传期、活动进行期，还是活动复盘期，都可以做到有条不紊。

## 五、 任务小结

本任务首先介绍了社群营销的基本概念，以及社群营销的相关理论，之后较全面地重点阐述了电商类社群营销与运营的基本实施流程，及各步操作流程中涉及的社群营销的具体知识点，读者在进行学习时，需要按照此通用操作步骤，以具体的社群实情为出发点进行实践，只有自己亲身实践过才能真正掌握社群营销的实施方法。

## ▶▶ 习 题

### 一、简答题

1. 简述活动营销的概念及主要实施步骤。
2. 简述关联营销的概念及主要的实施方式。
3. 简述会员营销的概念及主要的实施步骤。
4. 简述社群营销的概念及主要的实施步骤。

### 二、实操题

1. 尝试淘宝网店运营，并进行活动营销实施。
2. 尝试淘宝网店运营，并进行关联营销的实施。
3. 尝试淘宝网店运营，并进行会员营销的实施。
4. 尝试淘宝网店运营，并进行社群营销的实施。

# 网店数据化运营

 **知识目标**

☑ 掌握网店数据化运营的基础知识。

☑ 掌握常见的网店运营数据化方法。

☑ 掌握主要网店运营数据分析工具。

 **技能目标**

☑ 掌握网店数据化运营的操作技术与要领。

☑ 掌握网店数据化运营的主要方法与技巧。

☑ 掌握网店数据化运营的工具软件的使用。

 **课程思政**

☑ 培养数字经济时代大数据应用发展与创新精神。

# 任务一　数据化自然流量优化

## 一、　任务导入

随着互联网技术与电子商务的快速发展，电子商务的运营技术也伴随着云计算与大数据的应用得到了快速的发展，原来的电商营销方法已经无法跟上数字经济时代电商发展的步伐，取而代之的是依托海量历史数据与实时数据进行有依据的、更加精准的推广营销手段和方法，这就是近些年最为流行和实用的网店数据化运营，本任务主要是和读者一起学习如何通过数据化运营的手段和方法，来对网店的自然流量进行提升与优化。

## 二、　相关知识

无论是传统的电商运营还是数据化运营，要解决的主要问题都是网店的流量问题，而网店的流量中最重要的组成部分就是自然流量，它在网店的众多流量中是绝对的"主角"，一个网店要想存活下来，主要依靠的就是自然流量。

### （一）自然流量

自然流量一般是指通过某个电商平台内部的通道获取的流量，主要包括两部分：一部分是通过买家在电商平台首页的搜索框搜索某关键词获取的搜索流量；另一部分是买家通过电商平台的产品类目找到产品或网店进入获取的流量。

自然流量是网店能够稳定运营并获取收益的基础，所有平台的网店只有有持续稳定的自然流量，才能保证网店的持续经营。

### （二）数据化自然流量优化

数据化自然流量优化是指在使用原来的自然流量优化的 SEO 优化产品标题和类目的基础上，融入大数据分析的方法，让自然流量的优化更精准、更有效。

## 三、　任务分析

本任务主要是在传统的自然流量优化的基础上，利用数据分析方法进行自然流量优化的诊断、标题关键词的大数据选词、标题关键词使用的数据监测及基于大数据分析的类目划分，以实现自然流量更精准、更有效的优化。

## 四、　任务实施

本任务实施主要分为两个阶段，首先要进行店铺流量的诊断，之后根据诊断结果进行有针对性的自然流量优化。

### （一）店铺流量诊断

#### 1. 流量稳定性诊断

网店流量稳定性诊断就是要观察和诊断流量的稳定性，一般分为两种情况：一种是平台没有大促且商家没有进行活动时流量呈现平稳微升态势，表示商家基本流量根基稳定，店铺流量非常健康，流量呈现逐步下滑或起伏明显的不稳定态势，表示商家流量不健康，应进一步检查是哪种流量来源的骤增或骤减带来的波动，进一步制订处理方案；另一种是在平台大促或者商家活动期间，流量应该在预热期呈现上升态势，活动当日出现高峰，活动结束后出现低谷，后又保持平稳态势，这属于健康的流量表现。反之，如果流量没有在活动期间出现应有的起伏，表示活动效果不佳，可判断为活动类型不适合商家，或者商家的活动策划不佳，商家需要进一步分析。

以淘宝商家为例，可以通过生意参谋中的"流量"模块查看店铺的流量趋势曲线，如图6-1所示。2020年7月平台没有大促，商家也没有活动，该商家的流量整体处于平稳微升态势，属于流量比较健康的一家店铺。同时，商家可以通过月度数据对比，寻找出月度的流量高峰与低谷时期，实时推出活动、促销等措施，在高峰期做到更高，在低谷期不低谷。

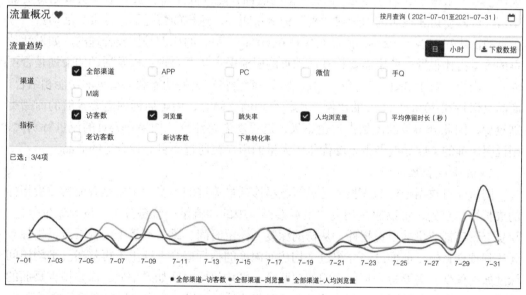

图 6-1　网店的流量趋势曲线图

#### 2. 流量合理性诊断

流量合理性诊断主要是要诊断网店流量来源的合理性和网店流量页面分布的合理性。

（1）网店流量来源的合理性诊断。以淘宝商家为例，商家可以通过"生意参谋"中的"流量→流量来源分析"模块查看各流量来源的占比情况，并且诊断流量占比是否合理。那么占比在什么情况下算较为合理呢？根据店铺的发展阶段不同，占比会有变化和侧重，比如店铺在进行老会员或粉丝营销期间，自主访问的流量占比会较大；在新店铺成立初期，自然流量较少的情况下，可以采用直通车付费流量引流，这时付费流量的占比就会很大；店铺参加了淘宝官方的一些活动，那么淘宝官方流量的占比就会较大，但是总体来讲，店铺流量的占比应该有合理性分布的范围，某个流量特别大或者特别小，长期都会影响店铺的长足发展。对于处于稳定成长阶段的店铺，一般可以这样来诊断：①对于家用电器、手机数码等复购率相对较低的类目，自主访问的占比在10%～20%，免费流量的占比在45%～55%（其中搜索的流量占比应最大，建议不低于30%），付费流量的占比在20%～30%，站外流量的占比在5%～10%。②对于服饰鞋帽、母婴玩具等复购率相对较高的类目，自主访问的占比在20%～30%，免费流量的占比在40%～50%（其中搜索的流量占比应最大，建议不低于30%），付费流量的占比在15%～25%，站外流量的占比在5%～10%。这些都是经验值，根据商家所属类目的不同会有一定的差异性。而对于已经处于成熟期的店铺，则要求自主访问的流量占比更大，且需要引入更多的站外推广渠道来搭建更为全面、完善的营销体系。

（2）网店流量页面分布的合理性诊断。流量到达网店一般由首页、活动页或商品页进行承接，之后又在店铺内的页面中进行流转，一部分访客会离开店铺，另一部分访客最终在商品页完成成交，因此，各个页面承载着不同的功能，流量的分配也具有一定的规律性。一般来讲，对于SKU非常丰富的店铺，建议商家将首页和活动页策划得更加丰富，可以使访客在店铺内形成"逛"的流量闭环，这样的情况下，首页、活动页、分类页的占比在10%～15%，商品页保持在60%～70%的比例是比较合理的。如果活动页的流量占比很低，商家需要检查活动页的引流渠道是否合理，以及活动的策划是否不够吸引用户。对于SKU相对单一的店铺，一般会将首页的功能和活动页的功能相结合，商品页保持在70%～80%的比例是比较合理的。同时，由于店铺内需要导航的商品类别较少，因此分类页的流量占比也不大，这里就需要注意，如果列表页的流量特别大，则说明店铺的关联导航做得不够优化，大量的用户在通过类目寻找合适的商品。

3. 流量成长性分析

网店流量数据指标的成长性是进行流量诊断最关键的一步，主要是看流量质量指标的成长性。首先，可以通过淘宝"生意参谋"中的"流量→流量分析→按天流量分析"模块查看店铺流量的质量指标，从访问深度、停留时间、跳失率等维度查看流量指标有无达到预期目标。前面已经介绍过平均访问深度的指标概念，这里不再赘述。平均访问深度如果偏低，需要检查页面之间的关联性；平均停留时间如果偏低，需要检查页面的质量，并与转化率做综合分析。对于商家运营的目标来讲，平均访问深度要争取做到2，平均停留时间起码要做到110秒以上，否则店铺要形成较好的转化率就非常困难。跳失率的指标越低，代表店铺的流量质量越高，也就是用户到达承接页面后，对店铺产生二次甚至多次的浏览行为，尤其当店铺引入新流量渠道时，需重点关注该指标的变化情况，较合理的跳失率应在70%～30%。对于运营指标来讲，需要明确以上几个指标的运营目标，按计划执行改善方案，并及时跟踪指标的改善效果。图6-2为某网店的成长性数据分析，从图中可以查看出，引例网店8月平均停留时间基本都低于110秒，而跳失率高于70%，说明该网店的流量质量和页面内容可能存在问题。

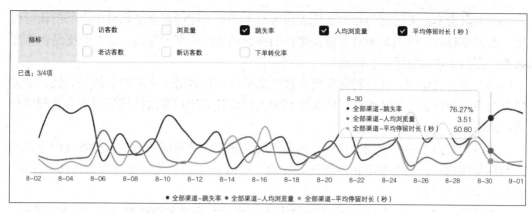

图 6-2 某网店的成长性数据分析

## （二）自然流量优化

自然流量引流在项目四中已经进行了专门阐述，但是对于通过数据化手段进行引流的方法没有做详细说明，下面主要从两个方面来阐述在数据化运营中精准引流的主要做法。

### 1. 通过大数据工具进行关键词采集

目前，各大电商平台的运营人员都会借助后台的大数据工具进行关键词的采集，如淘宝的"生意参谋"、京东的"京东商智"等，以淘宝的"生意参谋"为例，可以在"生意参谋→行业→搜索洞察→搜索分析"处输入商品的核心词"毛衣"，借助平台的大数据进行关键词的采集，如图 6-3 所示。通过大数据工具采集关键词数据时，应着重从三个角度理解平台关键词的数据。

| 搜索词 | 搜索热度 ⑦ | 点击率 ⑦ | 点击热度 ⑦ | 支付转化率 ⑦ | |
| --- | --- | --- | --- | --- | --- |
| 毛衣 | 1,117,259 | 155.35% | 1,422,863 | 8.80% | 趋势 |
| 毛衣女 | 765,308 | 154.19% | 971,378 | 8.23% | 趋势 |
| 毛衣2020年新款女 | 727,600 | 127.84% | 833,046 | 9.61% | 趋势 |
| 毛衣新款2020爆款 | 598,953 | 120.24% | 663,120 | 10.15% | 趋势 |
| 毛衣男 | 586,842 | 123.22% | 658,548 | 20.43% | 趋势 |
| 红色毛衣 | 480,466 | 142.13% | 583,559 | 7.38% | 趋势 |
| 女士毛衣 | 410,418 | 104.53% | 420,627 | 6.19% | 趋势 |
| 爆款毛衣 | 408,655 | 141.19% | 494,666 | 7.52% | 趋势 |
| 红色毛衣女 | 397,132 | 132.30% | 463,758 | 8.39% | 趋势 |

图 6-3 淘宝生意参谋搜索词分析

（1）搜索热度。关键词的搜索热度代表访客对于找寻该类型商品时的搜索习惯，搜索热度越高，代表访客在这个关键词下的行为表现越好。这个数据是访客搜索购买商品时的需求表现。

（2）点击率。关键词的点击率代表访客对于特定关键词搜索结果页中产品的认可程度，点击率越高，说明买家对对应关键词的搜索结果的认可度越高。这个数据是访客搜索购买商品需求的更进一步体现。

（3）支付转化率。支付转化率代表在电商平台中访客对于商品的具体趋向性，是关键词与商品间相关性的精准度。转化率高的关键词代表用户在这些词下更容易找到适合自己的商品。

通过大数据采集关键词的过程，实际上就是我们将关键词从如上三种维度中分别进行数据降序排序，三个维度排序都比较靠前（如前10）的关键词即可作为备选关键词，并制作成关键词表。

本任务以"毛衣"为核心词，利用大数据平台进行商品关键词的采集，形成如图6-4所示的含有20个词的关键词表，此表中还列示了后面将用于关键词进一步筛选的相关统计数据。

| 关键词 | 搜索热度 | 在线商品数 |
| --- | --- | --- |
| 毛衣 | 1,062,340 | 1,925,112 |
| 毛衣女 | 722,154 | 1,389,543 |
| 毛衣2020年新款女 | 669,925 | 1,706,434 |
| 毛衣新款2020爆款 | 564,563 | 959,242 |
| 毛衣男 | 546,341 | 850,741 |
| 红色毛衣 | 458,267 | 1,784,187 |
| 女士毛衣 | 395,816 | 1,509,260 |
| 红色毛衣女 | 384,516 | 364,423 |
| 毛衣女设计感小众 | 360,285 | 146,280 |
| 爆款毛衣 | 355,307 | 1,347,190 |
| 毛衣女宽松外穿 | 340,756 | 744,397 |
| 毛衣开衫 | 336,539 | 1,012,037 |
| 毛衣女冬 | 317,344 | 1,042,567 |
| v领毛衣 | 306,462 | 836,316 |
| 男士毛衣 | 292,239 | 1,073,726 |
| 开衫毛衣宽松 | 278,268 | 549,704 |
| 高领毛衣女 | 271,613 | 870,198 |
| 开衫毛衣 | 270,355 | 1,782,846 |
| 高领毛衣男 | 269,433 | 600,708 |
| 毛衣外套 | 268,415 | 834,367 |

图 6-4　商品关键词采集

2. 通过数据分析进行关键词筛选

关键词采集词表制作完成后，需要通过合理的筛选方式在此表中选择更适合商品的关键词。网店运营人员在关键词选择优化过程中对关键词进行筛选的最重要标准：降低关键词竞争难度的同时提高关键词的有效覆盖率，增加商品曝光量。

因为关键词的覆盖率在前面的采集过程已基本做到，所以筛选时最主要的是尽量降低关键词的竞争难度，而衡量商品关键词竞争难度最重要的数据指标就是"竞争系数"，它表示具体关键词下单一商品竞争的难易程度，竞争系数小，表示竞争难度越低；竞争系数越大，表示竞争难度越高。关键词的竞争系数公式：竞争系数 = 关键词下的商品数 ÷ 关键词的搜索热度。根据关键词表的数据进行关键词的竞争系数计算与排序（升序），筛选出 15 个关键词，如图 6-5 竞争系数列灰色背景部分所示。

| 关键词 | 搜索热度 | 在线商品数 | 竞争系数 |
|---|---|---|---|
| 开衫毛衣 | 270,355 | 1,782,846 | 0.15 |
| 红色毛衣 | 458,267 | 1,784,187 | 0.26 |
| 女士毛衣 | 395,816 | 1,509,260 | 0.26 |
| 爆款毛衣 | 355,307 | 1,347,190 | 0.26 |
| 男士毛衣 | 292,239 | 1,073,726 | 0.27 |
| 毛衣女冬 | 317,344 | 1,042,567 | 0.30 |
| 高领毛衣女 | 271,613 | 870,198 | 0.31 |
| 毛衣外套 | 268,415 | 834,367 | 0.32 |
| 毛衣开衫 | 336,539 | 1,012,037 | 0.33 |
| v领毛衣 | 306,462 | 836,316 | 0.37 |
| 毛衣2020年新款女 | 669,925 | 1,706,434 | 0.39 |
| 高领毛衣男 | 269,433 | 600,708 | 0.45 |
| 毛衣女宽松外穿 | 340,756 | 744,397 | 0.46 |
| 开衫毛衣宽松 | 278,268 | 549,704 | 0.51 |
| 毛衣女 | 722,154 | 1,389,543 | 0.52 |
| 毛衣 | 1,062,340 | 1,925,112 | 0.55 |
| 毛衣新款2020爆款 | 564,563 | 959,242 | 0.59 |
| 毛衣男 | 546,341 | 850,741 | 0.64 |
| 红色毛衣女 | 384,516 | 364,423 | 1.06 |
| 毛衣女设计感小众 | 360,285 | 146,280 | 2.46 |

图 6-5　商品关键词竞争系数筛选

在如上按照商品关键词竞争系数筛选出来的 15 个关键词的基础上，网店运营人员还可以再根据自己商品的具体情况（自己商品的细分类别、款式、颜色等）进行进一步的筛选，选择和自己商品特色和卖点更贴切的关键词，这里就不再累述。

## 五、　任务小结

本任务以商家利用淘宝电商平台的大数据工具生意参谋为例，主要从自然流量优化的关键词数据化采集和关键词数据化分筛选两个方面进行数据化自然流量优化的实施操作与演示，让读者了解并掌握数据化运营的自然流量优化的基本思路与方法。

# 任务二　数据化精准付费引流

## 一、　任务导入

有过网店运营经验的读者都知道，网店虽然以自然搜索流量为主，但付费流量是不可或缺的，特别是对新开设的网店，付费流量是网店流量的有力补充，本任务以淘宝网店直通车推广引流工具为例，阐述如何应用数据化运营方法实现更精准的付费引流。

## 二、 相关知识

付费引流主要是指利用电商平台的付费引流工具进行推广而获取的流量，如淘宝的直通车、淘宝客推广引流，京东商城的京东快车、京挑客推广引流等。

### （一）常见的付费引流

#### 1. 车类付费引流

车类付费引流主要是指各大电商平台的先预支推广费用的付费引流工具，如淘宝的直通车、京东商城的京东快车、拼多多的直通车等。车类付费引流工具主要是商家竞价某关键词，之后当买家搜索对应关键词时，平台按照商家竞价关键词的价格和关键词的匹配情况将商家推广的商品推荐展示给买家，一般推荐是按照关键词的匹配度和竞价出价由高到低排序展示。车类付费引流操作的核心主要是选用的关键词的精准度，也就是商家竞价的关键词越"接近"买家搜索时的关键词，推广的效果就会越好。

#### 2. 客类付费引流

客类付费引流主要是指各大电商平台的按效果付费的付费引流工具，如淘宝的淘宝客、京东商城的京挑客等。客类付费引流工具主要是由平台组织一些网络达人，按照商家的推广需求，帮助商家在网络达人的推广平台上推广商家的商品，一旦有买家下达购买并确认收货，商家就按照事先约定好的佣金给付网络达人推广费用的付费引流方式。客类付费引流操作的核心是要准确把握网络达人的擅长推广品类或是网络达人推广平台的受众群体，这样才能实现更精准的推广，取得好的推广效果。

#### 3. 其他类付费引流

除了前面两种主要的付费引流工具外，各电商平台还有其他类付费引流方法，如淘宝的钻石展位、品销宝，京东商城的京东直投、品牌聚效等。这些付费引流工具主要都是在各电商平台内部或是战略合作商平台上进行推广。除此之外，还有在第三方平台上进行付费推广的，如折八百、百度竞价等。

### （二）数据化付费引流的核心工作

#### 1. 精准选择关键词

车类付费推广引流操作的核心主要包括选词和出价，商家利用车类推广工具进行推广时，首先就是要根据自己的商品选择合适的推广关键词，一般一款商品可以选择200个关键词，关键词的选择是否准确决定了买家在搜索相关关键词时商家推广的商品是否会被展现，或是否会被展现在前面。选完关键词，商家还要决定每个关键词要出价多少，进行竞价，这个竞价决定了当商家的关键词有竞争时是否把商家的商品在前面推荐，也就是在店铺等级和产品评分基本相同的情况下，谁出价较高谁的商品就排在前面进行推荐。

#### 2. 精准定位推广人群

无论是车类付费推广，还是客类付费推广，最理想的都是把产品推送给有需要的卖家，所以付费推广引流另一最为重要的核心问题就是精准定位推广人群，在车类推广里可以利用大数据，根据以往的同类产品的销售数据统计形成的用户画像，来确定具体给哪类用户推送广告。客类付费推广也同样可以根据以往推广同类产品的效果统计来确定此次的推广人群，以达到更好的推广效果。

## 三、 任务分析

本任务以淘宝直通付费推广引流为例，分别从付费推广引流的数据化精准关键词选择与数据化精准推广人群定位两个方面，进行直通车精准付费推广引流操作演示。

## 四、 任务实施

### （一）直通车推广精准关键词选择

有关直通车推广的推广计划设置与商品设置，我们已经在项目四中阐述过，这里就不再累述，下面主要阐述如何精准地选择和筛选直通车推广的关键词。直通车关键词的数据化选取方法包括淘宝平台首页搜索框的下来框推荐词、生意参谋里的行业热词榜、直通车后台的系统推荐、直通车后台工具里的流量解析、关键词典（https：//alimarket.taobao.com/markets/alimama/zhitongchecibiao）等，使用这些工具都是在大数据统计的基础上进行较精准的选词，这里我们以使用直通车后台工具的流量解析为例来进行讲解。

1. 进入淘宝直通车后台用工具进行流量解析

登录淘宝计算机端，进入"卖家中心"→"推广"→"直通车"，之后单击"前往直通车后台"进入直通车后台，如图6-6所示。单击上面的"工具"进入工具界面，单击左侧的"流量解析"工具，如图6-7所示。

2. 输入推广商品核心关键词搜索相关关键词

在图6-7流量解析工具的"关键词分析"下面的输入框中输入产品的核心关键词"大连海参"，单击"查询"按钮查看相关词推荐，如图6-8所示。在此页面可以根据推荐的相关词和后面的相关指标的统计数据进行选词。

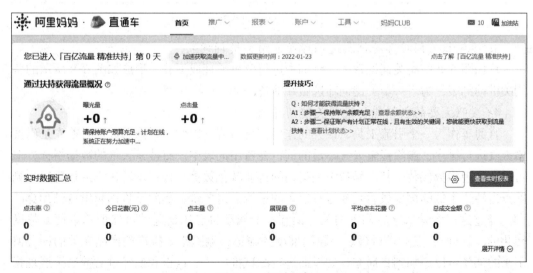

图6-6　直通车后台

图 6-7　直通车流量解析工具

| 收起 | 水产肉类/新鲜蔬果/熟食 海鲜/水产品/制品 | | | | | | | | |
|---|---|---|---|---|---|---|---|---|---|
| ☐ 大连海参干货 | 流量 | ‖‖‖‖‖‖‖ | 3,471 | 77 | 2.21% | 0% | 94 | 2.98元 |
| ☐ 大连海参 | 流量 | ‖‖‖‖‖‖‖ | 24,013 | 910 | 3.79% | 1.65% | 220 | 4.58元 |
| ☐ 大连半干海参 | 流量 | ‖‖‖‖‖‖‖ | 16 | 3 | 18.75% | 0% | 4 | 1.58元 |
| ☐ 大连即食海参 | 流量 | ‖‖‖‖‖‖‖ | 6,121 | 196 | 3.19% | 1.02% | 112 | 2.64元 |
| ☐ 海参即食大连海参 | 流量 | ‖‖‖‖‖‖‖ | 8,967 | 595 | 6.63% | 3.70% | 149 | 3元 |
| ☐ 大连海参礼盒 | 流量 | ‖‖‖‖‖‖‖ | 113 | 4 | 3.51% | 0% | 18 | 2.49元 |

图 6-8　相关词推荐

3. 按照相关词推荐的词集选词形成备用关键词词表

从如图 6-8 中相关词推荐的关键词中进行分析整理或下载，形成如图 6-9 所示的备用关键词词表，为下一步关键词筛选做好准备。

4. 按照主要的数据指标进行关键词筛选

直通车作为一个引流工具，最大的作用就是引流，因此，在筛选数据时首先是以搜索人气进行排序，删除搜索人气不足的词，在备用词表中没有搜索人气的数据指标，但可以用展现指数代替；其次是参考关键词的行业转化数据，按点击转化率进行排序，删除点击转化率低的词；最后是参考直通车的平均点击单价，删除单价远超出自己预算的词。经过这三步筛选之后剩下的关键词基本上属于自己用得起的可保证基本搜索热度转化的"好词"，然后进行最后一轮精准度的筛选，删除跟要推广的产品无关的词，留下来的词就可以添加到直通车计划里面进行测试推广了。这里我们经过对数据按展现指数进行降序排序，按点击转化率进行降序排序，再筛选掉平均单价大于 2.5 元的关键词和点击转化率为 0 的关键词，最后精选出的关键词结果如图 6-10 所示。需要说明的是，该备用词表只是用了部分备用词，实际上的备用词表可能有几百个，所以最后筛选出来的词也会很多，不会像示例中只剩下三个关键词，直通车实际设置关键词时可以设置 200 个。

| 关键词 | 相关性 | 展现指数 | 点击指数 | 点击率 | 点击转化率 | 竞争度 | 平均点击单价 |
|---|---|---|---|---|---|---|---|
| 大连海参干货 | 4 | 3470 | 76 | 2.21% | 0% | 94.0 | 2.98 元 |
| 大连海参 | 5 | 24013 | 909 | 3.79% | 1.65% | 220.0 | 4.58 元 |
| 大连半干海参 | 5 | 16 | 3 | 18.75% | 0% | 4.0 | 1.58 元 |
| 大连即食海参 | 5 | 6120 | 195 | 3.19% | 1.02% | 112.0 | 2.64 元 |
| 海参即食大连海参 | 5 | 8966 | 594 | 6.63% | 3.7% | 149.0 | 3 元 |
| 大连海参礼盒 | 3 | 113 | 3 | 3.51% | 0% | 18.0 | 2.49 元 |
| 老王大连海参 | 4 | 37 | 2 | 5.55% | 0% | 8.0 | 3.08 元 |
| 小芹海参 大连 | 2 | 948 | 31 | 3.34% | 0% | 12.0 | 4.63 元 |
| 大连海参旗舰店 | 4 | 1287 | 37 | 2.89% | 0% | 67.0 | 2.13 元 |
| 大连淡干海参 | 2 | 4368 | 75 | 1.74% | 1.32% | 92.0 | 2.38 元 |
| 大连野生海参 | 4 | 1718 | 22 | 1.31% | 4.43% | 44.0 | 1.73 元 |
| 大连即食海参野生 | 4 | 1175 | 45 | 3.85% | 0% | 27.0 | 3.76 元 |
| 大连野生淡干海参干货 | 2 | 153 | 3 | 2.6% | 0% | 19.0 | 2.73 元 |
| 大连野生淡干海参 | 2 | 526 | 18 | 3.59% | 0% | 38.0 | 1.52 元 |
| 大连海参干货 | 4 | 304 | 13 | 4.38% | 7.49% | 23.0 | 0.78 元 |
| 大连海参 | 2 | 178 | 5 | 3.22% | 0% | 39.0 | 0.78 元 |
| 大连即食海参 | 5 | 23 | 1 | 4.66% | 0% | 7.0 | 0.72 元 |
| 大连干海参 | 2 | 193 | 3 | 1.56% | 0% | 10.0 | 1.37 元 |
| 海参即食大连海参 | 5 | 808 | 11 | 1.31% | 0% | 32.0 | 2.43 元 |
| 大连海参礼盒 | 3 | 18 | 0 | 0.63% | 0% | 1.0 | 0 元 |
| 大连海参旗舰店 | 4 | 89 | 1 | 1.23% | 0% | 1.0 | 2.58 元 |
| 大连淡干海参 | 2 | 138 | 3 | 3.57% | 0% | 16.0 | 0.76 元 |
| 大连野生淡干海参 | 2 | 31 | 0 | 0.37% | 0% | 5.0 | 0 元 |

图 6-9　备用关键词

| 关键词 | 展现指数 | 点击率 | 点击转化率 | 竞争度 | 平均点击单价 |
|---|---|---|---|---|---|
| 大连淡干海参 | 4368 | 1.74% | 1.32% | 92.0 | 2.38 元 |
| 大连野生海参 | 1718 | 1.31% | 4.43% | 44.0 | 1.73 元 |
| 大连海参干货 | 304 | 4.38% | 7.49% | 23.0 | 0.78 元 |

图 6-10　数据化精准选择的关键词

## （二）直通车推广精准推广人群定位

### 1. 进入直通车精准人群自定义设置页面

有关直通车推广的设置我们已经在项目四中做了详细阐述，这里就不再累述，进入直通自定义精准人群设置界面，如图 6-11 所示。

图 6-11　直通车自定义精准人群设置界面

**2. 确定精准人群的基本属性**

确定精准人群的基本属性可以通过直通后台工具的"流量解析"，在流量解析界面关键词"大连海参"查询结果"相关词推荐"界面如图6-12所示，选择"人群画像分析"，便会展现以"大连海参"为核心词的精准人群属性参考数据，如图6-13所示。

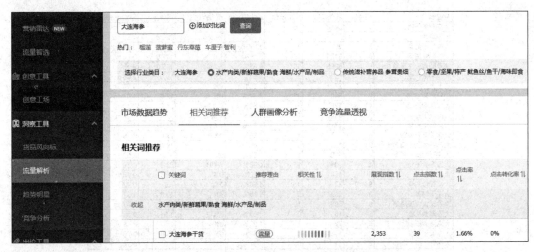

图6-12  直通车流量解析工具相关词推荐界面

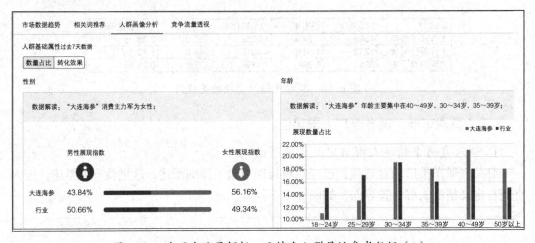

图6-13  直通车流量解析工具精准人群属性参考数据（1）

在图6-13中可以得知：大连海参消费的主力军是女性，消费人群年龄主要集中在40～49岁、30～34岁、35～39岁。另外，从如图6-14所示的精准人群属性参考数据图可知：大连海参的消费人群层次主要集中在1 750元以上、0～300元、1 050～1 750元以上；大连海参类目单价主要集中在20～50元、0～20元、50～100元。参考这些分析数据，商家就可以在直通车精准人群设置处按人群的属性值进行精准定位。

**3. 使用流量解析工具推荐优质人群组合**

除可以根据人群属性的统计数据按照属性值进行精准人群的自定义设置外，也可以使用流量解析工具推荐的"优质人群组合"把精准人群直接添加到单元推广设置汇总，如图6-15所示，商家可以在优质人群推荐的右侧列表中选择若干个优质人群组合，之后单击左侧的"添加至推广单元"按钮，将精准人群设置添加到单元推广中。

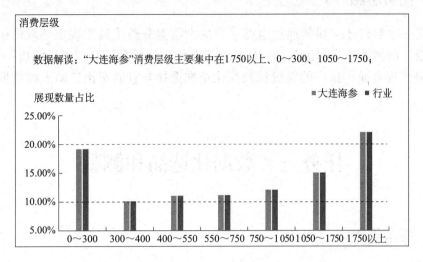

图 6-14  直通车流量解析工具精准人群属性参考数据（2）

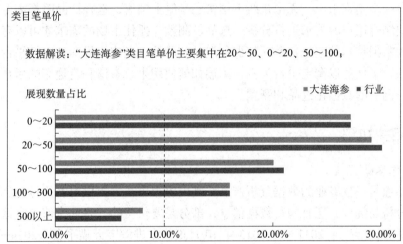

图 6-15  直通车流量解析工具优质人群组合推荐

## 五、 任务小结

本任务主要讲述了如何通过电商平台的大数据分析工具实现更精准的引流，以淘宝直通车的付费推广引流为例，依托直通车推广的后台工具"流量解析"，分别阐述了如何实现直通车推广的关键词数据化精准选择与直通车推广的人群数据化精准定位。

# 任务三　数据化选品和测款

## 一、 任务导入

对于每一个卖家来说，无论是线下销售还是线上销售，选择产品时都需要谨慎再谨慎，我们要结合用户的需求进行分析、选品、测款，抓住市场的需求才可以有更好的销量。随着大数据技术的应用普及，数据化选品和测款已经成为目前各电商平台数据化运营的必选项。本任务以淘宝平台为例，阐述如何使用生意参谋和直通车的后台大数据统计功能进行网店的数据化选品和测款。

## 二、 相关知识

1. 生意参谋

生意参谋是一款专业的数据分析产品，其内容很丰富，提供对客户行为、市场动态等数据的分析与统计，还有同行数据信息，部分是要付费的，是非常值得掌握和使用的工具。生意参谋诞生于2011年，2013年10月正式走进淘宝天猫平台。2014—2015年，在原有规划的基础上，生意参谋分别整合量子恒道、数据魔方，最终升级成为阿里巴巴商家端统一数据产品平台。

2. 生意参谋的发展历程

2011年8月，生意参谋品牌成立，并作为诚信通增值服务产品正式推出。

2012年12月，生意参谋姊妹篇之阿里指数诞生，可查看批发采购、市场行情等多类数据。

2013年1月，生意参谋1688新版推出，成为1688平台广大供应商必备的店铺经营分析工具。

2013年7月，生意参谋1688版无线插件上线，生意参谋姊妹篇之营销高手推出。

2013年10月，生意参谋走进淘系，在全球最广阔的网上零售市场开辟店铺经营分析新时代。

2014年1月，生意参谋1688豪华版升级，为1688供应商提供更深入的数据增值服务。

2014年8月，生意参谋千牛插件推出，可随时随地对店铺进行经营分析。

2014年10月，生意参谋携手量子恒道，依托阿里集团One Data整合升级为生意参谋平台。

2015年2月，生意参谋平台在计算机端和无线端同步升级。

2015年6月，生意参谋平台进一步整合数据魔方，成为商家业务数据化的主要承载地。

2015年9月，生意参谋推出市场行情、数据作战室等重要功能。

2016年3月，生意参谋2016年规划首度曝光——从数据视角持续发力商家数据服务，在确保现有前台业务数据服务的同时，加强商家中后台业务突破。与此同时，基于全域大数据建设，针对商家分层提供差异化数据服务方案。

3. 生意参谋的主要功能

（1）查看店铺最新动态，包括昨日的店铺展现次数、访客数、支付金额。

（2）根据店铺经营状态的核心指标，提供店铺诊断及提升建议。与此同时，也可以查看同行的各项指标的趋势变化、整个行业的各项指标数据对比。

（3）在查看店铺经营状态时，可以进行周期选择，有7天、30天、某月份，可以查看不同时段的数据，并用折线图呈现出来，直观明了。

（4）数据解读，分析店铺发现成因。

（5）人—访客分布，包括地域分布、特征分布，能够查看不同时段的访客量、不同地区的访客、不同人群的访客，给客服的工作也带来了便利。

（6）人—流量地图——流量来源分布。店铺的流量特别重要，这里给卖家省了许多精力。

（7）流量入口分布，可以了解进入店铺的入口有哪些。

（8）店铺内流量分布，了解进入店铺的顾客主要浏览哪些商品。

（9）关于货品的排名、效果、诊断、标题优化、搜索词分析众多数据和数据解读。

（10）交易趋势、营销效果、时实直播。

（11）专题的经营报告、竞争情报、客户声音。

这里说明生意参谋的主要功能，生意参谋最新的版本有了更详细的功能模块，如图6-16所示，更具体的功能使用我们将在任务实施中进行具体的介绍和讲解。

4. AB测试法

AB测试法是营销和设计工作者经常用到的一种分析方法，也是在做淘宝数据分析过程中非常有效的一种方法。AB测试法，简单来说是设计两个版本（A和B），A为目前的版本，B是猜想更好的版本或者新的版本，然后通过测试比较这两个版本的数据，最后选择效果最好的版本。在淘宝数据分析过程中，最典型的AB测试法案例是直通车创意优化之AB测试法。

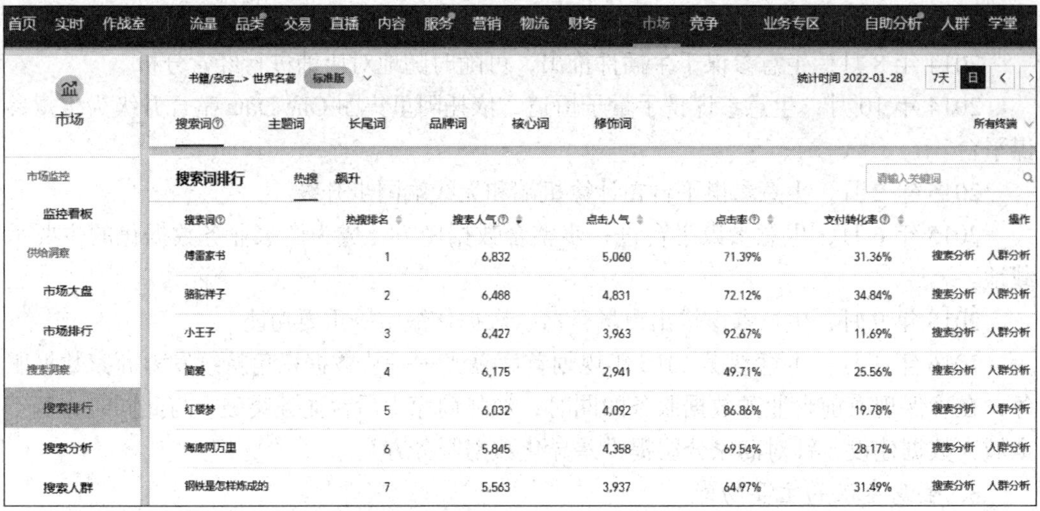

图 6-16　生意参谋主要功能模块

## 三、任务分析

生意参谋可给商家提供大量用作运营决策支撑的历史数据，如我们前面用到的数据化关键词选择、数据化精准人群的定位等，本任务是要使用生意参谋的海量历史数据分析，进行新开设网店商品的选择（简称选品），以及具体商品的测款决策工作。本任务以刚开设的网店并已确定一级类目"书籍/杂志/报纸"为例来讲解演示数据化选品与测款过程。

## 四、任务实施

### （一）数据化选品

#### 1. 购买数据分析工具并确定类目

数据化选品和测款首先要使用"生意参谋"的"市场-搜索洞察"功能模块，这个模块是需要付费使用的，所以我们要先在淘宝后台生意参谋中购买该功能模块，"市场"的标准版中已经包含了该功能模块。购买时需要确定使用的一级类目，我们选的是"书籍/杂志/报纸"。

#### 2. 根据市场体量确定产品子类目

"书籍"类目下面还有很多子类目，选品是需要进一步明确具体哪个子类目，子类目的确定主要由市场体量的数据分析和商家所掌握的货源渠道来确定。首先单击"生意参谋"→"市场"→"市场大盘"，并选择好一级类目"书籍/杂志/报纸"和30天的数据,生意参谋查询数据的结果如图6-17所示。按照查询结果中数据的"交易指数"（表示目前市场交易量的大小）、"交易增长幅度指数"（表示市场交易额的增长趋势）、"较父行业占比指数"等数据指标，我们发现市场行情比较好的几个子类目分别是"考试/教材/教辅/论文"类、"儿童读物/童书"类、"小说"类，它们无论是当前市场行情还是未来市场增长预期数据都很好，再结合商家在儿童读物方面的货源渠道有一定的优势，所以我们选择“儿童读物 / 童书”作为选品子类目。

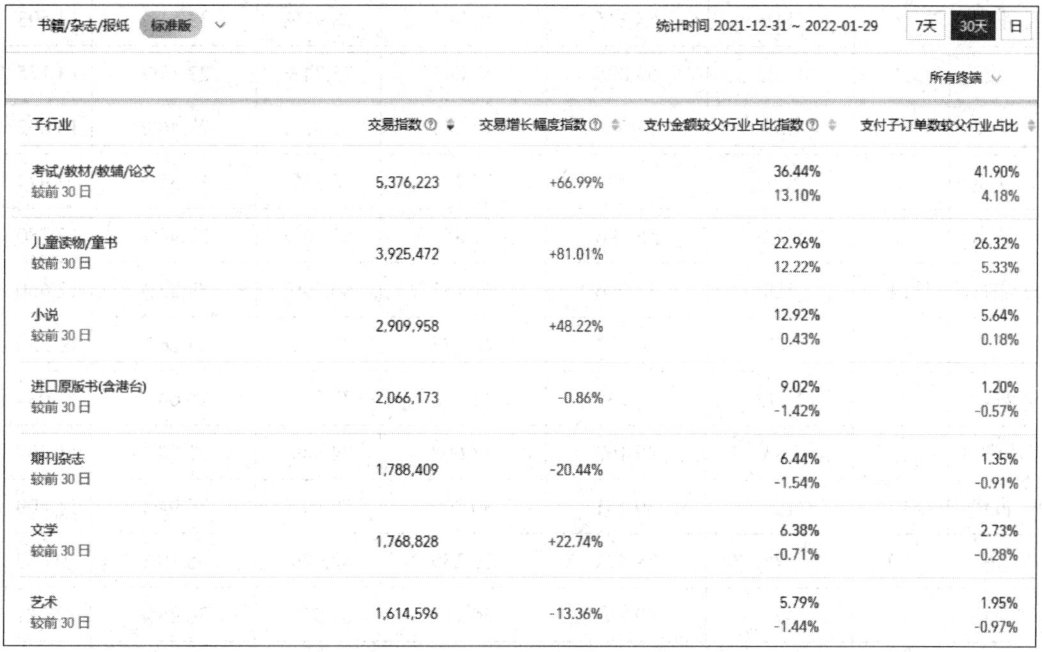

书籍/杂志/报纸 标准版　　统计时间 2021-12-31 ~ 2022-01-29　7天 30天 日

所有终端

| 子行业 | 交易指数 | 交易增长幅度指数 | 支付金额较父行业占比指数 | 支付子订单数较父行业占比 |
|---|---|---|---|---|
| 考试/教材/教辅/论文<br>较前 30 日 | 5,376,223 | +66.99% | 36.44%<br>13.10% | 41.90%<br>4.18% |
| 儿童读物/童书<br>较前 30 日 | 3,925,472 | +81.01% | 22.96%<br>12.22% | 26.32%<br>5.33% |
| 小说<br>较前 30 日 | 2,909,958 | +48.22% | 12.92%<br>0.43% | 5.64%<br>0.18% |
| 进口原版书(含港台)<br>较前 30 日 | 2,066,173 | -0.86% | 9.02%<br>-1.42% | 1.20%<br>-0.57% |
| 期刊杂志<br>较前 30 日 | 1,788,409 | -20.44% | 6.44%<br>-1.54% | 1.35%<br>-0.91% |
| 文学<br>较前 30 日 | 1,768,828 | +22.74% | 6.38%<br>-0.71% | 2.73%<br>-0.28% |
| 艺术<br>较前 30 日 | 1,614,596 | -13.36% | 5.79%<br>-1.44% | 1.95%<br>-0.97% |

图 6-17　生意参谋子类目市场体量数据

3. 整理分析热门修饰词确定具体产品

确定好子类目“儿童读物 / 童书”后，并没有完成选品工作，因为儿童读物 / 童书类产品数量也是惊人的，如果刚开设网店不能进一步把握市场需求、没有选择性地上架商品，要把网店做起来也会很困难，所以需要进一步明确市场需求，选择性地上架商品。这里我们要使用生意参谋中“市场－搜索洞察”中的“搜索排行－热搜修饰词”统计分析来进一步确定具体上架产品。单击生意参谋“市场”→“搜索洞察”→“搜索排行”→“修饰词–热搜”，同时选择 7 天数据，如图 6–18 所示。我们需要下载前 100 条修饰词的数据，形成 Excel 表格来进一步进行数据分析，计算出每个修饰词的竞争力（竞争力 = 相关词搜索人气 × 相关词均点击率 × 词均支付转化率），并按照竞争力降序排列，形成的前 30 个修饰词词表如表 6–1 所示。接下来商家就可以参考这 30 个修饰词，同时结合自己商品的具体情况，选择商品关键词或者是属性中有这些热搜词的商品作为主推上架商品，和自己商品无关的热搜词是不需要使用的。实际操作中，如需要上架更多的商品，我们还可以下载更多的热搜词数据，再按此方法获取更多的参考热搜词，作为选品的依据。

**表 6–1　生意参谋修饰搜词竞争力词**

| 修饰词 | 热搜排名 | 相关搜索词数 | 相关词搜索人气 | 相关词点击人气 | 词均点击率 | 词均支付转化率 | 竞争力 |
|---|---|---|---|---|---|---|---|
| 注音 | 7 | 828 | 55 991 | 44 402 | 85.08% | 32.77% | 15 611 |
| 年级 | 4 | 878 | 58 999 | 44 152 | 75.12% | 32.97% | 14 612 |

续表

| 修饰词 | 热搜排名 | 相关搜索词数 | 相关词搜索人气 | 相关词点击人气 | 词均点击率 | 词均支付转化率 | 竞争力 |
|---|---|---|---|---|---|---|---|
| 正版 | 9 | 441 | 55 145 | 40 894 | 78.97% | 33.51% | 14 593 |
| 小 | 2 | 1 122 | 64 025 | 47 645 | 75.74% | 27.17% | 13 175 |
| 快乐 | 5 | 489 | 57 596 | 42 544 | 79.87% | 28.46% | 13 092 |
| 儿童 | 1 | 2 262 | 75 140 | 57 197 | 88.23% | 19.57% | 12 974 |
| 读书 | 8 | 522 | 55 496 | 42 851 | 82.36% | 27.96% | 12 780 |
| 旅行 | 14 | 228 | 39 956 | 31 757 | 80.79% | 39.22% | 12 660 |
| 漂流 | 23 | 97 | 36 072 | 28 177 | 77.23% | 44.26% | 12 330 |
| 数学 | 6 | 1 113 | 57 239 | 44 078 | 79.25% | 26.64% | 12 084 |
| 小学生 | 11 | 683 | 49 162 | 37 608 | 84.84% | 27.47% | 11 457 |
| 古代 | 17 | 189 | 39 151 | 30 309 | 78.89% | 36.94% | 11 409 |
| 下 | 20 | 278 | 38 491 | 29 259 | 82.99% | 35.19% | 10 657 |
| 童话 | 15 | 474 | 39 809 | 30 163 | 84.93% | 30.38% | 10 271 |
| 骑 | 36 | 83 | 29 168 | 23 223 | 81.27% | 40.60% | 9 624 |
| 阅读 | 10 | 1 079 | 52 639 | 39 174 | 82.95% | 20.45% | 8 929 |
| 读 | 16 | 438 | 39 528 | 30 128 | 78.32% | 27.87% | 8 628 |
| 教育 | 24 | 344 | 35 635 | 26 686 | 77.92% | 30.85% | 8 566 |
| 名著 | 19 | 339 | 38 586 | 28 991 | 84.51% | 25.89% | 8 442 |
| 四大 | 21 | 246 | 36 487 | 27 432 | 84.77% | 27.21% | 8 416 |
| 不 | 34 | 275 | 29 529 | 23 634 | 87.20% | 30.61% | 7 882 |
| 英语 | 12 | 1 020 | 48 227 | 36 662 | 82.12% | 19.85% | 7 861 |
| 全套 | 3 | 743 | 62 820 | 47 366 | 75.91% | 16.38% | 7 811 |
| 秘密 | 46 | 183 | 23 931 | 18 279 | 79.68% | 39.81% | 7 591 |
| 爸爸 | 29 | 253 | 31 945 | 24 025 | 77.01% | 29.84% | 7 341 |
| 儿歌 | 35 | 155 | 29 381 | 22 222 | 77.46% | 31.61% | 7 194 |
| 早教 | 18 | 480 | 39 017 | 30 097 | 90.29% | 19.56% | 6 891 |
| 幼儿 | 22 | 702 | 36 481 | 28 342 | 91.91% | 20.34% | 6 820 |
| 世界 | 27 | 552 | 32 640 | 25 161 | 80.87% | 25.75% | 6 797 |
| 看 | 41 | 356 | 27 056 | 21 327 | 83.21% | 28.93% | 6 513 |

图 6-18　生意参谋子类目修饰热搜词

**4. 还可以参考"修饰词－飙升"选品**

选品时还可以重点考虑产品的未来市场,在上步选品的基础上还可以参考"修饰词－飙升"的词表,结合上一步的统计分析词表来选品。"修饰词－飙升"词部分表如图 6-19 所示,分析方法同上。

图 6-19　生意参谋子类目修饰飙升词

**(二)数据化测款**

完成了产品的选品与上架,虽然我们使用了数据化分析方法进行选品,选品过程尽量做到科学有效,但市场是时刻变化的,我们对于产品的实际表现也没有 100% 的把握,在商家的商品中肯定还存在受欢迎的好卖的和不太受欢迎也可能不太好卖的,所以我们在上架初期需要对产品进行测试,特别是一些类似的商品,进一步明确哪些商品在实际销售中会有更好的表现,这就是我们本部分要做的测款工作。我们拟采用直通车 AB 测试法原理来进行测试,总体操作步骤如下。

1. 进行测试产品直通车推广设置

选择要测试的产品进行直通车推广，因为是现开设的网店，有很多产品需要测试，所以我们可以多设置几个推广计划，每个计划里又可以设置多个商品，而且尽量要将相似的产品设置到一个计划中，以方便进行数据分析对比。具体产品直通车推广的设置在项目四中已经进行了讲解，这里就不再累述，读者重点掌握操作方法和流程即可。

2. 进行测试产品直通车推广数据分析，初步淘汰不合格商品

在直通车推广过程中，我们要以天为单位连续一周进行推广数据的分析，重点关注"点击率""收藏加购率""转化率"等数据指标。一般情况下，新开设的店铺的直通车推广引流是必须要做的，新上架商品的各数据指标都有基本的合格参考分（一般点击率≥5%、收藏加购率≥10%、转化率≥行业平均值），所以在进行初步直通车推广数据分析时，要首先淘汰重点关注数据指标不合格的商品。需要注意的是，一般数据要参考一周连续的数据表现，而不是仅以一两天的数据为依据。

3. 进一步进行测试产品直通车推广数据分析，淘汰相似商品中表现不好的产品

基于上一步初步淘汰直通车测试数据不合格的商品后，需要进一步观测分析剩余产品的推广数据，尤其是相似产品（核心词、修饰词和属性相似的产品）的测试数据，按照连续一周的数据表现，淘汰掉相似商品中数据重点关注的数据指标表现相对不好的产品。至此，我们便基本完成了数据化测款工作。

直通车数据的观测，直接在直通车推广计划中即可看到，数据分析也比较直观，有关具体的操作步骤这里就不再累述。

## 五、 任务小结

本任务以淘宝网店产品数据化选品和测款为主要内容，主要应用淘宝平台生意参谋数据分析工具中的"市场大盘""搜索洞察""修饰热搜词""修饰飙升词"及直通车推广的数据分析，具体讲解了如何进行数据化选品和数据化测款。

## ▶▶ 习 题

### 一、简答题
1. 简述数据化自然流量优化中关键词优化的主要实施步骤。
2. 简述直通车推广关键词数据化选词的主要实施步骤。
3. 简述直通车推广中精准人群定位的主要实施步骤。
4. 简述数据化选品与测款的主要实施步骤。

### 二、实操题
1. 尝试进行淘宝网店运营，进行数据化自然流量优化的实施。
2. 尝试进行淘宝网店运营，进行精准付费引流的实施。
3. 尝试进行淘宝网店运营，进行数据化选品和测款的实施。

# 网店品牌化运营

## 知识目标

- ☑ 了解品牌的含义。
- ☑ 了解品牌的价值。
- ☑ 了解并掌握商标的含义及应用。
- ☑ 了解并掌握如何注册商标。
- ☑ 了解品牌市场如何定位。
- ☑ 了解并掌握如何进行品牌推广与运维。

## 技能目标

- ☑ 能独立策划、构想新的品牌。
- ☑ 能独立运维品牌。

## 课程思政

- ☑ 培养数字经济时代企业品牌化发展与创新精神。

# 任务一　品牌策划与商标注册

## 一、　任务导入

当我们看到市场上眼花缭乱的标志时，是否能一眼就认出具体是哪个品牌呢？

当我们购买同一品类的产品时，是否更倾向于那些知名品牌？

知名品牌给商家带来的是什么？利益？名誉？销售额？还是全部都有？

据市场调查显示，将某知名品牌的咖啡分别注入两个杯子内，一个杯子上没有印刷任何标志，另一个杯子上则印着该品牌的标志。98%以上的顾客认为印着该品牌标志的那个杯子里的咖啡口感会更加浓郁香醇。

品牌真的有这种魔力吗？结论显而易见，品牌真的具有促销的魔力，对于网店也是同样的，所以网店稳定运营后一定要做的就是品牌化运营。

## 二、　知识基础

### （一）品牌的定义

品牌就是人们在接触商品、服务及相关宣传时，通过和熟悉的同类商品和服务对比形成的，对商品和服务的识别印象和对比感受。因此，没有对比就没有品牌。真正的品牌营销从品牌调研就开始了。品牌是制造商或经销商加在商品上的标志。它由名称、名词、符号、象征、设计或它们的组合构成，一般包括品牌名称和品牌标志两个部分。

1. 一般意义上的定义

品牌是一个名称、名词、符号或设计，或者是它们的组合，其目的是识别某个销售者或某群销售者的产品或劳务，并使之与竞争对手的产品或劳务区别开来。

2. 作为品牌战略开发的定义

品牌是通过以上这些要素及一系列市场活动表现出来的结果所形成的一种形象认知度、感觉及品质认知，以及通过这些表现出来的客户忠诚度，总体来讲它是无形的，是作为一种无形资产出现的。

3. 品牌的平衡力定义

品牌的创建是一个系统工程，需要激情、智慧与信念。品牌的强大取决于品牌领导力，其中，定位是方向，平衡是方略；平衡中蕴含定位，定位使平衡具有力量。

品牌是企业或品牌主体（包括城市、个人等）一切无形资产总和的全息浓缩，而"这一浓缩"又可以以特定的"符号"来识别；它是主体与客体、主体与社会、企业与消费者相互作用的产物。

## （二）品牌的价值

"品牌价值"一词关键在于"价值"，它源于经济学上的"价值"概念。品牌具有使用价值和价值。仅从价值的角度来看，品牌价值的核心内涵是品牌具有用货币金额表示的"财务价值"，以便商品用于市场交换。

品牌在某一个时点的、用类似有形资产评估方法计算出来的金额等于市场价格。如果它是适当的，或者是可以确认的，则可出现于资产负债表中。

根据美国公认会计原则的阐述，品牌作为无形资产具有无限的生命力，美国公司必须在资产负债表上将所购并的公司的商誉资本化。品牌价值不需要在损益表上摊销，但要经过年度亏损检验，如果价值下降，则其结存价值必须降低。

品牌价值是指品牌在需求者心目中的综合形象，包括其属性、品质、档次（品位）、文化、个性等，代表该品牌可以为需求者带来的价值。

价值理论的多样化使品牌价值被赋予了不同的内涵。根据劳动价值理论，品牌价值是品牌客户、渠道成员和母公司等方面采取的一系列联合行动，能使该品牌产品获得比未取得品牌名称时更大的销量和更多的利益，还能使该品牌在竞争中获得更强劲、更稳定、更特殊的优势。

品牌价值是人们是否继续购买某一品牌的意愿，可由顾客忠诚度及细分市场等指标测度，这一定义侧重于通过顾客的效用感受来评价品牌价值。

由此可以看出，品牌作为一种无形资产之所以有价值，不仅在于品牌形成与发展过程中蕴含的沉淀成本，而且在于它是否能为相关主体带来价值，即是否能为其创造主体带来更高的溢价及未来稳定的收益，是否能满足使用主体的一系列情感和功能效用。

所以，品牌价值是企业和消费者相互联系作用形成的一个系统概念。它体现为企业通过对品牌的专有和垄断获得的物质文化等综合价值及消费者通过对品牌的购买和使用获得的功能和情感价值。

商品经济范畴下，品牌是一个企业自身的商标、旗下的产品和服务产品网络，具备的正面信息总和。通俗理解，一个没有高科技信息含量的品牌也就是一个名称而已，企业苦心经营和维护自身的品牌，就是求得一个公众认可的品质质量知名度，让公众认为其具有"诚信、守法、可靠、专业、价值、经济、高效"等美誉。

## （三）品牌的作用

### 1. 产品或企业核心价值的体现

品牌是消费者或用户记忆商品的工具。企业不仅要将商品销售给目标消费者或用户，而且要使消费者或用户通过使用对商品产生好感，从而重复购买，不断宣传，形成品牌忠诚。消费者或用户使用品牌产品后形成满意，就会围绕品牌形成消费经验，存储在记忆中，为将来的消费决策提供依据。一些企业为自己的品牌树立了良好的形象，赋予品牌美好的情感，或代表一定的文化，使品牌及品牌产品在消费者或用户心目中形成美好的记忆。

### 2. 识别商品的分辨器

品牌可用于识别某个销售者的产品或服务。品牌设计应具有独特性，有鲜明的个性特征，品牌的图案、文字等与竞争对手的区别代表该企业的特点。互不相同的品牌各自代表不同的形式和质量，不同服务的产品可为消费者或用户购买、使用提供借鉴。通过品牌，人们可以认知产品，并依据品牌选择购买。例如，人们购买汽车时，奔驰、沃尔沃、桑塔纳、米提诺、英格尔，每种品牌代表不同的产品特性、不同的文化背景、不同的设计理念、不同的心理目标，消费者和用户便可根据自身的需要进行选择。

**3. 质量和信誉的保证**

树品牌、创名牌是企业在市场竞争条件下逐渐形成的共识，企业希望通过品牌使人们更容易区别产品和企业，通过品牌形成品牌追随，通过品牌扩展市场，使品牌成为企业有力的竞争武器。品牌，特别是名牌的出现，使用户形成了一定程度的忠诚度、信任度、追随度，由此使企业在与对手竞争中拥有了后盾和基础。品牌可以利用其市场扩展的能力，带动企业进入新市场，带动新产品打入市场；可以利用品牌资本运营的能力，通过一定的形式如特许经营、合同管理等进行企业的扩张。

**4. 企业的核心竞争力**

品牌以质量取胜，品牌常附有文化和情感内涵，所以品牌给产品增加了附加值。同时，品牌有一定的信任度、追随度，企业可以为品牌制定相对较高的价格，获得较高的利润。品牌中的知名品牌在这一方面表现最为突出，如海尔家电，其价格一般比同等产品高。

**5. 驱动生意：卖得更贵＋卖得更多**

利用品牌价值可以增加企业的利润。例如，在大型超市的五谷杂粮区域，散装的大米不存在品牌的概念，给人的印象总是很廉价，而同样质量的大米有了包装，有了品牌，则可以吸引大量消费者的目光，从而使价格和销售额得以大幅度提高。

**6. 区分对手**

区分对手是指制造商利用品牌将自己的产品与竞争对手的产品相区别。早期的企业对品牌的认识较为简单，它们相信只要给自己的产品或服务起一个名称，就足以将对手区分开。所以许多品牌的名字直接采用企业创立者的姓氏或名字，以便客户识别。但一个品牌要在竞争对手林立的市场中脱颖而出，还需要满足消费者的实际需求，带给消费者不同的体验。

## （四）商标

**1. 商标的含义**

商标是用于区别经营者的品牌或服务的标记。我国商标法规定，经商标局核准注册的商标包括商品商标、服务商标和集体商标、证明商标，商标注册人享有商标专用权，受法律保护，驰名商标将会获得跨类别的商标专用权法律保护。

世界知识产权组织（World Intellectual Property Organization，WIPO）官方网站的解释：商标是将某商品或服务标明是某具体个人或企业所生产或提供的商品或服务的显著标志。商标的起源可追溯到古代，当时工匠们将其签字或"标记"印制在其艺术品或实用产品上。随着岁月迁流，这些标记演变为今天的商标注册和保护制度。这一制度帮助消费者识别和购买某产品或服务，因为由产品或服务上特有的商标标识的该产品或服务的性质和质量符合他们的需求。

根据《中华人民共和国商标法》（2013修正）（简称《商标法》），能将自己的商品或服务与他人的商品和服务区分开的标志（包括文字、图形、字母、数字、声音、三维标志和颜色组合，以及上述要素的组合），就可以称为商标。

2. 商标的构成

构成商标的字母是指拼音文字或注音符号的最小书写单位，包括拼音文字、外文字母，如英文字母、拉丁字母等。原《商标法》把仅以字母构成的商标归在文字商标中，而2001年修订的《商标法》把字母作为商标的构成要素之一，这样规定更符合实际，也便于商标主管部门依法审查核准对商标注册的申请。

构成商标的数字既可以是阿拉伯数字，也可以是中文大写数字。

构成商标的三维标志又称为立体标志，是具有长、宽、高三种度量的立体物标志。以三维标志构成的商标标志称为立体商标，它与我们通常所见的表现在一个平面上的商标图案不同，而是以一个立体物质形态出现的，这种形态可能出现在商品的外形上，也可能表现在商品的容器或其他地方。增加对立体商标的注册和保护规定是2001年修订的《商标法》所增添的新内容，这使我国的商标保护制度更加完善。

颜色组合单独作为商标要素也是2001年《商标法》中新增加的内容。独特新颖的颜色组合不仅可以给人以美感，而且具有显著性，能起到表示产品或者服务来源的作用，也能起到区别生产者、经营者或者服务者的作用。

声音商标是用音符编成的一组音乐或某种特殊声音制作的商品或服务的商标。

上述商标要素可以单独作为商标注册，也可以将上述这些要素中的两个或两个以上要素、相同或不相同的任意组合作为商标注册，但必须符合《商标法》第八条、第九条的有关规定。

作为构成商标的文字、图形、字母、数字、声音、三维标志或其组合的颜色，在申请注册商标时若未明确提出指定颜色要求，均按黑白颜色注册，也按黑白颜色保护。明确提出指定颜色或颜色组合的，则按所指定的颜色或颜色组合注册，也按指定颜色或颜色组合保护。

3. 商标的种类

（1）文字商标是指仅用文字构成的商标，包括中国汉字和少数民族字、外国文字或以各种不同字组合的商标。

（2）图形商标是指仅用图形构成的商标。其中主要包括：①记号商标是用某种简单符号构成图案的商标；②几何图形商标是以较抽象的图形构成的商标；③自然图形商标是以人物、动植物、自然风景等自然的物象为对象所构成的图形商标。有的以实物照片，有的则以经过加工提炼、概括与夸张等手法进行处理的自然图形所构成的商标。

（3）字母商标是指用拼音文字或注音符号的最小书写单位，包括拼音文字、外文字母如英文字母、拉丁字母等所构成的商标。

（4）数字商标是指用阿拉伯数字、罗马数字或者是中文大写数字所构成的商标。

（5）三维标志商标又称为立体商标，是指用具有长、宽、高三种度量的三维立体物标志构成的商标标志。它与我们通常所见的表现在一个平面上的商标图案不同，而是以一个立体物质形态出现的。

（6）颜色组合商标是指由两种或两种以上的彩色排列、组合而成的商标。文字、图案加彩色所构成的商标不属于颜色组合商标，只是一般的组合商标。

（7）（上述（1）～（6）的）组合商标是指由两种或两种以上成分相结合构成的商标，也称复合商标。

（8）音响商标是指以音符编成的一组音乐或以某种特殊声音作为商品或服务的商标。如美国一家唱片公司使用11个音符编成一组乐曲，将其灌制在它们所出售的录音带的开头，作为识别其商品的标志。这个公司为了保护其音响的专用权，防止他人使用、仿制而申请了注册。音响商标目前只在美国等少数国家得到承认，我国在2014年5月1日正式实施的《中华人民共和国商标法》中首次增加了声音商标的规定。

（9）气味商标是指以某种特殊气味作为区别不同商品和不同服务项目的商标。目前，这种商标只在个别国家被承认。在我国，气味尚不能注册为商标。

（10）位置商标是指某种商品特定部位的立体形状、图案、颜色及它们的组合，通过它们区分商品或服务的提供者。

（11）商品商标就是商品的标记，它是商标的最基本表现形式，通常所说的商标主要是指商品商标。商品商标又可分为商品生产者的商业商标和商品销售者的商业商标。

（12）服务商标是指用于区别与其他同类服务项目的标志，如航空、导游、保险和金融、邮电、饭店、电视台等单位使用的标志主要是服务商标。

（13）集体商标是指以团体、协会或者其他组织名义注册，供该组织成员在商事活动中使用，以表明使用者在该组织中的成员资格的标志。

（14）营业商标是指生产或经营者把特定的标志或企业名称用在自己制造或经营的商品上的商标，这种标志也叫作"厂标""店标"或"司标"。

（15）证明商标是指由对某种商品或者服务具有监督能力的组织所控制，而由该组织以外的单位或者个人用于其商品或者服务，用于证明该商品或者服务的原产地、原料、制造方法、质量或者其他特定品质的标志，如绿色食品标志、真皮标志、纯羊毛标志、电工标志等。

（16）等级商标是指在商品质量、规格、等级不同的一种商品上使用的同一商标或者不同的商标。这种商标有的虽然名称相同，但图形或文字字体不同；有的虽然图形相同，但为了便于区别不同商品的质量，以不同颜色、不同纸张、不同印刷技术或者其他标志来区别，也有的是用不同商标名称或者图形来区别。

（17）组集商标是指在同类商品上，由于品种、规格、等级、价格的不同，为了加以区别而使用的几个商标，并把这几个商标作为一个组集一次提出注册申请的商标。组集商标与等级商标有相似之处。

（18）亲族商标是以一定的商标为基础，再把它与各种文字或图形结合起来，用于同一企业的各类商品上的商标，也称"派生商标"。

（19）备用商标也称贮藏商标，是指同时或分别在相同商品或类似商品上注册几个商标，注册后不一定马上使用，而是先贮存起来，需要时再使用的商标。

（20）防御商标是指驰名商标所有者为了防止他人在不同类别的商品上使用其商标，而在非类似商品上分别注册商标，这种商标称为防御商标。目前，我国商标法律并未有"防御商标"的相关规定。

（21）联合商标是指同一商标所有人在相同或类似商品上注册的几个相同或者近似的商标，有的是文字近似，有的是图形近似，这些商标称为联合商标。这种近似商标注册后不一定都使用，其目的是防止他人仿冒或注册，从而更有效地保护自己的商标。

（五）商标的禁用条款

1. 商标法规定，下列标志不得作为商标使用

（1）同中华人民共和国的国家名称、国旗、国徽、军旗、勋章相同或者近似的，以及同中央国家机关所在地特定地点的名称或者标志性建筑物的名称、图形相同的。

（2）同外国的国家名称、国旗、国徽、军旗相同或者近似的，但该国政府同意的除外。

（3）同政府间国际组织的名称、旗帜、徽记相同或者近似的，但经该组织同意或者不易误导公众的除外。

（4）与表明实施控制、予以保证的官方标志、检验印记相同或者近似的，但经授权的除外。

（5）同"红十字""红新月"的名称、标志相同或者近似的。

（6）带有民族歧视性的。

（7）夸大宣传并带有欺骗性的。

（8）有害于社会主义道德风尚或者有其他不良影响的。

2. 下列标志不得作为商标注册

（1）仅有本商品的通用名称、图形、型号的。

（2）仅直接表示商品的质量、主要原料、功能、用途、重量、数量及其他特点的。

（3）其他缺乏显著特征的。

标志经过使用取得显著特征，并便于识别的，可以作为商标注册。

3. 复制、摹仿或者翻译他人的驰名商标禁止使用

就相同或者类似商品申请注册的商标是复制、摹仿或者翻译他人未在中国注册的驰名商标，容易导致混淆的，不予注册并禁止使用。

就不相同或者不相类似商品申请注册的商标是复制、摹仿或者翻译他人已经在中国注册的驰名商标，误导公众，致使该驰名商标注册人的利益可能受到损害的，不予注册并禁止使用。

（六）商标的注册

依照《中华人民共和国商标法》第四条的规定，自然人、法人或者其他组织在生产经营活动中对其商品或者服务需要取得商标专用权的，应当向商标局申请商标注册。以自然人名义办理商标注册、转让等申请事宜，除按照有关规定提交《商标注册申请书》、商标图样等材料外，还应注意以下事项。

（1）个体工商户可以以其个体工商户营业执照登记的字号作为申请人名义提出商标

注册申请，也可以以执照上登记的负责人名义提出商标注册申请。以负责人名义提出申请时应提交以下材料的复印件：负责人的身份证；个体工商户执照。

（2）个人合伙可以以其营业执照登记的字号或有关主管机关登记文件登记的字号作为申请人名义提出商标注册申请，也可以以全体合伙人的名义共同提出商标注册申请。以全体合伙人的名义共同提出申请时应提交以下材料的复印件：合伙人的身份证；营业执照；合伙协议。

（3）农村承包经营户可以以其承包合同签约人的名义提出商标注册申请，申请时应提交以下材料的复印件：签约人身份证；承包合同。

（4）其他依法获准从事经营活动的自然人，可以以其在有关行政主管机关颁发的登记文件中登载的经营者名义提出商标注册申请，申请时应提交以下材料的复印件：经营者的身份证；有关行政主管机关颁发的登记文件。

（5）对于不符合《中华人民共和国商标法》规定的商标注册申请，商标局不予受理并书面通知申请人。申请人提供虚假材料取得商标注册的，由商标局撤销该注册商标。

（6）办理转让商标申请，受让人为自然人的，应参照上述事项办理。

## （七）商标注册的原则

### 1. 自愿注册和强制注册相结合原则

我国大部分商标采取自愿注册原则。国家法律、行政法规规定必须使用注册商标的商品（主要指卷烟、雪茄烟、有包装的烟丝）的生产经营者必须申请商标注册，未经核准注册的，商品不得在市场销售。

### 2. 显著原则

申请注册的商标应当具有显著特征，便于识别，并不得与他人在先取得的合法权利（如外观设计专利权、姓名权、著作权）相冲突。

### 3. 商标合法原则

申请注册的商标不得使用法律禁止的标志。已经注册的使用地名的商标继续有效。未经授权，代理人或者代表人以自己的名义将被代理人或者被代表人的商标进行注册，被代理人或者被代表人提出异议的，不予注册并禁止使用。商标中有商品的地理标志，而该商标并非来源于该标志所标示的地区，误导公众的，不予注册并禁止使用；地名具有其他含义或者作为集体商标、证明商标组成部分的除外；已经注册的使用地名的商标继续有效。

### 4. 商标注册审查原则

对商标注册申请进行审查公告时，两个或者两个以上的商标注册申请人，在同一种商品或者类似商品上，以相同或者近似的商标申请注册的，初步审定并公告申请在先的商标；同一天申请的，初步审定并公告使用在先的商标，驳回其他人的申请，不予公告。

### 5. 禁止抢注商标原则

申请商标注册不得以不正当手段抢先注册他人已经使用并有一定影响的商标。

（八）品牌和标志设计

1. 如何打造一个品牌

一个品牌的小故事：1968 年，"金利来"商标的创始者曾宪梓看到香港当地生产的领带质量低劣，全都摆在地摊上，便立志在香港生产出做工精良的领带。曾宪梓在泰国时跟着哥哥学做过几个月的领带，掌握了一些制作技术。所以，在香港，他凭着剪刀、尺子、缝纫机这些简单工具，真的做出了质优款新的领带。

有了领带，还要给领带确定个商标，因为领带没有牌子就不能进入高档商店柜台。曾宪梓最初起的商标名称叫"金狮"，并兴致勃勃将两条"金狮"领带送给他的一位亲戚。可没有想到他的那位亲戚拒绝了他的礼物，并不高兴地说："金输，金输，金子全给输啦！"原来，在香港话中，"狮"与"输"读音相近，香港人爱讨个吉利，对"输"字很忌讳。

当晚，曾宪梓彻夜未眠，绞尽脑汁改"金狮"的名字，最后终于想出个好办法，将"金狮"的英文名"Goldlion"由意译改为意译与首译相结合，即"Gold"仍为意译"金"，而"lion"取音译"利来"，合起来就是"金利来"。金利来，金与利一起来，谁听了不高兴！接着，曾宪梓又突发奇想，中国人很少用毛笔写英文，我用它写，不就是很特别的字形吗？于是他在纸上用毛笔写出了"GOLDLION"字样，再让设计师整理、编排好，这就是现在"金利来"的英文标志。

曾宪梓又用了一枚钱币画了个圆，用弓角尺画了个"L"，一个优美的商标图形就构成了。自改商标名称后，"金利来"果然一叫就响，成为响亮的领带商标，金利来公司也从此发展起来。"金利来"的成功主要在于商标名称定位好，并且与其原名形成了很好的对应。

就算领带品质再好，起名"金狮"，消费者不高兴，其原因在于商标名称不合消费者心理和风俗习惯，而"金利来"迎合了特定的消费群体的心理和风俗习惯，使消费者喜闻乐见，乐于接受。

好的品牌名应当具有什么特性？

（1）便于记忆，发音、含义容易理解。

（2）含义性，具有利于开展营销活动的含义。

（3）美的诉求力，名称具有美感。

（4）超越商品、地理、文化界限、市场类别的移动性（易展开品牌营销）。

（5）可长期持续使用的通用性和灵活性。

（6）在法律上和竞争中都可以进行自我保护和防卫。

起名的原则是什么？

一言蔽之：简洁、独特、新颖、响亮，同时兼顾品牌名称是否侵权，该品牌名称是否在允许注册的范围之内。

名字的长度非常有学问，越简单则越容易受到欢迎。图 7-1 直观地体现出了名字长短的重要性，品牌名称越短，其平均知名度越高。

2. 如何打造符号文化——标志

一个优秀的标志不仅在功能、审美和内涵的表达方面是完美的，而且是有独特的创意的，这就需要大家在做标志设计时进行创意设计。标志设计是每个品牌的必备因素，成功的标志设计能够成就品牌，同时也是这个企业的主要竞争力，是市场营销中非常重要的手段。那企业标志的标准是什么呢？

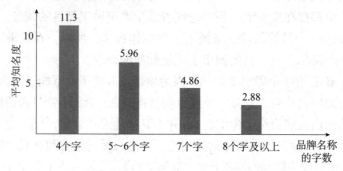

图 7-1　品牌名称的字数对品牌认知的影响

1）简单易识别

标志可以看作一种视觉语言，要让人在看到的瞬间产生记忆，因此标志设计不宜太复杂，简单的标志在短时间内最容易让人识别，适用的场合比较广，并且可以符合企业需求。因为标志的存在最大的特点就是突出独有的特征，标示与其他品牌不同的意义，所有标志必须让人一眼即可识别并过目不忘。

2）符合行业属性

一个好的标志要让人一眼判断出大概是什么类型的公司和服务，比如针对女性市场的企业标志设计的字体一般较为纤细和柔美，色调会比较柔和，而科技工业类的企业标志大多比较阳刚、硬朗、稳重。在企业运营推广过程中，细节元素表达也很重要，所以在设计标志过程中行业元素和颜色的考究也极为重要。

3）永恒性及延展性

标志和其他产品不同，因为它在企业发展过程中要经受时间的考验，具有长期的使用价值。标志是公司的门面，它会出现在品牌宣传的各个地方，这时标志的延展性就非常重要了，因为有些企业的标志虽然很漂亮，但是在设计应用中使用场景却非常有限，这就说明品牌的标志不要只追求漂亮，却没有与品牌或者产品相结合，这样的标志也是不成功的。

4）独特性

标志是用于表达企业的产品的独特特征的独特标记，一定要让消费者感受到企业的独特品质、风格及经营理念，注意避免与其他企业标志出现雷同的情况，设计上要别出心裁，符号、图形和文字中都应该具备自身的特色。

5）原创性

标志设计完成之后都是需要注册的，一个抄袭的标志不能注册，企业也不能使用对外宣传，并且一个抄袭标志并不具备独特性，不利于消费者识别品牌，抄袭是必须要杜绝的。随着市场竞争的不断加大，产品多元化和同质化也在加大，如何让消费者在琳琅满目的商品中辨别，如何提高产品的知名度，一方面靠的是企业的推广宣传效度，另一方面靠的是企业的可识别性，其中的首要因素就是企业标志，它不仅是一个图形，更多的是传达一种企业态度。

举例说明如下。

（1）烟台苹果。烟台苹果的品牌标志十分简洁，最好的认可——大拇指加美味的苹果组成最简单的标志，让人一目了然，如图7-2所示。

图7-2　烟台苹果的品牌标志设计

（2）灵宝苹果。灵宝苹果地处高原，最初设计标志考虑的是黄土高坡及苹果的元素，经过几次雕琢之后，在标志上既看到了苹果也看到了高原，加上未超过7个字的广告语，精练而落落大方，如图7-3所示。

图7-3　灵宝苹果的品牌标志设计图

（3）温岭葡萄。温岭因为靠近海边，所以在设计标志时，在充分考虑葡萄自身的特色的同时兼顾海的元素——海鸥、海浪，既道出了产地特色，也描述了产品，如图7-4所示。

（4）蒲城酥梨。蒲城酥梨标志的最大特点就是将蒲城的拼音缩写PC融入其中，同时尽可能地保留了产品自身的颜色特点，加上四字广告语"多汁多润"，让食客垂涎欲滴，如图7-5所示。

图 7-4 温岭葡萄的品牌标志设计图

图 7-5 蒲城酥梨的品牌标志设计图

## 三、 任务分析

　　网店的品牌化运营核心就是打造自己的电商品牌，打造品牌的初期工作就是先要进行电商品牌的策划与商标注册，形成自己的品牌标识，之后再进行大力宣传推广，还要始终保持自己电商产品的品牌品质，这样才能让自己的产品在宣传推广的助力下逐步树立品牌信任与形象，并长期运维下去，本任务将主要讲解品牌的打造过程与商标的注册申请过程。

## 四、 任务实施

（一）品牌的打造过程

1. 明确企业为什们需要品牌

在分析品牌之前，我们可以先从商业的角度看企业为什么要有品牌，这既不能增加销售额还要花公司很多钱，先把目的想明白，品牌的解释也就出来了。

品牌的作用在于以下两个方面。

（1）品牌的打造能够让产品产生溢价，提高经营的空间，让产品比看上去更有价值，在同一决策场景下更具有竞争力。

（2）品牌可以给消费者带来一种信用保障，可以让消费者形成特定的依赖感，缩短用户决策过程。

2. 明确品牌搭建就是企业自我标识的重要过程

做品牌就是从告诉用户"我是谁"到"谁是我"的一个过程。

（1）明确我们是谁。企业在市场上被认可的现象背后，其实本质是消费者对公司、品牌文化和传播价值的认可。

产品能让用户愿意传播，本质上说明消费者对这个产品的需求或价值观的认同，所以企业初创时应该时刻告诉消费者"我是谁"，我能带给他什么样的价值。

（2）明确我们要成为什么样的人。在消费者的心智中，从接触品牌到成为品牌最忠实的粉丝，应该是从认识品牌的标志到认可品牌传播的价值观，后者是品牌的最高境界，产品和包装是消费者的第一个认同。真正想要让消费者对你的品牌产生依赖或者忠诚，就必须树立品牌的价值观与个性，这才是消费者能对品牌忠诚的核心。

鲜明的品牌个性可以在打造的时候迅速收获一部分同类个性的人，并且会帮助品牌迅速传播，正确的价值观可以让消费者在使用该产品或者服务时感知到自己是在做一件非常有意义并且可以让自己改变的事情。

比如喜欢新鲜事物、时尚的年轻人会排3个小时买一杯喜茶，在他们的认知里面喜茶不仅仅是一杯饮料，还是在表达着自己的潮流和时尚，喜茶的品牌个性替他们表达了他们内心要表达的东西。

（3）明确我们希望在哪些场景带给顾客怎样的感受。品牌体验是指顾客个体对品牌的某些经历（包括经营者在顾客消费过程中及品牌、产品或服务购买前后所做的营销努力）产生回应的个别化感受。

品牌体验可以主要分为识别体验、产品体验、购买体验、沟通体验四种。品牌体验的特点有彰显个性、追求互动、蕴含情感、创造快乐等。

3. 选择一个细分卖点，单点做透

（1）树概念。为什么你的东西做出来以后大家没有印象？因为你的传播没有打透一个点。

消费者有那么多选择，为什么要买这个产品，我们需要给消费者一个非常明确的理由，给他们一个个最能满足他们的需求从而购买该产品的理由，无论是在线上做传播还是做地推活动，全部围绕一个特点去打造、去宣传，把这个点打透，告诉消费者为什么买你的产品而不买别人的产品，这点需要非常明确。

例如，京东极速达，现在很多用户一提到京东，第一反应就是送货快。所以用大量的内容把你的一个特点衬托出来，这点特别重要。

（2）定用户。要知道你的用户是谁，在此基础上，还要知道用什么样的内容吸引用户互动。无论做什么行业都需要做一些取舍，因为每一件产品都是与众不同的，是为了部分目标群体打造的产品，不可能每个人都喜欢这一种生活方式，这时候就需要选择你的用户和对象了。

例如，喜茶的传播永远都是围绕那一群追求时尚、善于表达自己的年轻人做内容，现在喜茶就是时尚、潮流的代名词。

（3）立场景。都在说入口经济，那有没有考虑过出口经济呢？我们的每一种心情都需要有一个出口。我们给孩子买很多玩具，给父母买很多补品，这些真的是给父母买的吗？其实这些东西也是买给我们自己的，让我们不能长伴左右的心情能够好受些。

找到一些用户会使用你的产品或者想起你的产品的场景，并且不停地去重复传播，加深印象，当消费者真的处于这样一个场景中时，那么你的产品可以解决这个问题，在用户的心智中默认首选就是你。

（4）讲故事。产品的故事、创始人的故事、高管的故事，客户对这些很感兴趣。可以让"其他人"成为你的故事的讲述者，借真实事件诠释品牌价值观。

（5）强体验。提升用户体验，要学会做触点管理，简单点说，也就是抓住与用户接触的各个"关键时刻"。通过接触点的规划、设计和管理，使这些与用户接触的关键时刻变为用户满意的点。

就像海底捞告诉你好的火锅服务是怎么样的，这就是火锅界的一个标准，经常吃火锅的人群去一家火锅店在服务板块都拿海底捞来做标准评判，让用户知道你给的产品就是一个标准。

打破过去品牌自嗨的做法，不再是"以我为主"，每个人触手可及的渠道和平台无距离、无门槛，带有社交化特点的玩法，放低门槛跟用户玩成一片，将收获更多的用户人群。

4. 进行全面触达营销推广

品牌的终极目标就是不断地升级，来为客户制定标准，不断拉低体验的门槛，贴近更多人群，从而引发大面积的传播。这里面要强调的是：一次商业营销活动要让以下六种人看到才算合格。

2C：让用户看到我们的服务理念、创新创意。

2B：让合作伙伴看到你未来的潜力，增强你在上下游的议价能力。

2M：让行业看到，树立行业的实力地位。

2VC：让投资人看到你的变化和成绩。

2T：让人才看到我们的发展前景。

2A：让学界看到，把自己变成一个成功的案例，不断地被媒体、学界口口相传。

很多人说为什么我的这次传播不成功，那可能是做的时候只想到了2C或者2B。

但是一次传播应该有 4 ~ 6 个方向，前四个必须做到，后两个可以选择性地做到，六个方向都做到了才算是一次成功的营销，才算是全面触达的宣传推广。

品牌应该找到更好地推动人们分享的点，让他们自发去传播。比如乌镇老街上的商业模式创新，给亲人现场制作荷包，让产品更有仪式感。

## （二）商标的注册申请过程

### 1. 注册准备

选择注册方式：一种注册方式是自己到国家工商行政管理局商标局申请注册；另一种注册方式是委托一家经验丰富的商标代理组织代理服务。

### 2. 准备资料

准备商标图样 5 张（指定颜色的彩色商标，应交着色图样 5 张、黑白墨稿 1 张），长和宽不大于 10 厘米，不小于 5 厘米；如果是个人提出申请，需出示身份证并递交复印件，另加个体营业执照复印件；若是企业申请，则出示企业营业执照副本并递交复印件；盖有单位公章的商标注册申请书。

### 3. 开始申请

按商品与服务分类提出申请，商品和服务项目共分为 45 类，其中商品 34 类，服务项目 11 类。申请注册时，应按商品与服务分类表的分类确定使用商标的商品或服务类别；同一申请人在不同类别的商品上使用同一商标的，应按不同类别提出注册申请。

### 4. 申请日的确定

这是最重要的一点。由于中国商标注册采用申请在先原则，一旦您和其他企业发生商标权的纠纷，申请日在先的企业将受法律保护。所以，确立申请日十分重要，申请日以商标局收到申请书的日期为准。

接下来就是商标审查、初审公告、注册公告三个程序。需要强调的是，经过商标局初审通过的商标，要在刊登公告三个月后无人提出异议才可以注册完成，该商标即受法律保护。已注册商标的有效期为十年，自核准注册之日起计算。有效期满，需要继续使用的，可以申请商标续展注册。

### 5. 领取商标注册证

商标完成注册后，商标局向注册人颁发证书。

若是通过代理组织申请注册，由代理人向注册人发送商标注册证；直接办理注册的，注册人应在接到领取商标注册证通知书后三个月内到商标局领证，同时还应携带领取商标注册证的介绍信、领证人身份证及复印件、营业执照副本及原件、领取商标注册证通知书；商标注册人名义变更的，需附送工商部门出具的变更证明。

**注**：一件新申请商标从申请到发证，顺利的情况下一般需要一年半左右，其中申请受理和形式审查约需 3 个月，实质审查约需 9 个月，异议期 3 个月，核准公告到发证约 2 个月（如果遇到驳回和异议，时间会延长）。

### 6. 商标注册申请须知

自然人、法人或者其他组织对其生产、制造、加工、拣选或经销的商品或者提供的服务需要取得商标专用权的，应当依法向国家工商行政管理总局商标局（以下简称"商标局"）提出商标注册申请。狭义的商标注册申请仅指商品和服务商标注册申请、商标国际注册申请、证明商标注册申请、集体商标注册申请、特殊标志登记申请。广义的商标注册申请除包括狭义的商标注册申请的内容外，还包括变更、续展、转让注册申请，异议申请，商标使用许可合同备案申请，以及其他商标注册事宜的办理。

## 五、 任务小结

本任务以网店品牌化运营的核心内容为任务，重点讲解了品牌策划即电商品牌打造的过程与商标注册的具体的实施步骤和相关知识点，内容中结合具体的实践操作案例进行了较全面的分析讲解，较好地做到了理论联系实践，对于电商运营读者有较好的借鉴价值。

# 任务二 品牌市场定位

## 一、 任务导入

自身产品进入市场时，最重要的环节就是给产品进行定位。过高或过低的定位都会直接影响产品的未来。举例来说，如果生产的是普通饮料，那么定位在高端用户人群则会失去其竞争力。所以在我们打造品牌的同时，最先想到的应该是如何定位自身的价格、产品层次和消费人群等，电商产品品牌也是如此。

## 二、 知识基础

### （一）市场定位

市场定位是指根据竞争者现有产品在市场上所处的位置，针对消费者或用户对该种产品的某种特征、属性和核心利益的重视程度，强有力地塑造出此企业产品与众不同的、给人印象深刻的、鲜明的个性或形象，并通过一套特定的市场营销组合把这种形象迅速、准确而又生动地传递给顾客，影响顾客对该产品的总体感觉。

### （二）市场定位的目的

市场定位并不是你对一件产品本身做些什么，而是你在潜在消费者的心目中做些什么。市场定位的实质是使此企业与其他企业严格区分开来，使顾客明显感觉和认识到这种差别，从而在顾客心目中占有特殊的位置。

市场定位的目的是使企业的产品和形象在目标顾客的心理上占据一个独特、有价值的位置。

## （三）市场定位的分类

市场定位可分为对现有产品的再定位和对潜在产品的预定位。

对现有产品的再定位可能导致产品名称、价格和包装的改变，但是这些外表变化是为了保证产品在潜在消费者的心目中留下值得购买的形象。

对潜在产品的预定位要求营销者必须从零开始，使产品特色确实符合所选择的目标市场。

## （四）市场定位的原则

各个企业经营的产品不同，面对的顾客也不同，所处的竞争环境也不同，因而市场定位所依据的原则也不同。总的来讲，市场定位所依据的原则有以下四点。

### 1. 根据具体的产品特点定位

构成产品内在特色的许多因素都可以作为市场定位所依据的原则，比如所含成分、材料、质量、价格等。"七喜"汽水的定位是"非可乐"，强调它是不含咖啡因的饮料，与可乐类饮料不同。"泰宁诺"止痛药的定位是"非阿司匹林的止痛药"，显示药物成分与以往的止痛药有本质的差异。一件仿皮皮衣与一件真正的水貂皮衣的市场定位不同，同样的，不锈钢餐具若与纯银餐具定位相同，也是难以令人置信的。

### 2. 根据特定的使用场合及用途定位

为老产品找到一种新用途，是为该产品创造新的市场定位的好方法。小苏打曾一度被广泛地用作家庭的刷牙剂、除臭剂和烘焙配料，已有不少的新产品代替了小苏打的上述一些功能。小苏打可以定位为冰箱除臭剂，还有家公司把它当作调味汁和肉卤的配料，另有一家公司发现它可以作为冬季流行性感冒患者的饮料。我国曾有一家生产"曲奇饼干"的厂家最初将其产品定位为家庭休闲食品，后来发现不少顾客购买是为了馈赠，又将之定位为礼品。

### 3. 根据顾客得到的利益定位

产品提供给顾客的利益是顾客最能切实体验到的，也可以用作定位的依据。1975年，美国米勒啤酒公司（Miller）推出了一种低热量的"Lite"牌啤酒，将其定位为喝了不会发胖的啤酒，迎合了那些经常饮用啤酒而又担心发胖的人的需要。

### 4. 根据使用者的类型定位

企业常常试图将其产品指向某一类特定的使用者，以便根据他们的看法塑造恰当的形象。

美国米勒啤酒公司曾将其原来唯一的品牌"高生"啤酒定位于"啤酒中的香槟"，吸引了许多不常饮用啤酒的高收入女士。后来发现，30%的狂饮者大约消费了啤酒销量的80%，于是，该公司在广告中展示石油工人钻井成功后狂欢的镜头，还有年轻人在沙滩上冲刺后开怀畅饮的镜头，塑造了一个"精力充沛的形象"，在广告中提出"有空就喝米勒"，从而成功占领啤酒狂饮者市场达10年之久。

事实上，许多企业进行市场定位的依据原则往往不止一个，而是多个原则同时使用。因为要体现企业及其产品的形象，市场定位必须是多维度的、多侧面的。

## （五）市场定位的方式

### 1. 避强定位

这种策略是企业避免与强有力的竞争对手发生直接竞争，而将自己的产品定位于另一市场的区域内，使自己的产品在某些特征或属性方面与强势对手有明显的区别。这种策略可使自己迅速在市场上站稳脚跟，并在消费者心中树立起一定形象。由于这种做法风险较小，成功率较高，常为多数企业所采用。

### 2. 迎头定位

这种策略是企业根据自身的实力，为占据较佳的市场位置，不惜与市场上占支配地位、实力最强或较强的竞争对手发生正面竞争，从而使自己的产品进入与对手相同的市场位置。由于竞争对手强大，这一竞争过程往往相当引人注目，企业及其产品能较快地为消费者了解，达到树立市场形象的目的。这种策略可能引发激烈的市场竞争，具有较大的风险。因此，企业必须知己知彼，了解市场容量，正确判定凭自己的资源和能力是不是能比竞争者做得更好，或者能不能平分秋色。

### 3. 重新定位

这种策略是企业对销路少、市场反应差的产品进行二次定位。初次定位后，如果由于顾客的需求偏好发生转移，市场对此企业产品的需求减少，或者由于新的竞争者进入市场，选择与此企业相近的市场位置，这时，企业就需要对其产品进行重新定位。一般来说，重新定位是企业摆脱经营困境、寻求新的活力的有效途径。此外，企业如果发现新的产品市场范围，也可以进行重新定位。

## （六）市场定位的方法

### 1. 区域定位

区域定位是指企业在进行营销策略时，应当为产品确立要进入的市场区域，即确定该产品是进入国际市场、全国市场，还是在某市场、某地等。只有找准了自己的市场，才会使企业的营销计划获取成功。

### 2. 阶层定位

每个社会都包含许多社会阶层，不同的阶层有不同的消费特点和消费需求，企业的产品究竟面向什么阶层，是企业在选择目标市场时应考虑的问题。根据不同的标准，可以对社会上的人进行不同的阶层划分，如按知识分有高知阶层、中知阶层和低知阶层。进行阶层定位，就是要牢牢把握住某一阶层的需求特点，从营销的各个层面上满足他们的需求。

### 3. 职业定位

职业定位是指企业在制定营销策略时要考虑将产品或劳务销售给什么职业的人。将饲料销售给农民及养殖户，将文具销售给学生，这是非常明显的，而真正能产生营销效益的往往是那些不明显的、不易被察觉的定位。在进行市场定位时要有一双善于发现的眼睛，及时发现竞争者的视觉盲点，这样可以在定位领域内获得巨大的收获。

### 4. 个性定位

个性定位是指考虑把企业的产品如何销售给那些具有特殊个性的人。这时，选择一部分具有相同个性的人作为自己的定位目标，针对他们的爱好实施营销策略，可以取得最佳的营销效果。

### 5. 年龄定位

在制定营销策略时，企业还要考虑销售对象的年龄问题。不同年龄段的人有不同的需求特点，只有充分考虑这些特点，满足不同消费者的要求，才能够赢得消费者。如对于婴儿用品，营销策略应针对母亲而制定，因为婴儿用品多是由母亲来实施购买的。

### （七）品牌定位策略

品牌定位策略是进行品牌定位点开发的策略，品牌定位点的开发是从经营者角度挖掘品牌产品的特色的工作。必须强调的是，品牌定位点不是产品定位点，品牌定位点可以高于产品定位点，也可以与产品定位点相一致。品牌定位点的开发不局限于产品本身，它源于产品，但可以超越产品。

### 1. 产品定位策略

（1）以产品功能为基点的定位。产品功能是整体产品的核心部分。事实上，产品之所以能为消费者接受，主要是因为它具有一定的功能，能够给消费者带来利益，满足消费者的需求。如果某一产品具有独特的功能，就能给消费者带来特有的利益，那么品牌就具有了与其他产品品牌较明显的差异化，比如，施乐复印机在促销定位时，强调操作简便，复印出来与原件几乎一样，表现方式是让一个五岁的小女孩操作复印机，当她把原件与复印件交到她父亲手里时问："哪一个是原件"，还有"高露洁，没有蛀牙""佳洁士，坚固牙齿"、海尔的"007"冰箱（增加-70℃软冷冻室）等，都是以功能为基点的成功品牌定位。

（2）以产品外观为基点的定位。产品的外观是消费者最易辨识的产品特征，也是消费者是否认可、接受某品牌产品的重要依据。产品形状本身就可形成一种市场优势。由此，如果选择产品的外观这个消费者最易辨识的产品特征作为品牌定位基点，则会使品牌更具鲜活性。

例如，"白加黑"感冒药将"感冒药的颜色分为白、黑两种形式"，并以此外在形式为基础改革了传统感冒药的服用方式。这种全新形式本身就是该产品的一种定位策略，同时将其名称命名为"白加黑"，使名称本身就表达出品牌的形式特性及诉求点。

再如，"Think Small"（想想还是小的好），这是世界广告发展史上的经典之作。这一广告诉求主题、宣传定位，使德国大众公司生产的大众金龟车（俗称"甲壳虫"）顺利进占了美国这个汽车王国，并塑造了独特又可信的品牌形象。

众所周知，在1973年发生世界性的石油危机之前，底特律的汽车制造商们一直都强调汽车要更长、更大、更豪华、更美观，因为自从人类进入汽车时代以来，轿车作为代步工具在很大程度上一直是身份、地位和财富的象征。相比之下，既小又短还很丑陋的"甲壳虫"有失常态。但是，这只丑小鸭把工薪阶层作为自己的目标市场，针对普通工薪阶层的购车欲望，推出了小的更好、更实惠的宣传广告，十分明确、清晰地表达了"甲壳虫"的市场位置，消除了消费者的疑虑，坚定了消费者购买实惠车的决心，因为

"想想还是小的好"。可以说，金龟车正是凭借其科学而准确的品牌定位，才成功地打入了美国市场。

（3）以产品价格为基点的定位。价格是厂商与消费者之间分割利益的最直接、最显见的指标，也是许多竞争对手在市场竞争中乐于采用的竞争手段。由此推理，价格也可作为品牌定位的有效工具。以价格为基点进行品牌定位，就是借价格高低给消费者留下一个产品高价或低价的形象。一般而言，高价显示消费者事业成功、有较高的社会地位与较强的经济实力，比较容易得到上层消费者的青睐；低价则易赢得大众的芳心。

2. 目标市场定位策略

（1）从使用者角度定位。这种定位点的开发是把产品和一位用户或一类用户联系起来，直接表达出品牌产品的目标消费者，并排除了其他消费群体。事实上，这种定位往往与品牌产品的利益点是相关的，暗示着品牌产品能给消费者解决某个问题并带来一定的利益。如"太太"口服液定位于已婚女士，其口号是"太太口服液，十足女人味"。这一定位既表达了产品的使用者——太太，也表达了产品的功能性利益点——让太太有十足的女人味。再如，国外有一种减肥药定位于已婚或有男朋友的女士，其诉求点是"这就是你情敌今年夏天的服装"，边上配了一幅画：一位女士身穿比基尼泳装在海边沙滩上走路。消费者一看即知品牌定位的使用者。励口"会选的母亲们选用 jif 牌"，吉列牌"男士们所能得到的最好的"，"雕牌"洗衣粉定位于中低收入者，用下岗工人来展示消费者形象。事实上，使用者定位是十分普遍的定位点开发来源，在表意性品牌中更为普通，如力士、斯沃琪、欧米茄等品牌，通常选用使用者形象代言人展现品牌定位和象征。

（2）从使用场合和时间定位。来自泰国的红牛（Red Bull）饮料是最典型的代表，其定位是"累了困了喝红牛"，强调其功能是迅速补充能量、消除疲劳。又如，致中和五加皮"回家每天喝一点"，青酒定位于朋友来了喝的酒"喝杯青酒，交个朋友"，"8点以后"马克力薄饼声称是"适合 8 点以后吃的甜点"，米开威（Milky Way）则自称为"可在两餐之间吃的甜点"，它们在时段上进行了区分。8 点以后想吃甜点的消费者会自然而然地想到"8 点以后"这个品牌；而在两餐之间首先会想到米开威。

（3）从消费者购买目的定位。在世界各地，礼品馈赠是一种普通的现象，在我国尤为普遍。但有一个区别，在国外，我们从电影电视上看到，赠送人把礼物送给对方后鼓励对方打开来看看，送的是什么，并问其是否喜欢；赠送人还会说明为什么选了这个礼品，想表达什么意思。但我们国人却与此有所不同，送的礼品往往是包起来的，主人当场不予打开，赠送人也不鼓励当场打开，很多时候也不好意思说为什么送礼物。基于这一特殊情况，对我国的商家而言，就有一种品牌定位的新开发点，"让礼品的品牌开口代赠送人说话"。如"心源素"代表子女说"爸爸，我爱你"，"保龄参"代表女婿的"一心一意"，"椰岛鹿龟酒"代表"子女对父母的孝顺"等。这些品牌的意义，正是品牌定位的结果。许多儿童用品也是这样，而且多了一层定位，如"好吃又好玩""吃了还好玩""有趣""刺激"等。从消费者的购买动机中寻找定位点，无疑也是一种可取的途径。

（4）从消费者生活方式定位。市场研究表明，仅从消费者的自然属性来划分市场越来越难以把握目标市场了；而消费者的生活方式、生活态度、心理特性和价值观念变得越来越重要，已成为市场细分的重要变量。因此，从生活方式的角度寻找品牌的定位点，日益成为越来越多企业的选择。如针对职业女性的定位，针对喜欢户外活动人群的定位，针对关爱家庭的定位等。针对现代社会消费者追求个性、展现自我的需要，通过定位可以赋予品牌相应的意义，消费者在选购和享用品牌产品的过程中展示自我、表达个性。如贝克啤酒"喝贝克，听自己的"，强调独立自主、不随大流的个性。

### 3. 竞争者定位策略

品牌定位本身就隐含着竞争性。上面提到的定位方法在选择定位时并不直接考虑竞争者，而是综合产品性能、功能性利益、使用场合等因素，然后描述出竞争性品牌在什么位置，再确立本品牌的定位。而从品牌的竞争角度定位，则把竞争者作为定位的坐标或基准点，再确定本品牌的定位点。

（1）首次或第一定位。首次或第一定位就是要寻找没有竞争者的消费者品牌知觉图，在这张图上，打上你这个唯一的品牌。定位论的两位先驱（艾·里斯和杰克·特劳特）特别看重这种"第一"，列为定位方法之首位。他们强调消费者往往只记住第一，这犹如体育比赛中大家都知道冠军，但第二、第三名几乎无人能记住，道理完全相同。首次或第一定位就是要寻找消费者的空白心智，甚至创造性地发现或制造这种空白点。如七喜的非可乐定位，第一个叫出了"非可乐"饮料这个名称。又如娃哈哈把纯净水的情感演绎得如此彻底，首次把水与美、情、清纯关系表达得这样透彻，以至于无人能出其右，这就是第一的功效。

（2）关联比附定位。这时的定位点挖掘是以竞争者为参考点，在其周边寻找突破口，同时又与竞争者相联系，尤其是当竞争者是市场领导者时，这种定位能突出相对弱小品牌的地位。在具体操作上，肯定竞争者的位置，用"但……"来强调本品牌的特色。一个不断被引用的例子是美国 Avis 汽车租赁公司因"我们是第二，但我们更努力"的定位而大获成功。

在当前关于品牌是走专业化之路还是走多元化之路的争论中，品牌可从竞争对手的多元化中另辟蹊径，强调其精益求精、集中精力做好一样产品的专业化特点，如"格力空调专家"。当然，真正的专家不仅专注于一件事，而且要做得比别人精，比别人好，比别人更令人满意，这样才能名副其实。

（3）进攻或防御式定位。关联比附定位的原则往往不是去进攻或排挤已有品牌的位置，而是遵守现有秩序和消费者的认知模式，在现有框架中选择一个相安无事的位置，服务某个目标市场。但进攻或防御式定位点是为了侵占其他品牌地位或防止其他品牌进攻而采取的定位点。这个定位点也称为竞争性定位点。如飘柔的主定位点是使头发"飘逸顺滑"，但也把"去屑"作为副定位，对海飞丝而言就是一种带有攻击性的定位。

### 4. 品牌识别策略

品牌识别是比品牌定位更本质、更内在的东西。卡菲勒认为品牌定位只是品牌丰富含义及其潜在价值的一部分。因此，品牌定位只是品牌识别的一个方面。品牌定位可以从品牌识别的多个角度去选择定位点，具体来说可从以下几个角度考虑。

（1）从品牌识别的个性角度定位。品牌的个性可能在品牌设计阶段就已确立，也可能是在品牌监护人的运作下自然形成的。但一旦形成了这样的品牌个性，即可以作为品牌的定位点，如舒肤佳代表了"妈妈的爱心"，万宝路代表了"强壮、冒险、勇敢"等。品牌个性是通过广告宣传逐渐得以强化的。

（2）从品牌识别的文化特征定位。品牌的文化有品牌自身特有的历史文化，也有品牌来源的地域文化。品牌的文化定位点也可以从几个不同的角度去定位。如香水可以定位为真正来自法国的浪漫气息。再如，德国是汽车工业的发祥地之一，奔驰公司在一百多年的汽车制造历史上已形成了独特的品牌价值观，那就是质量、可靠性、安全、技术超前等。公司推出的每款新车都不断地证实这样的价值。公司的基本定位是"奔驰、通过设计和技术的完美组合，创造质量和性能极优的轿车"，表现在其 SL 型汽车上，便是将古典的优雅和令人振奋的感觉及动力融合在一起。对奔驰这样的老牌公司，标记和名称已浓缩了企业的文化和价值理念，标志本身就是一种无声的定位。

（3）从品牌与消费者的关系定位。品牌与消费者的结合点是寻找品牌定位点的又一条途径。品牌与消费者的关系反映了品牌对消费者的态度是友好、乐意帮助，是关心爱护、体贴入微，或是其他态度。例如，海尔冰箱每推出一个新产品总有一个诉求点，"真诚到永远"，不断帮助顾客解决他们的问题。所以，它从与顾客的关系角度出发，定位为"真诚、友好、关心"。然而，西安杨森公司的每一个品牌（产品）都有一个功能性诉求点，或者说产品定位，而且它总是通过比喻或夸张的手法解释其产品的科学道理，像一个老师和学者那样娓娓道来，表达了"杨森"这个品牌独特的理念和定位。

## 三、 任务分析

市场定位的关键是企业要设法在自己的产品上找出比竞争者更具有竞争优势的特性，竞争优势一般有两种基本类型：一种是价格竞争优势，就是在同样的条件下比竞争者定出更低的价格，这就要求企业采取一切努力来降低单位成本；另一种是偏好竞争优势，即能提供确定的特色来满足顾客的特定偏好，这就要求企业采取一切努力在产品特色上下功夫。本任务我们主要按三大步骤来总体阐述进行企业品牌的市场定位操作。

## 四、 任务实施

（一）识别潜在竞争优势

这一步骤的中心任务是要回答以下三个问题。

一是竞争对手产品定位如何？

二是目标市场上顾客欲望满足程度如何以及确实还需要什么?

三是针对竞争者的市场定位和潜在顾客的真正需要的利益要求企业应该及能够做什么?

要回答这三个问题,企业市场营销人员必须通过一系列调研手段,系统地设计、搜索、分析并报告有关上述问题的资料和研究结果。

通过回答上述三个问题,企业就可以从中把握和确定自己的潜在竞争优势在哪里。

### (二)核心竞争优势定位

竞争优势表明企业能够胜过竞争对手的能力。这种能力既可以是现有的,也可以是潜在的。选择竞争优势实际上就是一个企业与竞争者各方面实力相比较的过程。比较的指标应是一个完整的体系,只有这样,才能准确地选择相对竞争优势。通常的方法是分析、比较企业与竞争者在经营管理、技术开发、采购、生产、市场营销、财务和产品七个方面究竟哪些是强项,哪些是弱项。借此选出最适合此企业的优势项目,以初步确定企业在目标市场上所处的位置。

### (三)战略制定

这一步骤的主要任务是企业要通过一系列的宣传促销活动,将其独特的竞争优势准确传播给潜在顾客,并在顾客心目中留下深刻印象。

首先,应使目标顾客了解、知道、熟悉、认同、喜欢和偏爱此企业的市场定位,在顾客心目中建立与该定位相一致的形象。

其次,企业通过各种努力强化目标顾客形象,保持对目标顾客的了解,稳定目标顾客的态度和加深目标顾客的感情来巩固与市场相一致的形象。

最后,企业应注意目标顾客对其市场定位理解出现的偏差或由于企业市场定位宣传上的失误而造成的目标顾客模糊、混乱和误会,及时纠正与市场定位不一致的形象。企业的产品在市场上定位即使很恰当,但在下列情况下,还应考虑重新定位:①竞争者推出的新产品定位于此企业产品附近,侵占了此企业产品的部分市场,使此企业产品的市场占有率下降;②消费者的需求或偏好发生了变化,使此企业产品销售量骤减。

重新定位是指企业为已在某市场销售的产品重新确定某种形象,以改变消费者原有的认识,争取有利的市场地位的活动。如某日化厂生产婴儿洗发剂,以强调该洗发剂不刺激眼睛来吸引有婴儿的家庭。但随着出生率的下降,销售量逐渐减少。为了增加销售,该企业将产品重新定位,强调使用该洗发剂能使头发松软有光泽,以吸引更多、更广泛的购买者。重新定位对于企业适应市场环境、调整市场营销战略是必不可少的,可以视为企业的战略转移。重新定位可能导致产品的名称、价格、包装和品牌的更改,也可能导致产品用途和功能上的变动,企业必须考虑定位转移的成本和新定位的收益问题。

## 五、 任务小结

本任务较全面地罗列了市场定位的基础知识与理论,并总体阐述了市场定位的操作步骤及注意事项，内容实用性强，具有较高的实践参考价值，读者可以结合自己的网店实情及具体产品参考实践应用。

# 任务三　品牌推广与运维

## 一、　任务导入

　　所谓品牌推广，是指企业塑造自身及产品品牌形象，使广大消费者广泛认同的系列活动和过程。品牌推广有两个重要任务：一是树立良好的企业和产品形象，提高品牌知名度、美誉度和特色度；二是最终要将有相应品牌名称的产品销售出去。品牌推广是品牌树立、维护过程中的重要环节，它包括传播计划及执行、品牌跟踪与评估等。品牌创意再好，没有强有力的推广执行作支撑也不能成为强势品牌，而且品牌推广强调一致性，在执行过程中的各个细节都要统一。这方面做得最好的企业是"麦当劳"，全世界麦当劳快餐店的装饰都是一种风格，无论在哪个国家、哪座城市，只要走进麦当劳快餐店，就会强烈地感受到品牌的亲和力和感染力。

## 二、　知识基础

　　（一）品牌推广三元论

　　品牌推广三元论方法正是以消费者和产品的情感因素为根本，采取步步为营的策略，并各有侧重，以图长久而成功地塑造一个品牌，成功推广一个品牌。

　　1. 品牌推广三元论的两个重要概念

　　品牌推广三元论的两个重要概念是其做法的基石。

　　品牌宽度（brand width）是指品牌在市场上的影响程度，主要是指品牌知名度。

　　品牌深度（brand depth）是指品牌在消费者心目中的影响程度，主要包括品牌美誉度和品牌忠诚度。

　　2. 品牌推广三元论的基本内容

　　一个成功、完整的品牌推广应该包括以下三个阶段。

　　（1）品牌宽度推广阶段，即建立品牌知名度。

　　（2）品牌深度推广阶段，主要是提升品牌美誉度、提高品牌忠诚度。

　　（3）品牌维护阶段。在品牌推广过程中，品牌宽度的推广是基础，是品牌的第一生命；品牌深度的推广是根本，是品牌的第二生命。品牌深度是建立在品牌宽度的基础之上的，主要是和消费者进行情感对话，提高品牌销售力。

　　3. 品牌推广三元论的基本操作模式

　　1）品牌宽度推广阶段

　　（1）推广目的：建立品牌知名度。

（2）推广策略：强势打造，强制灌输式。

（3）推广方法：广告宣传，活动、事件传播。

这个阶段主要是通过一些传统的推广手法，通过宣传、传播品牌，让广大消费者了解、知晓品牌的基本内涵，产品、品牌文化等，是属于和消费者的初级沟通。

2）品牌深度推广阶段

（1）宗旨：让品牌深入人（消费者）心。

（2）推广目的：提升品牌美誉度，品牌忠诚度，提高品牌销售力。

（3）推广策略：深度互动，创新传播。

创新是策划的生命，尤其是在品牌的深度推广阶段，要和消费者达成深度互动，让消费者从内心深处体验、认可、接受品牌和品牌文化，就必须独辟蹊径，大胆创新，从而提高品牌销售力。

（4）推广方法。

① 建立品牌文化吧，实行顾客互动。

具体操作：企业可在繁华地段自建，也可和各个酒吧、咖啡屋等场所联合，全面推广品牌文化，让消费者深度了解和认识品牌文化，感受品牌文化氛围，并借助消费者口碑进行宣传。

② 完善员工管理，实行员工互动。

具体操作：每一个员工都是企业品牌宣传的一个活广告，企业可以通过实行员工持股、员工进行企业文化的学习等，首先从企业内部达成一个"传播源"，借助员工的这种对企业文化认可在生活、工作中传播品牌文化。

③ 丰富品牌文化，建立品牌和消费者之间的情感因素。

具体操作：以品牌文化为宗旨，塑造能打动目标消费者的、得到消费者认同和感动的品牌故事等，让品牌文化生动、形象、丰满起来，使之广为流传，以赢得人心、赢得市场。

3）品牌维护阶段

（1）宗旨：维护品牌高度。

（2）策略：宽度推广＋深度推广。

据统计，在国外推广一个知名品牌至少需要 3 年，品牌达到一定知名度后的每年投入也至少需要 1 000 万美元来进行维护。品牌在达到一定的一个高度之后，就需要进行品牌的维护工作，品牌才能永葆青春活力和市场竞争力。

总之，品牌推广只有找"对"消费者和品牌的情感切入点与燃点，和消费者进行心灵对话，达成共鸣，才能大幅提高高品牌推广的效果，降低推广费用。从需要与动机、感觉和知觉、消费者的态度来讲，迅速捕捉和寻找、定位、剖析客户的情感因素，品牌推广就不难找到一个很好的方法，达到提高品牌销售力和解决问题的目的。

4. 品牌推广的三种方式

企业立足市场靠的是品牌的响应，任何一个初建的企业第一步就是打响企业品牌，让消费者知道你的存在。也就是说创业企业的首要工作就是创建品牌、推广品牌。品牌的推广方式有以下三种。

（1）消费者推广方式。品牌推广的消费者推广方式有样品、优惠券、付现金折扣、特价包装、赠品、奖金、免费试用、产品保证、联合促销、销售现场展示和表演等。

（2）营业推广方式。营业推广方式是品牌推广中最具有针对性和灵活多样的，可以是一次性的，也可以是不定期的。在以下情况下，营业推广是非常有效的：①品牌类似。品牌经营者有意利用心理学的方法在顾客心理上造成差异，形成本品牌的特色，这就需要大规模进行推广活动，多采用营业推广方式。②在新品牌刚上市的阶段。由于顾客对新品牌是陌生的，需要采用营业推广方式，促使广大消费者认知新品牌。③品牌处于成熟期。为了维持品牌的市场占有率，营业推广方式被广泛采用。常用的营业推广方式主要有举办展览会、展销会、抽奖、时装表演等。

（3）交易推广方式。在品牌推广活动中，用于交易的资金要多于用于消费者的奖金。品牌经营者在交易中耗资是为了实现以下目标：首先，交易推广可以说服零售商和批发商经营该品牌。由于货架位置很难取得，品牌经营者只有经常依靠提供减价商品、折扣、退货保证或免费商品来获得货架。一旦上了货架，就要保住这个位置，这样才有利于提高品牌知名度。其次，交易推广可以刺激零售商积极地通过宣传商品特色、展示及降价来推广品牌。品牌经营者可能要求在超级市场的人行道旁展示商品，或改进货架的装饰，或张贴减价优惠告示等。他们可根据零售商完成任务的情况向他们提供折扣。

由于零售商的权力越来越大，品牌经营者在交易推广上的花费有上升的趋势。任何一个竞争品牌如果单方面中止交易折扣，中间商就不会帮助他推销产品。在一些西方国家里，零售商已成为主要的广告宣传者，他们主要使用来自于品牌经营者的推广补贴。

## （二）品牌的维护

品牌维护是指企业针对外部环境的变化给品牌带来的影响所进行的维护品牌形象、保持品牌的市场地位和品牌价值的一系列活动的统称。品牌维护是品牌战略实施中的一项重要工作。

### 1. 品牌维护的流程

品牌作为企业和顾客沟通的最有效、最忠诚的载体，向来倍受重视，但品牌竞争力的形成却不是一朝一夕之功，很多品牌由于缺乏必要的前瞻性维护，在市场竞争中往往扮演了夭折的角色。还有很多企业由于缺乏对品牌理性建设的理解，一味地贪大求全，反遭市场淹没。由此可见，在现代市场竞争中，品牌维护不容小觑。

### 2. 了解品牌价值核心

品牌建设是一个漫长的过程，这个阶段的商家广告投入、企业文化塑造、品牌竞争力分析都将对品牌的成长起到关键作用。广告投入引导消费者对品牌进行认知，企业文化塑造使品牌深度得以扩张并趋于人性化，品牌竞争力分析则使品牌的内涵得以转化为营销力，帮助企业达到市场或利润最大化目标。品牌一旦为消费者广泛称道，就表示该品牌已经具有了一定的忠诚顾客群，品牌有了无形价值。

### 3. 客观进行品牌细分

和产品一样，品牌也存在同质化现象，企业赋予品牌的只是臆造的内涵。如现在很多的房地产公司，所售卖的房地产项目的全部诉求就是居住这一基本功能，而没有很好地体现项目的附加值。一些眼光比较独到的开发商开始关注诸如环境、交通、教育、人文、升值等附属特征，并极力推崇，在开发成本相同的情况下，楼盘收益得到明显改善。这种现象说明在任何市场，企业不是没有作为，而是没有真正了解品牌建设的趋势，没有认清品牌同样可以用细分法则来促进销售。

### 4. 理性的品牌延伸

一个熟谙市场营销法则的企业可以同时运作几个品牌，因为市场细分概念得到了广泛的认同。例如，宝洁公司洗衣粉的汰渍和碧浪，洗发水的飘柔、潘婷、海飞丝、沙宣等。不同品牌针对不同细分市场下顾客需求的异质性，以满足各类需求而达到垄断或市场最大化目的是跨国公司常用的手法。需求的层次性决定了一个品牌是不可以占据某款产品的各个细分市场的，派克制笔公司就曾经因为忽视这个问题而导致市场占有率和顾客忠诚度全面滑坡。派克用残酷的市场反馈买了一个沉痛的教训。

### 5. 品牌属性及新品牌策略

在20世纪80年代以前，让美国消费者认为日本有高档车是绝对不可能的，虽然本田、丰田在美国占有一定的市场份额，但全是中低档车市场，日本车在消费者眼里一向是经济适用型的印象，这使它与豪华车市场失之交臂。然而随着美国经济的发展，高档车这个细分市场迅速升温，而对于向来认为销售不赚钱就是罪恶的日本汽车厂商而言，不抢占这个市场就是傻瓜。日产汽车当时最好的品牌就是蓝鸟了，而且基本销往汽车工业极端薄弱的中国，要抢占美国市场，必须开发新的品牌，走出美国人对日产汽车现有品牌的低档模糊印象，全新高档车品牌凌志应运而生。凌志从上市之初就着重对 Lexus 的豪华进行宣传，只是在很小的地方标明是日本生产，慢慢地，美国人开始接受了 Lexus 这个新豪华车品牌，Lexus 的新品牌策略得到了巨大成功。

### 6. 诉求确定品牌属性

劳斯莱斯汽车的诉求是什么？尊贵、独一无二；而奔驰则主张豪华和科技；沃尔沃则以安全著称，诉求是"世界上最安全的车"；而保时捷作为跑车，更注重的则是速度所带来的全新感受和驾驶乐趣。可以看见，不同品牌的汽车，其品牌属性也大相径庭，没有任何一款汽车是全能的。

### 7. 巧妙的品牌联动策略

提起品牌延伸法则，大家应该是耳熟能详了。一个品牌被广泛使用在旗下的所有产品上，通过品牌的影响力、感召力迅速占领市场，不失为良机妙策。但由于担心把所有鸡蛋放在同一个篮子里的风险，考虑自身的抗风险能力，很多厂家还是慎用这一法则的。

### 8. 品牌内涵推敲

品牌维护的先决条件是企业必须客观地认识自身的品牌内涵。杉杉是国内一个著名的男装品牌，有着很高的美誉度，就其本身而言应该是一个较中性的品牌，性别区分不太明显。作为著名的服装公司，杉杉集团却对杉杉延伸至女装品牌进行了反复推敲。经过大量的调查认证，发现其中文译名杉杉更适合男性服饰广告诉求，于是在女装品牌上就有了杉杉的新译名"法涵诗"，并很快在女装市场崭露头角。

### 9. 品牌建设的草原现象

什么样的品牌最长久？实际上并没有最长久的品牌，除非拥有品牌的企业在时时刻刻维护着自己的王牌。品牌的建立需要不间断地进行宣传，这其中包含了公共宣传。公共宣传不完全是进行广告的狂轰滥炸，也不是一厢情愿地标榜自己的"最好"，而是让顾客随着时间推移而对品牌有更加全面和深刻的认知。有人说，正确的品牌宣传应该是一种草原现象，没有人留意草的生长，当你发现时，往往已经是广袤草原了。由此可见，品牌维护是从品牌诞生伊始的一项长期性工作，任重道远。

### 10. 及时的品牌危机公关

虽然细分市场客观存在，并影响企业做出营销策略的调整，但有一点要认识到，多品牌策略并非适合所有公司。主力品牌之所以能在市场上得以保存，是因为它所占领的细分市场是总体市场份额中较多的一块，是保障企业实现发展目标的核心市场。由于企业在实力、营销水平方面的不均衡，一些企业是不适合采取多品牌战略的。企业的主打品牌还处于和顾客的磨合期，品牌影响有限，市场有限，而贸然设计新的品牌是不理智的，后果不堪设想。另外，还要注意所采用的品牌是否是企业的最大技术优势所在。危机公关对于品牌维护而言也是一项十分重要的内容。

品牌是企业进行市场竞争的肱骨，同时也是企业的一项长期性任务。企业只有客观进行品牌细分，使品牌有归属感，进一步确定品牌的诉求内容，并实施一系列的品牌运动，使品牌卓然出众，才能在市场竞争中谋得一席之地。

## （三）品牌维护的意义

品牌作为企业的重要资产，其市场竞争力和品牌的价值来之不易。但是，市场不是一成不变的，因此需要企业不断地对品牌进行维护。

### 1. 品牌维护有利于巩固品牌的市场地位

企业品牌在竞争市场中的品牌知名度、品牌美誉度下降及销售、市场占有率降低等品牌失落现象被称为品牌老化。任何品牌都存在品牌老化的可能，尤其是在当今市场竞争如此激烈的情况下。因此，不断对品牌进行维护，是避免品牌老化的重要手段。

### 2. 品牌维护有助于保持和增强品牌生命力

品牌的生命力取决于消费者的需求。如果品牌能够满足消费者不断变化的需求，那么，这个品牌就在竞争市场上具有旺盛的生命力。反之，就可能出现品牌老化。因此，不断对品牌进行维护以满足市场和消费者的需求是很有必要的。

### 3. 品牌维护有利于预防和化解危机

市场风云变幻、消费者的维权意识也在不断加强，品牌面临来自各方面的威胁。一旦企业没有预测到危机的来临，或者没有应对危机的策略，品牌就面临极大的危险。

品牌维护要求品牌产品或服务的质量不断提升，可以有效地防范由内部原因造成的品牌危机，同时加强品牌的核心价值，进行理性的品牌延伸和品牌扩张，有利于降低危机发生后的波及风险。

### 4. 品牌维护有利于抵御竞争品牌

在竞争市场中，竞争品牌的市场表现将直接影响企业品牌的价值。不断对品牌进行维护，能够在竞争市场中不断保持竞争力，对于假冒品牌也会起到一定的抵御作用。

## 三、 任务分析

品牌的推广可划分为导入期、成长期、全盛期和衰落期四个发展阶段，这四个阶段的提出对企业的品牌推广有许多现实意义，本任务主要按照品牌推广的四个阶段，较为详细地介绍品牌推广的一般步骤与流程。

## 四、 任务实施

### （一）导入期的品牌推广

品牌的第一个发展阶段是导入期，导入期就是企业的品牌第一次面对顾客或第一次参与竞争的阶段。在导入期，企业刚刚引入品牌经营理念，是一个全新的起点。导入期最典型的特点：目标顾客出于对新品牌缺乏认知而谨慎选择；正因为是新品牌，顾客中会有首次试用者敢于尝试，这些试用者可能就是顾客群中勇于接受新鲜事物者和意见领袖，也可能是品牌日后坚实的拥趸者和榜样者；竞争对手此时正在观察和企图获取企业的市场意图，且尚未建立阻击计划；媒体或其他利益相关者可能也在密切注视品牌的推广过程和结果。概括和了解导入期的特点是为了帮助企业制订适合的推广计划和媒体投放策略，并能找准时机使之拥有一个较高的市场起点。

首先，针对一个新品牌的面市，目标顾客的反应肯定有很大的差异——漠视、关注、尝试和充当传播者都有。顾客这四种行为状态的比例依次是 60%、20%、15%、5%，但这基于一个前提，即企业在一个有效期内应有各种有效和中等强度的媒体与推广策略，否则这些数字将没有意义。但考虑到市场的复杂性和产品千差万别，企业在应用时仍应依照实际的市场调查结果来制订相应的推广计划。显而易见的是，它依然是有一定的指导意义的。因为这四种行为表现涵盖了顾客对新品牌的态度，而且这些显著的态度决定了企业的推广策略。

因此，企业在品牌推广前必须制订一套有连续性和针对性的推广步骤，这些步骤着眼于长期并适用于目标顾客的生活方式和习惯。在企业内部导入品牌是前提，外部的宣传则是强调品牌所宣扬的内涵和精神实质，总体来说，这只是一个纲领。众所周知，企业进行推广的目的之一是引起大多数持"漠视"态度的顾客的关注和惠顾。他们之所以是漠视的，严格来说这是一种消费惯性使然，企业的目的是打破这种惯性。那么如何打破呢？从产品或品牌层面上来解释，顾客造成消费惯性的原因不外乎品牌的忠诚、购买和使用的便利性。顾客对某品牌的忠诚，企业一时难以撼动，但购买和使用的便利性，企业则拥有很大的主导权。从根源上看，打动持漠视态度的顾客群，第一，要使品牌包含内涵定位在内的三定位准确；第二，广告和宣传要连续；第三，要使产品具有差异性和功能的适应性；第四，渠道布局要合乎顾客的最高期望；第五，营销规划要以品牌化为基准。这五个步骤足以使"漠视"的顾客群转变为"关注和惠顾"的顾客群。

其次，竞争者对于一个新品牌面市所表现出来的态度也会因企业的市场动作而存在较大的差别，但总会有普遍性的态度，那就是密切关注和企图探寻企业的市场图谋。很显然，企业在品牌推广时，一些策略将完全暴露在竞争者面前而难有隐秘，这势必成为竞争者制订下一步阻击计划的依据。因此，企业有必要故意露一些假象给竞争者以拖延其阻击计划的即时实现，让企业争取更多时间来获得使竞争者深感意外的市场空间和品牌知名度。这种"明修栈道、暗度陈仓"的做法可能需要企业有长远和提前的规划，临时抱佛脚将难有作为。其措施具体可以有：利用媒体的传播作用或企业宣传向潜在竞争者传递虚假的方向性举措，以迷惑对方；在传播和推广投入上故意示弱，以麻痹对方；先精心耕耘局部或区域市场以积蓄能量，使对方措手不及；营销注重游击性，让传播成本始终低于对方；完善具有差别利益的服务体系，以备攻其软肋。总的来说，这些步骤只是为品牌开辟出一条利于成长的道路。

最后，对于媒体而言，对一个新品牌的面市也会抱有一定的兴趣，他们一般视企业的市场作为给予不同程度的关注。媒体进行报道的目的无非是吸引读者，那么企业应了解媒体的真实意图，并满足他们的需要，方能使其为我所用。很明显，媒体报道一般遵循新闻性、时效性和公益性，企业进行品牌推广时应努力做到这一点，否则会使媒体失去兴趣，进而使企业的推广工作事倍功半。因此，营造焦点或新闻效应是企业品牌推广的重头戏。比如，构建品牌初期在企业内部导入品牌经营理念时，采用一些诸如军训、发布会、演示和推广会等非常规的做法以吸引媒体的注意；利用企业有关技术、产品、服务等的创新举措，邀请媒体给予报道；推广和传播时挖掘与品牌有关的社区、企业和员工的新闻题材，借媒体之力扬品牌之名。

值得注意的是，品牌在导入期的推广因不同产品及其不同的市场表现而没有一成不变的推广模式，这要求企业针对具体的产品、具体的目标市场、具体的市场状况来设定一些优势的、适合自己的推广模式，照搬上述方式很可能会弄巧成拙。

（二）成长期的品牌推广

首先，在导入期，企业可能已经收集到顾客反馈回来的有关产品、定位和推广方式的信息，这些信息的及时收集十分有利于企业自我改进，而如果没有这些信息，或顾客不愿将自己的消费感受如实地告诉企业，这说明品牌可能已经进入死胡同。因此，在这一阶段，企业必须对这些品牌要素进行重新审视并调整，以适应顾客或超越竞争者。

一般情形下，犹如进入产品生命周期的成长期一样，目标顾客会对该品牌的产品评头论足，产品现状的好与不好都会有传播的动力和空间。从实际状况来看，顾客反馈的这些信息具有一定的普遍性，因此企业应就该品牌产品的技术、外观、包装、品质和服务等产品成分，参考顾客反馈的信息和要求进行适应性或超前性调整。

目标顾客不仅对企业的产品加以评论，对品牌的市场定位、竞争个性定位和内涵定位也会有不同的反应，企业根据市场表现和顾客的反馈信息：一要重新审视品牌的目标市场定位，看是否定得过宽、过窄，抑或在某区域市场留有空白；二要反思品牌的竞争个性是否与企业的经营能力和技术现状匹配，是否适应品牌的内涵定位，是否独特和具有差异性；三要检讨品牌的内涵定位中的属性、价值、利益、个性、文化和使用者特征等要素的不足，看是否有针对性和准确性。

品牌成长期所采用的推广方式恰当与否关系到品牌竞争力和影响力的提高，因此，企业还应评价现有的推广模式是否有利于品牌的成长。目标顾客往往难以准确说出企业推广有何不对，即使有，也因主观性太强而没有参考价值，这势必要求企业在推广时自行认真、客观地分析现有的推广模式中存在哪些不适应，可能有媒体的选择问题、媒体投放的频率问题、企业的管理和控制能力问题、营销能力问题、推广人员的观念和执行问题等。总之，成长期对于推广的步骤、推广的协同力和推广的创新性要求很高。

其次，品牌美誉度来自品牌的准确诉求和产品质量，品牌忠诚度来自产品功能和价格的组合及品牌的核心价值。而且，品牌是先有知名度，再有美誉度和忠诚度，这就说明处在成长期的品牌已经具有较高的知名度，为使品牌的美誉度和忠诚度得到同步提升，企业必须进行有效的顾客期望值管理。很显然，顾客期望值管理的重点是顾客信息的及时处理；品牌定位和诉求的及时纠偏；提高和完善产品质量；产品功能的适应性调整；价格体系的设定和监控；品牌核心价值的确立和体现等。只有这样，品牌的美誉度和忠诚度才有可能得到同步提升，品牌价值也会逐渐体现出来。没有美誉度和忠诚度的品牌经不起市场的洗礼。

再次，如果此时竞争对手已经在实施阻击计划，从根源上看，竞争者只是不希望自己的市场份额缩小，也不希望自己的品牌影响力被一个新品牌所遮盖。这意味着企业的推广阻力会因竞争者的反击而加大，并可能需要有额外的付出。尽管竞争者的目的十分单纯，但是企业依然不可掉以轻心，而应认真分析竞争者的实力和阻击举措，而后制订出迂回或是迎头反击的推广方案。竞争者一般从产品、媒体投放力度和推广模式三方面设定阻击计划。如果竞争者实力庞大且其品牌的市场定位趋于相同或相似，那么企业只有在营造产品的差异化、专注于相对狭小的市场和设立差别化服务等方面可能尚存胜出的机会，迎头反击极有可能使品牌遭受不可逆转的打击。如果竞争者实力相当，迎头反击也决非是一种良策，两败俱伤是不愿见的，陷入低级别的价格战更不可取。因此，企业可以就技术、渠道、服务和产业链升级方面与竞争者建立战略联盟关系，共同分割现有市场或合力扩展至其他市场。同时，在合作无望时，企业应该花许多精力和时间去分析竞争者的技术缺陷、产品组合漏洞、服务方面的不足、定位和诉求的模糊点、传播和推广的脱节等方面，相信总会找到令对手措手不及的地方。如果竞争者的实力小于企业，那么就应该正面迎战，但也必须讲究投入与产出比。

最后，面对媒体，企业也应好生对待。当品牌的知名度上升到一定程度时，媒体如影相随，如吉利品牌的任何一次推广活动，各媒体的大幅报道就可见一斑。因此，借助媒体的力量扬品牌威名也是考验企业能否安然度过成长期和使品牌上一个台阶的重要标志之一。只要掌握媒体报道的原则，总会在企业的推广过程中找到令媒体感兴趣的东西：技术更新、渠道拓展、品牌诉求、核心价值构建、企业内部和社会公益活动等都可能使相关媒体趋之若鹜。

（三）全盛期的品牌推广

品牌成长期犹如人的少年时期，各种曲折和磨难接踵而至，作为"监护人"的企业应为其谋求市场地位、塑造品牌个性、确立核心利益、持续提高知名度、提升美誉度和忠诚度。这是为了将来给企业带来长久收益的一种必需的投入。

首先，处在全盛时期的该品牌产品，技术水平已经相当成熟，如果在技术上不如人，品牌也不可能发展到这样的高度，但这并不意味着产品技术会一直自动改进，尤其是当竞争者在技术上加大研发投入，并有望在短期内能超越企业的技术水平时，品牌将会以极快的速度变得不再受人欢迎。事实上，顾客忠诚是有条件的，它是建立在产品现状、内涵定位和品牌价值符合期望的基础上的，企业永远不要认为顾客忠诚度一旦形成将不断累积。已经抢到盘中的奶酪仍然存在失去的可能性，基于这种认识，企业应就产品的技术、功能组合、包装和产品线及服务或附加利益进行适应性和适当超前性的改进，让产品始终符合顾客期望。

关于内涵定位和品牌价值，企业总认为品牌的属性、个性、利益、文化等一组价值是符合顾客的价值愿望的，以至在宣传和推广时总是忽略竞争者的相关诉求，最终在某一次的竞争中落得惨败的结局。只有认真解读顾客的价值愿望趋向，在品牌的价值组合和诉求上进行适应性调整，才是永久获得顾客忠诚的前提条件。

其次，刚进入全盛期的品牌在竞争者的密切关注下存在许多可以攻击的软肋。像品牌的核心优势、市场地位、渠道布局和顾客的忠诚度方面，甚至是横向的配套生产企业都可能是竞争者在此时期的重点攻击目标和掠夺的资源。品牌进入全盛时期，企业应全方位地检查自己存在的劣势，应深知这些劣势可能会成为品牌的"滑铁卢"。因此，放大优势，修补劣势，是企业此时的应对良策。就像微软的办公系统不断修补一样，使其始终保持在行业内的领先，无软肋和难以攻击。

当产品的原材料稍显紧俏时，尤其应警惕上游供应商利用企业的急迫心态和竞争者可能的拉拢或囤积，而使企业从源头丧失竞争优势，这是十分可怕的事情。如同迈克尔·波特教授所言，上游供应商的议价能力有时候还真能决定企业的竞争力。因此，维持上游忠诚供应和开辟第二供应源是品牌全盛时期供应链管理的重点。为上游供应商提高生产和作业效率、改进物流设施和程序、适当提高供应价格、描述并确立与供应商的长远合作利益点等都是可行的忠诚供应计划；寻找替代品或寻求供应商的竞争者，甚至在可能的规模效应基础上考虑兼并供应商，这些都是开辟第二供应源的重点工作思路。

在一般情形下，下游渠道往往会以能经营知名品牌而沾沾自喜，并同时会开出许多优厚的进场条件，此时的企业切不可故步自封。因为在利益的驱动下，任何渠道都会做出这样的决策，这也不会必然促成品牌的任何优势增长。相反，企业还应在占用货架、有形展示、宣传和促销等方面争取更多的露脸机会，从影响力上彻底盖过竞争者。当品牌遭受危机冲击时，渠道成员可能在竞争者的"胁迫"下会高举撤柜、下柜等大旗来讹诈企业。因此，如同管理上游供应商一样来管理渠道是十分必要的，具体可以有渠道的泛企业化管理，即产销双方旨在搭建一个能充分展示强势的舞台；可以有渠道的捆绑式管理，即构建双方共同的利益目标为基准展开产销的全方位合作；可以有渠道的绝对化管理，即建立以投资或股权形式可以绝对控制的渠道模式。

最后，处在全盛期的品牌，报喜与报忧对媒体来说同样很有兴趣。媒体只对它的顾客负责，它不承担拯救企业于危难的义务，它只考虑它的关注率。因此，投其所好、扬长避短和笼络人心是品牌全盛期的三大媒体策略。投其所好的目的是进一步让媒体为品牌之火添柴，那么，挖掘所有媒体感兴趣的有关品牌和企业的正面新闻题材或焦点效应是企业媒体公关的基础性工作；扬长避短的目的是让企业和品牌始终在正面的舆论引导下安然成长和规避危机引发的风险，那么，针对正面的品牌信息，要使媒体保持高度关注和报道，而针对那些不可避免的危机，应事先或及时与媒体沟通，取得谅解和力求使媒体留情，并尽量将危机消灭在萌芽状态，不扩散危机是企业媒体公关的原则性工作；笼络人心的目的是与权威媒体建立一种长久的关系，让企业和品牌在遇到危机时得到一定程度的保护，那么，主动供稿、邀请参加活动、与关键人物建立私人关系、适当支持媒体发展等是企业媒体公关的维护性工作。

值得强调的是，全盛期的品牌与前两个时期的品牌表现有本质的不同，因为品牌本身已经具有新闻特征，这势必成为各方关注的焦点，稍有不慎，尤其是产品或企业声誉方面稍有不如人意之处，再经过媒体的放大炒作，极有可能使品牌陷入万劫不复的境地。因此，运营层面的安全和媒体公关等工作是企业品牌全盛时期的重中之重。

### （四）衰落期的品牌推广

首先，产品落伍问题不值得讨论，因为到了衰落期，企业如果连产品存在的问题都发现不了，那么品牌很快消亡就非常正常。

品牌的竞争个性定位，在品牌的全盛期看来可能很合理，可是到了衰落期总会有它不合理的地方，这些不合理是导致品牌衰落的原因之一。笔者的实践经验告诉我们，品牌的竞争个性在各个不同时期的定位应是不同的。假设在导入期可能以一种挑战者的姿态参与竞争；到了成长期，应回归到相对理性的状态，靠某些理性的品牌因素（如价值先驱者）等姿态来继续推动品牌的发展，而如果依然延续导入期的做法很可能使目标顾客感到企业的招式有限而产生消费麻木的心态；到了全盛期，单纯依靠那种理性的竞争个性已不足以打动尚未开始关注的顾客，而应以一种相对权威或先进的竞争姿态参与竞争，如行业领先者或技术引领者等姿态可能对品牌提高跨行业穿透力不无益处。但是，到了衰落期是否意味着全盛期的那种定位不再适应，答案相当复杂。

如果是危机引发的衰落，那么应当在排除危机后继续全盛期的定位；如果是竞争者因素，还要看竞争者是采取什么举措才使品牌滑向衰落期。一般情形下，竞争者不外乎凭借实力或相同定位的方式。如果是竞争者实力强于企业并使品牌衰落，企业应保持高度的警惕，很可能会使品牌永远无法再辉煌，那么应适当修正全盛期的定位以规避正面的恶性竞争。如果其采用相同定位方式，品牌的衰落很可能是一种假象，因为有限的目标市场暂时容不下两家相同的企业，市场正在打破均衡进行重新调整，但最终的结果可能是目标顾客在排除混淆后继续原来的忠诚，而在潜意识里排斥新来者，因此建议企业继续保持全盛期的定位。如果其采用更加适应的竞争个性定位，那么企业应认真检讨自己的定位有何不当之处，要么朝接近竞争者的定位方向修正，加大推广投入，以期重登全盛期；要么主动与竞争者定位错开，另辟蹊径。

其次，企业的价值观和资源状况决定品牌的竞争个性，品牌的竞争个性决定了内涵和诉求的定位；品牌的目标市场定位也决定内涵和诉求，而内涵决定诉求，这些复杂的关系企业应当清楚。依据这个逻辑链条，我们很容易地发现，内涵与竞争个性和目标市场定位高度关联。品牌的内涵就是品牌提供给目标顾客的一组利益或价值。依据调整后的竞争个性定位设定适应性的品牌内涵显得相对容易，鉴于竞争个性的多样性，笔者难以一一叙述。然而，无论是品牌的导入期，还是成长期和全盛期，品牌的目标市场定位往往不会轻易改变，只不过目标市场在每个不同时期所表现出来的价值趋向或消费倾向有所不同。品牌滑向衰落期，是企业忽略或没有很好地适应目标顾客的这些变化所致。因此，应准确把握顾客的观念和需求变化，依此对品牌内涵做出适应性调整。不同时期的相同顾客群，他们对品牌的要求和某些消费观念是趋于不同的，而品牌内涵就是要准确读出他们的内心价值体系。诉求就是品牌内涵所划定的一组利益在高度概括后的外化表现，因此诉求只要严格针对内涵来设定就可以了。

最后，在竞争市场中我们不难发现，绝大多数品牌走向衰落往往是由危机引起的，那么正确处理危机就成了挽救品牌颓势的主要工作。在品牌的衰落期，在没有很好地解决危机之前继续推广品牌，只会进一步放大危机。从普遍情况来分析，危机具有突发性、扩散性和相对可控性等特点，还具有机遇性，危险中隐藏机会。但是，机会必须等到企业完美地解决危机后才有可能随之出现，否则，这种危险背后的机会将会随着危机的渐渐消亡而消失。

## 五、 任务小结

本任务没有像前面的任务那样以具体的实例来进行讲解，而是按照品牌推广的四个阶段阐述了品牌推广的操作策略与具体注意事项，主要考虑这部分知识的通用性，读者结合自己网店的具体情况，有所侧重地进行学习实践。

### ▶▶ 习　题

**一、单项选择题**

1. 下列关于品牌的说法中不正确的是（　　　）。
   A. 品牌不仅代表一系列产品属性，还体现某种特定的利益
   B. 品牌就其实质来说，还是一种承诺
   C. 品牌中的文化蕴含于品牌之中，是构成品牌的要素
   D. 品牌能使人识别出它所表定下的产品有别于其他品牌的产品的质量、特色、设计等最本职的价值

2. 品牌溢价是品牌的（　　　）。
   A. 附加值　　　　B. 期望值　　　　C. 平均值　　　　D. 预测值

3. 好的品牌定位是品牌成功的一半，体现了（　　　）。
   A. 品牌定位要突出个性
   B. 确保质量战略、市场战略与品牌战略的同步
   C. 要重视宣传与沟通
   D. 建立适当的品牌形象

4. 品牌管理的核心是品牌（　　　）管理。

A. 忠诚度　　　　　B. 美誉度　　　　　C. 知名度　　　　　D. 吸纳度

5. 随着时间的推移，品牌生命周期依次经历品牌认知期、品牌美誉期、品牌忠诚期和品牌转移期四个阶段。在品牌美誉期，品牌战略的重点是（　　　）。

A. 品牌定位和推广　　　　　　　　B. 品牌维护和完善

C. 客户价值与满意度　　　　　　　D. 品牌更新与再定位

6. （　　　）是公司或产品的原品牌或核心品牌。

A. 主品牌　　　　　B. 担保品牌　　　　C. 描述性品牌　　　D. 产品品牌

7. （　　　）是品牌的根基，是打造强势品牌的基石。

A. 名称　　　　　　B. 质量　　　　　　C. 类别　　　　　　D. 属性

8. 标志设计的类型（　　　）。

A. 只可能设计为文字形式　　　　　B. 只可能设计为图片形式

C. 只可能设计为文字＋图片形式　　D. 有文字、图片、文字＋图片三种类型

9. 在品牌衰退期要注重品牌忠诚度的维护，以（　　　）。

A. 维持市场份额　　　　　　　　　B. 延长品牌生命周期

C. 继续占有市场　　　　　　　　　D. 提高市场份额

10. 品牌危机管理的核心是（　　　）。

A. 危机处理　　　B. 危机利用　　　　C. 危机预防　　　　D. 危机预测

## 二、简答题

1. 品牌的价值有哪些？

2. 好的品牌名应当具有什么特性？

3. 市场定位的原则是什么？

4. 品牌推广三元论的基本内容是什么？

## 三、实操题

1. 选择一项产品，为其打造品牌及标志。

2. 如果你发现有人冒用或仿制了你的品牌，你该如何维权？

项目八

# 订单处理与售后服务

 **知识目标**

☑ 了解一般电商平台的订单处理流程。

☑ 了解并掌握订单发货方法与注意事项。

☑ 了解并掌握商家客服的工作技巧。

☑ 了解一般电商平台的售后服务评分规则。

☑ 了解并掌握商家客户维护的技术技巧。

 **技能目标**

☑ 能独立进行电商平台的订单发货与客服工作。

☑ 能独立完成商家的售后与客户维护工作。

 **课程思政**

☑ 培养数字经济时代以客户为中心的发展理念与创新精神。

# 任务一 订单处理、物流与发货

## 一、 任务导入

一般网店进入稳定运行阶段后，订单处理、选择快递物流进行发货就成为常规性的日常工作，这些操作一般都是在所选电商平台提供的订单管理系统中进行，商家进入自己的网店后台，一般都会有订单管理功能模块，其具体功能因不同的平台会稍有区别，但常用功能基本都一样，下面我们就以淘宝平台的商家网店后台为例来阐述订单处理、物流与发货操作。

## 二、 知识基础

（一）订单与订单处理的基本概念

### 1. 订单

在电子商务领域中，订单就是买家在商家的网店购买产品过程中，最后提交给商家的订购产品的具体信息集合，至少包括产品名称、规格型号、价格与付款状态等重要信息，它是买家和商家达成买卖关系、后续发货与售后的重要操作"凭证"。

### 2. 订单处理

在电子商务领域中，订单处理就是由订单管理人员对客户在网店中订单进行及时的处理。这是电商物流活动的关键之一，是从客户下订单开始到客户收到货物为止的过程中的所有单据处理活动。

（二）订单处理的一般流程

（1）接单：购物系统自动形成的在线交易订单。

（2）审单：客服在线审核订单。

（3）快递选择：商家根据自己（公司或个体）的具体情况选择快递公司。

（4）查超区：根据快递公司各运营网点的派送范围检查是否有超出快递公司派送范围的订单（简称查超区）。

（5）打单：①打印快递面单（可根据客户要求打印内容）；②打印批量分拣单（主要用于播种式分拣策略）；③打印分拣单（也称为销售单等）。

（6）分拣：分拣员根据订单分拣产品。

（7）装箱：装箱员将分拣后的产品放入相匹配的包装箱内。

（8）复核与称重：复核人员检验装箱产品是否正确并称重（简称复合扫描）。

（9）封箱：包装员将复核后的订单二次包装，按订单要求添加填充物并封箱、贴快递面单。

（10）出库：将包装好的快件交接给快递取件员。

（11）拦截订单：根据客户需求拦截未出仓订单和已经出仓的订单（快递件）。

## 三、 任务分析

订单处理与物流发货在具体操作时要结合具体电商平台来进行，我们使用淘宝电商平台来进行操作演示，主要涉及商家与买家核实确认订单、订单发货、选择快递物流公司、打印快递物流单、打包商品封箱、确认发货等。

## 四、 任务实施

### （一）进入订单管理后台

登录计算机端淘宝网店后台，单击"千牛卖家中心"，之后单击右侧"交易管理→已卖出的宝贝"进入网店订单管理页面，如图 8-1 所示。

千牛的使用与设置

图 8-1 网店订单管理页面

### （二）与买家确认订单信息

进入订单管理页面后，商家一般会首先与新订单的卖家联系，确认卖家的订单信息，待买家确认后，进入后续的发货环节。

### （三）根据订单买家的地址信息选快递物流公司并打印快递物流单

确认买家订单信息后，商家就会根据买家地址信息选发货成本最优的快递物流公司，之后再根据与快递物流公司的合作方式，决定下一步是自己打印快递物流单，或是把买家的地址信息发给快递物流公司，让快递物流公司来打印快递单。

### （四）库管进行商品打包封箱

打印快递物流单后，商家库房管理员就会进行商品的打包封箱，并贴好快递面单，准备协调快递物流公司随时发货。

（五）订单后台发货处理

完成前四步的工作后，商品随时可以发走，但在发走前必须在后台订单管理处进行发货处理操作，单击订单信息后面的"发货"按钮，进入网店订单发货操作页面，如图 8-2 所示。在此页面，商家还可以确认买家的交易信息，确认无误后将该订单的快递物流单号填入下面的"运单号"输入框，单击后面的"发货"按钮即可完成发货操作，最后进入如图 8-3 所示的网店订单发货操作成功页面。

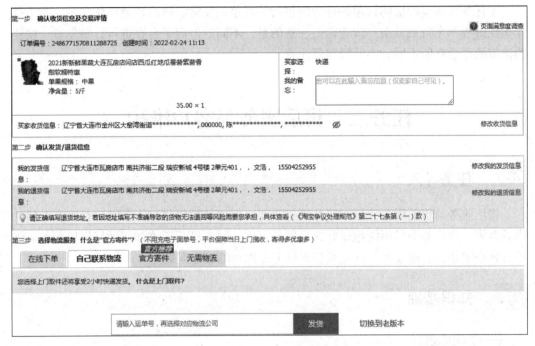

图 8-2　网店订单发货操作页面

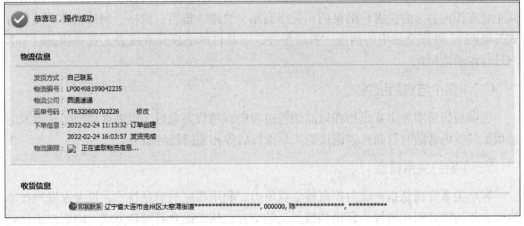

图 8-3　网店订单发货操作成功

## （六）发快递

前五步工作都做好了，最后就是把订单商品发走，一般商家在商品发走前都要再次对商品、订单信息及已经贴好的快递物流单信息进行复核，以确保给买家发的商品确实是订单信息上所订购的商品，同时买家的地址也没有弄错。确认无误后，把商品送到快递站点，或者是通知快递小哥来取件，把商品发走。

## 五、 任务小结

本任务以淘宝网店的订单处理为例进行了订单的发货、物流快递操作演示，整个操作实现过程不是特别复杂。读者需要注意的是，不同的电商平台在进行订单发货、快递物流等操作会有所不同，实践时需要注意。

# 任务二 售后服务与客户维护

## 一、 任务导入

售后服务与售前服务、售中服务同等重要，但容易被忽略。不管网店是否有专门的售后客服，网店都会尽可能地做好售后服务工作。网店经营者该如何做好售后服务，维护好客户关系，实现复购，这是我们本任务要探讨的核心问题。

## 二、 知识基础

### （一）电商客服

电商客服是网店商家为解决客户在售中、售后相关问题而设置的网店在线工作岗位，其主要工作内容：解决客户的疑问（关于商品、快递、售后、价格、网站活动、支付方式等疑问）、处理交易中的纠纷、售后服务，以及订单出现异常或者无货等情况时与客户进行沟通协调。

### （二）售中与售后服务

售中与售后服务主要是指在商品销售过程中或销售完成后，电商客服通过平台及时通信工具或电话随时与商家咨询选购商品或售后等相关问题的服务。

### （三）客户关系管理

客户关系管理是指企业为提高核心竞争力，利用相应的信息技术，以及互联网技术协调企业与顾客间在销售、营销和服务上的交互，从而提升其管理方式，向客户提供创新式的个性化的客户交互和服务的过程。其最终目标是吸引新客户、保留老客户及将已有客户转为忠实客户，增加市场。

客户关系管理的功能可以归纳为三个方面：市场营销中的客户关系管理、销售过程中的客户关系管理、客户服务过程中的客户关系管理，以下简称为市场营销、销售、客户服务。

### 1. 市场营销

客户关系管理系统在市场营销过程中可有效帮助市场人员分析现有的目标客户群体，如主要客户群体集中在哪个行业、哪个职业、哪个年龄层次、哪个地域等，从而帮助市场人员进行精确的市场投放。客户关系管理也有效分析每一次市场活动的投入产出比，根据与市场活动相关联的回款记录及举行市场活动的报销单据进行计算，就可以统计出所有市场活动的效果报表。

### 2. 销售

销售是客户关系管理系统中的主要组成部分，主要包括潜在客户、客户、联系人、业务机会、订单、回款单、报表统计图等模块。业务员通过记录沟通内容、建立日程安排、查询预约提醒、快速浏览客户数据，有效缩短了工作时间，而大额业务提醒、销售漏斗分析、业绩指标统计、业务阶段划分等功能又可以有效帮助管理人员提高整个公司的成单率、缩短销售周期，从而实现最大效益的业务增长。

### 3. 客户服务

客户服务主要是用于快速及时地获得问题客户的信息及客户历史问题记录等，这样可以有针对性并且高效地为客户解决问题，提高客户满意度，提升企业形象。其主要功能包括客户反馈、解决方案、满意度调查等。应用客户反馈中的自动升级功能，可让管理者第一时间得到超期未解决的客户请求；解决方案功能使全公司所有员工都可以立刻提交给客户最为满意的答案；满意度调查功能又可以使最高层的管理者随时获知本公司客户服务的真实水平。有些客户关系管理软件还会集成呼叫中心系统，这样可以缩短客户服务人员的响应时间，对提高客户服务水平也起到了很好的作用。

市面上很多的客户关系管理软件也会有很多其他功能，比如办公管理、行政管理、进销存等，但是这些系统只是为使用者更加方便而产生的，其实与真正的客户关系管理没有任何关系。

### （四）复购与复购率

复购是指消费者对于某个产品或者服务的重复购买。

复购在商品交易中是一个很重要的概念。消费者重复购买得越多，就意味着这个产品是最为成功的产品。同时，这也反映出消费者对品牌的忠诚度越高。复购对于一个产品的生存周期极为重要。商品消费中所提到的口碑和复购有着一定的关系，口碑越好，该商品的复购率也就越高。

复购率即重复购买率，一般分为用户复购率和订单复购率两种：用户复购率是指单位时间内，在同一网店购买两次以上的用户数/购买的总用户数；订单复购率是指单位时间内，在同一网店第二次及以上购买的订单个数/总订单数。

本任务主要是探讨如何做好售后服务，维护好客户关系，所以本任务中涉及的复购率主要是指用户复购率。

### （五）RFM 模型

RFM 模型是衡量客户价值和客户创造利益能力的重要工具与手段。在众多的客户关系管理（CRM）的分析模式中，RFM 模型是被广泛提到的。该模型通过一个客户的近期购买行为、购买的总体频率及花费金额三项指标来描述该客户的价值状况。

RFM 模型较为动态地显示了一个客户的全部轮廓，这为个性化的沟通和服务提供了依据，同时，如果与该客户打交道的时间足够长，也能够较为精确地判断该客户的长期价值（甚至是终身价值），通过改善三项指标的状况，从而为更多的营销决策提供支持。

在 RFM 模型中，R（recency）表示客户购买的时间，F（frequency）表示客户在该段时间内购买的次数，M（monetary）表示客户在该段时间内购买的金额。一般的分析型 CRM 着重于客户贡献度的分析，RFM 则强调以客户的行为来区分客户。

RFM 非常适用于生产多种商品的企业，而且这些商品单价相对不高，如消费品、化妆品、小家电、录像带店、超市等；它也适用于一个企业内只有少数耐久商品，但是该商品中有一部分属于消耗品，如复印机、打印机、汽车维修等消耗品；RFM 对于加油站、旅行保险、运输、快递、快餐店、KTV、行动电话信用卡、证券公司等也很适合。

RFM 可以用于增加客户的交易次数。业界常用的 DM（直接邮寄）常常一次寄发成千上万封邮购清单，其实这是很浪费钱的。根据统计（以一般邮购日用品而言），如果用 R 把客户分为五级，最好的第五级回函率是第四级的三倍，因为这些客户刚完成交易不久，所以会更注意同一公司的产品信息。如果用 M 把客户分为五级，最好与次好的平均回复率几乎没有显著差异。

有些人会用客户绝对贡献金额来分析客户是否流失，但是绝对金额有时会曲解客户行为。因为每个商品价格可能不同，对不同产品的促销有不同的折扣，所以采用相对的分级（如 R、F、M 都各分为五级）来比较消费者在级别区间的变动，则更可以显现出相对行为。企业用 R、F 的变化可以推测客户消费的异动状况，根据客户流失的可能性列出客户，再从 M（消费金额）的角度来分析，就可以把重点放在贡献度高且流失机会也高的客户上，重点拜访或联系，以最有效的方式挽回更多的商机。

RFM 也不可以用过头，而造成高交易的客户不断收到信函。每一个企业应该设计一个客户接触频率规则，如购买三天或一周内应该发出一通感谢的电话或一封邮件，并主动关心消费者是否有使用方面的问题，一个月后发出使用是否满意的询问，而三个月后则提供交叉销售的建议，并开始注意客户的流失可能性，不断地创造主动接触客户的机会。这样一来，客户再购买的机会也会大幅提高。

企业在推行 CRM 时，就要根据 RFM 模型的原理了解客户差异，并以此为主轴进行企业流程重建，才能创新业绩与利润。否则，将无法在新世纪的市场立足。

## 三、 任务分析

网店经营后期，即网店处于稳定运营期之后，复购将成为网店实现整体盈利的重要支撑。众所周知，目前各大电商平台的商家竞争都异常激烈，获取流量的成本也是越来越高，据统计，电子商务平台商家拉新成本一般为 30 ～ 80 元 / 人，获得新用户的成本是维护老用户成本的 5 ～ 10 倍，用户流失率每降低 5%，其利润就增加 25% ～ 85%，一个满意用户会带来 8 笔潜在的生意，一个不满意用户则可以影响 25 人的购买意愿。由此可见，售后服务与客户维护对网店的盈利非常重要，本任务将重点从提升网店复购率的角度阐述如何进行网店的售后服务与客户维护。而且网店一般的售后服务比较被动，且只要客户服务人员保证服务态度，能够按平台的规则保证客户的合理诉求，尤其是保证退换货服务得到及时解决，售后服务就能做得很好。而要把客户关系维护工作做得更好，以提升网店复购率，情况要复杂一些，所以本任务主要讲解如何更好地进行客户关系维护。

## 四、 任务实施

### （一）建立会员管理体系

坊间最流行、最成功的高复购率案例就是台塑集团的王永庆卖米，那是早期用户关系管理的范本及标杆。其个性化的用户细分管理使销售过程令用户印象深刻，且深受感动，进而成为店铺的忠诚用户。由此可见，想提升复购率，必须启用会员管理，有准确的会员档案，能识别出哪些会员是可产生复购行为的，以便对其进行精准的营销刺激和用户关怀。在各大电商平台的商家后台有免费的会员关系管理模块，供商家管理会员档案，并通过营销工具进行精准营销。商家后台的"会员关系管理"帮助商家进行会员的自动提取和存储。会员信息内容富丰，包括店铺会员等级、上次交易时间、下单终端、入会时间、会员级别、平均客单价、交易笔数等。

商家要了解店铺会员等级，就需要构建会员体系，商家在电商平台后台系统中将会员等级的指标条件设定好，系统会自动算出不同会员的当前等级，并且每日更新。

### （二）巧用优惠券精准营销

要维护好会员，提高会员的复购率，光靠记录会员数据是不够的，必须对会员进行精准的营销和触达。在商家后台的"会员关系管理"系统中，商家每月可对自己的会员发放直达账户的优惠券，进行会员的营销触达。由于商家每月只能给一个会员发放一张优惠券，那么对于商家而言，如何把握这个营销触达的效率，也就是说优惠券要发送给谁、要发多少额度的券，这就要经过分析和测试得来。

（1）按店铺等级进行会员发券。平台店铺会员中高级别（如京东的 5 星级）会员是购买力较强或者黏性很强的用户，给他们的优惠力度就比较大。会员中的其他级别（如京东的四星会员及三星会员到一星级）会员以此类推，逐渐减少。

（2）按下单渠道进行会员发券。各电商平台通过会员关系管理系统能筛选出不同渠道下单的用户信息，由于用户下单渠道的不同可以侧面突出用户的购物习惯，特别是手机端，因此我们在使用优惠券系统时，针对手机端用户发放优惠券的额度可以更优惠。

（3）按平台会员等级进行会员发券。各大电商平台多数都有自己的会员管理体制（如京东会员），平台会员等级非常准确地反映了用户在整个平台的消费行为能力。

平台会员的等级越高，则网购消费行为越成熟，对平台的认知度越高，消费能力越强。所以很多店铺每个月会针对不同等级的平台用户发放优惠券，等级越高，优惠力度越大。

（4）按会员活跃度进行会员发券。每个月可以激活"上次交易下单"时间是前面第6个月的会员，这样避免会员从活跃变沉默。活跃效果一般可以通过商家后台的"会员关系管理→营销活动分析"模块进行查看。将时间扩展到第9个月即是激活沉默会员，扩展到第12个月即是激活睡眠会员。

（5）按平均客单价进行会员发券。对于平均客单价高的会员，商家发放优惠券的门槛可以提高，抵减的金额比例可以不变，这样对于商家提高店铺的平均客单价和店铺销售额均有很大帮助。平均客单价在高级查询中可选取平均客单价的额度范围在某一个区间的会员，并在"会员分类"中建立一个名为"高客单价会员"的分类，以便在组织策划优惠券活动时直接使用。

以上这些发券的应用经验，商家可以举一反三，灵活应用，以便有效触达会员，形成购物刺激。

（三）赋予会员专享的权益

从另一个角度看，提升会员黏性就是提高会员的尊崇感和荣誉感，如果一个网店让会员尤其是高等级会员感觉不到自己受到的是更优越的待遇，很可能就会不舒服，那么会员流失的发生概率就会增加，我们可以类比银行的高端用户服务专区和服务条款、机场提供的航空VIP会员通道等服务。这些都表明专属服务是留住高等级会员的有效方法。在会员专享服务方面，商家可以做的事情就比较多了，具体做法如下。

（1）建立会员等级商品折扣，在新用户不具备商品促销价或促销价幅度较小时，会员仍然能以绝对优惠的价格购买商品。

（2）建立会员专享活动，活动仅限于会员可参加，活动商品价格是独享的一口价，一般电商平台都可通过商家后台中的"营销中心"模块来实现。

（3）会员可享有购物多倍积分的特权，级别越高，积分倍数越高。

（4）会员可以通过独有的互动通道，向商家索要一张任意门槛的满减优惠券。

（5）会员可享有更高的抢券命中率。

（四）增强会员互动

移动互联网的发展给电商注入了新的生机，电商不再仅仅是为了"shopping"（购物），而越来越多地成为"living"（生活）的一部分，这是中国8亿多网民当前对于电商依赖的根本原因。如果我们怀着为用户提供"leasure"（悠闲）的心态来运营一个店铺，尤其是为店铺会员提供更多的娱乐式的轻松愉悦的关怀与互动，比如游戏、任务、签到、互动面板，会员的黏性会大幅上升，而复购率也会水到渠成地得以提升。更多的互动功能集中在各购物平台的手机端（如手机淘宝、京东微信端等），目前各大电商平台基本都已经上线店铺签到、店铺动态、平台购物红包等多种互动功能，未来各电商平台将为商家增加大量的娱乐性互动工具，让商家和用户的互动玩法可以有很多种创造空间。

## 五、 任务小结

本任务以售后服务与客户关系维护为核心，重点阐述了进行客户维护的主要操作步骤与方法，为网店运营者提供了提升网店复购率的一些参考方案，读者可以从我们提供的主要方法中有所借鉴，之后结合自己的电商平台与网店具体情况进行实践。实际上，售后服务和客户关系维护是相辅相成的，我们在提供售后服务的同时就是在维护客户关系，维护好客户关系，我们的售后服务工作也就没有什么问题了。

## ▶▶ 习 题

### 一、简答题

1. 简述商家订单处理的一般流程。
2. 简述复购与复购率的概念。
3. 从提升网店复购率的角度阐述如何进行网店的售后服务与客户维护工作。

### 二、实操题

1. 尝试进行淘宝网店运营订单处理发货。
2. 尝试进行淘宝网店运营用户售后服务的实施与客户关系管理。

# 参考文献

[1] 淘宝大学. 淘宝大学电子商务人才能力实训（CETC系列）　网店运营（提高版）[M]. 北京：电子工业出版社，2022.

[2] 白东蕊. 网店运营与管理[M]. 2版. 北京：人民邮电出版社，2021.

[3] 六点木木. 淘宝开店从新手到皇冠：开店+装修+推广+运营一本通[M]. 3版. 北京：电子工业出版社，2021.

[4] 王利锋，温丙帅，薛瑾. 网店运营实务[M]. 3版. 北京：人民邮电出版社，2021.

[5] 杨银辉，周井娟. 网店运营实务[M]. 北京：北京理工大学出版社，2020.

[6] 陈志轩，张运建，张艳格，等. 淘宝网店运营全能一本通[M]. 2版. 北京：人民邮电出版社，2020.

[7] 刘蓓. 网店运营实务[M]. 北京：北京邮电大学出版社，2018.

[8] 淘宝大学. 网店运营、美工视觉、客服[M]. 北京：电子工业出版社，2018.

[9] 京东数据创新组. 京东平台数据化运营[M]. 北京：电子工业出版社，2018.

[10] 天猫. 巧妙玩转精准引流[M]. 北京：清华大学出版社，2017.

[11] 刘丽萍，俞洋洋，葛存山. 网店运营与推广[M]. 北京：人民邮电出版社，2019.

[12] 刘涛. 深度解析淘宝运营[M]. 北京：电子工业出版社，2017.